U0669284

中西医结合
健康养老模式与实践

徐春凤　牛光良　冯学功◎主编

北京科学技术出版社

图书在版编目(CIP)数据

中西医结合健康养老模式与实践／徐春凤，牛光良，冯学功
主编. — 北京：北京科学技术出版社，2022.5
ISBN 978 - 7 - 5714 - 1915 - 8

Ⅰ.①中… Ⅱ.①徐… ②冯… Ⅲ.①中西医结合 -
养老 - 社会服务 - 研究 - 中国 Ⅳ.①D669.6

中国版本图书馆 CIP 数据核字(2021)第 209219 号

策划编辑：张露遥　曾小珍
责任编辑：白世敬
责任校对：贾　荣
责任印制：李　茗
封面设计：昇一设计
出 版 人：曾庆宇
出版发行：北京科学技术出版社
社　　址：北京西直门南大街 16 号
邮政编码：100035
电　　话：0086 - 10 - 66135495（总编室）　　0086 - 10 - 66113227（发行部）
网　　址：www.bkydw.cn
印　　刷：河北鑫兆源印刷有限公司
开　　本：710 mm×1000 mm　1/16
字　　数：243 千字
印　　张：16.25
版　　次：2022 年 5 月第 1 版
印　　次：2022 年 5 月第 1 次印刷
ISBN 978 - 7 - 5714 - 1915 - 8

定　　价：68.00 元

京科版图书，版权所有，侵权必究。
京科版图书，印装差错，负责退换。

编　委　会

主　编：徐春凤　牛光良　冯学功
副主编：张　静　谷群英　张立霞　张文砚
编　委：（按姓氏笔画排序）

万　斌	马学竹	王连荣	王青杰	王蓓蓓
韦　凡	牛文翠	牛光良	冯学功	朱耀文
刘　燕	孙明广	孙瑛凝	李月廷	李珂辉
李高飞	杨红艳	杨继媛	吴佳慧	谷群英
宋丹丹	张　静	张文砚	张文涛	张立霞
张晓倩	张晓静	张慧蕊	武一彦	武晓磊
金　敏	周国民	郑丽平	郑思道	孟永红
赵洪武	聂　辰	候　静	徐　佳	徐春凤
曹雅楠	崔娜娟	葛永祥		

中西医结合健康养老护理技术操作示范视频

总　策　划：赵洪武

统　　　筹：张立霞　孙瑛凝　张　爽

审　　　稿：张立霞　胡　丹　董博文　李雅梅　黎　静
　　　　　　武一彦　杨晓锋　王进晓　杨红艳　王　颖

参与录制人员：（按姓氏笔画排序）
　　　　　　丁　楠　王彩芹　史　慧　朱彩红　孙文婷
　　　　　　李　恬　吴广培　张宇莹　胡亚婕　袁鑫垚
　　　　　　郭　悦　韩艳乐　焦　典　裴　阳

前　言

当前，我国已进入老龄化社会。因老年人多患有各种慢性疾病，"医养"问题日益突出。面对老龄化严重的现实和养老行业薄弱的现状，党和国家非常重视并提出指导性意见，如党的十九大提出："坚持在发展中保障和改善民生。""病有所医，老有所养。""积极应对人口老龄化，构建养老、孝老、敬老政策体系和社会环境，推进医养结合，加快老龄事业和产业发展。"2019年政府工作报告指出："完善社会保障制度和政策，推进多层次养老保障体系建设。"

中医药是中华民族几千年来与疾病做斗争的经验总结与智慧结晶，具有完整的理论体系与显著的临床疗效。因为中医诊疗注重整体、以人为本，全科特质明显，很多治疗方法简便验廉，当前已成为养生康复及养老服务的重要技术支撑，也是中西医结合健康养老模式的重要组成部分。

2017年始，根据国家相关政策和文件精神，在对养老机构和社区老人关于养老需求进行调研的基础上，结合我院（北京中西医结合医院）中西医结合特色，我们制订了一系列中西医结合健康养老工作方案，并开展了对中西医结合健康养老模式的探索，经过不懈的努力，取得了一些成效，积累了一定经验。为促进中西医结合健康养老事业的发展，我们把前期的工作内容与经验总结整理成册，并针对老年人常见问题，录制了集保健、预防、中医药适宜技术、养生、康复等于一体的中西医结合健康养老护理技术操作示范视频，分享给大家，以期为社区和养老机构开展中西医结合医养工作提供有益的借鉴和参考。因中西医结合医养模式的建立具备一定的开拓性与探索性，书中一定存在不足之处，敬请各位读者批评指正。

最后，感谢北京市海淀区卫生健康委员会和万寿老年公寓、羊坊店老年公寓在中西医结合健康养老模式探索工作中给予的支持与帮助。感谢本书作者与所在单位的通力合作和无私奉献。

徐春凤

2021 年 8 月

目 录

注：带★的章节为含视频章节。

第一章

中西医结合健康养老模式

第一节　中西医结合健康养老概述

一、中西医结合健康养老发展的背景

（一）中国老龄化现状

据统计，2003 年我国 60 周岁及以上人口占总人口的 11%，已进入老龄化社会，2013 年该比例为 14.9%，2017 年上升到了 17.3%。预计到 2025 年，我国 60 周岁及以上人口将达到 3 亿，占总人口的 20%，我国将成为超老年型国家，也就意味着，到 2025 年，我国公民中每 5 个人中就有 1 个是老年人（60 周岁及以上）。

（二）中国的养老现状

老年人多患有各种慢性疾病，且失智、失能人群逐年增加，因此，我国老年人的"医养"问题日益突出。2010 年我国 60 周岁及以上老年人有 1.74 亿，其中部分失能和完全失能者约 3300 万，而 2015 年部分失能和完全失能者上升至 4000 万。虽然国家设立的养老服务机构和投入的医疗设施均逐年增加，但老年人人均床位占有率仅 3.09%。以北京市海淀区为例，2016 年海淀区 60 周岁及以上老年人占常住人口的 11.40%，其中完全失能和部分失能老人占该人群的 19.35%，而海淀区现仅有养老机构 48 家，床

位 8716 张，居家社区养老驿站 33 家。

（三）国家和各级政府养老政策和措施

党的十九大报告中指出："坚持在发展中保障和改善民生。""病有所医，老有所养。""坚持中西医并重，传承发展中医药事业。""积极应对人口老龄化，构建养老、孝老、敬老政策体系和社会环境，推进医养结合，加快老龄事业和产业发展。"2019 年政府工作报告指出："完善社会保障制度和政策，推进多层次养老保障体系建设。""加快建立远程医疗服务体系。""提升分级诊疗和家庭医生签约服务质量。""支持中医药事业传承创新发展。"

国务院和地方政府就老龄化问题和养老问题出台了一系列政策和措施。如 2013 年《国务院关于加快发展养老服务业的若干意见》提出推进医疗卫生与养老服务相结合；2013 年《国务院关于促进健康服务业发展的若干意见》提出推进医疗机构与养老机构等加强合作；2015 年《国务院办公厅关于印发中医药健康服务发展规划（2015—2020 年）的通知》提出发展中医药特色健康服务与养老机构，促进中医药与养老服务结合；2016 年国家卫生和计划生育委员会、民政部发布《关于确定第一批国家级医养结合试点单位的通知》；2014 年国家发展和改革委员会、民政部等部门发布《关于加快推进健康与养老服务工程建设的通知》；2015 年北京市民政局、市规划委发布《北京市养老服务设施专项规划》等。习近平总书记指出，坚持党委领导、政府主导、社会参与、全民行动，推动老龄事业全面协调可持续发展，构建居家为基础、社区为依托、机构为补充、医养相结合的养老服务体系，支持建立中医全面参与的养老服务体系。《北京市养老服务设施专项规划》首次明确"9064"养老服务目标，即到 2020 年，全市 90% 的老年人在社会化服务协助下通过家庭照顾养老，6% 的老年人通过政府出资购买的社区照顾服务养老，4% 的老年人入住养老服务机构集中养老，形成"以居家为基础、社区为依托、机构为支撑"的养老服务体系。

二、中西医结合健康养老优势

中医养生，又称养性、摄生，是以中医的整体观、御病观、恒动观等观点为指导而形成的预防保健方法，内容包括精神养生、四时养生、环境养生、起居调摄、饮食运动、气功保健、针灸按摩、食疗药补等。古代医学文献对此有着丰富的论述，如《素问·上古天真论篇》指出"法于阴阳，和于术数，食饮有节，起居有常，不妄作劳"，明确提出通过对饮食、情志、起居、劳作等多方面的调理，可以达到保健养生的目的。中医特色疗法如针灸、拔罐、推拿、正脊、药浴、导引、刮痧等，在老年人慢性病的调理、促进康复等方面均有明显的优势，可在一定程度上弥补西医的不足之处。

拔罐法

刮痧

中医治未病理念源远流长，是中医学理论体系中独具影响的理论之一。"未雨绸缪""未晚先投宿，鸡鸣早看天"，凡事预防在先，是中国人谨遵的古训。《素问·四气调神大论篇》所载"圣人不治已病治未病，不治已乱治未乱"，便强调了治未病的重要性。"未病先防、欲病救萌、既病防变、瘥后防复"，可显著改善老年人的健康状况，有效减少疾病发生，从而提高其生活质量。

因此，运用现代医学的检查、诊断方法，以及完备的治疗体系，结合传统医学的保健观念（即"治未病"理念）和中医治疗手段，中西医结合，在健康养老方面有很大优势。

三、中医药健康养老服务模式

随着老龄化问题的日益突出，目前单一的养老模式已经不符合我国的国情，将医疗服务与养老有效结合，尤其是将中医医疗服务与养老相结合，不仅能够充分发挥中医特色解决养老中存在的问题，而且能够有效整合养老资源和医疗资源。

（一）中医医疗机构与居家养老相结合模式

该模式是一种将中医医疗机构与居家养老相结合的模式。中医医疗机构根据实际情况为老人提供上门中医医疗服务，实现一对一诊疗，及时解决诊疗、护理中存在的问题，并为老人提供转诊、预约诊疗绿色通道等特殊服务，全面保障老人健康。

（二）中医医疗机构与社区养老相结合模式

该模式是一种将中医医疗机构与养老社区相结合的模式。中医医疗机构在社区开展健康咨询、健康查体、心理护理、养生指导等服务，对老人健康状况进行初步评估，并给予动态跟踪的医疗服务。

（三）中医医疗机构与养老机构相结合模式

该模式是一种将中医医疗机构与养老机构相结合的模式。养老机构拥有相对完善的基础设施和专业的护理团队，在此基础上设立医务室，有效解决老年人日常生活、护理、医疗等问题。

（四）中医医疗机构与养老机构组成医养结合的健康养老联合体模式

该模式中，中医医疗机构通过与养老机构合作的方式进行服务。中医医疗机构提供健康指导、上门诊疗、心理疏导等服务，并对护理人员进行专业培养；养老机构为中医医疗机构输送病人。这种模式既能够解决老年人及时救治的问题，又能够提高医疗、养老资源的有效利用率。

（五）中医医疗机构内养老服务模式

该模式是一种在中医医疗机构内以老年养护病房为依托，集医疗、护理、康复等服务于一体进行养老的新模式。中医医疗机构在老年病人处于疾病的急性期时开启医疗模式，在慢性期或稳定期时转换为养老模式，使老年病人全程接受精心治疗、护理、康复及养生保健。

第二节 健康养老联合体模式

一、何谓健康养老联合体

健康养老联合体包括医院－社区卫生服务中心－养老机构三级医养结合服务体系、医院－养老机构双向医疗服务体系。健康养老联合体通过医院与社区卫生服务中心、养老机构的结合，建立起运行顺畅、服务高效的中医药健康养老服务体系，为社区老人提供具有中西医特色的医疗卫生服务，全面提升中医药在健康养老中的服务能力。

二、健康养老联合体工作协议

为保障健康养老联合体工作顺利开展，需签订工作协议，工作协议主要内容包括健康养老联合体工作内容和各成员单位职责分工等。

三、健康养老联合体工作内容

（一）开通转诊绿色通道

按照分级诊疗要求，整合医疗、康复、养老和护理资源，为老年人提供治疗期住院、康复期护理、稳定期生活照料及临终关怀一体化的健康养老服务。在健康养老联合体内部实行转诊制度，对老人病发时优先安排转诊至医疗机构救治；病情平稳时转回养老机构，进行康复护理及生活照料。开通社区健康养老驿站—医疗机构、养老机构—医疗机构班车，方便老人及时就医诊治。

（二）制订个性化的中西医健康养老方案

建立健康档案，开展养老需求综合评估，调查健康养老联合体负责区域内老人健康状况，调查老人的医疗养老需求，发挥中西医结合优势，体现中医药特色，制订个性化的中西医结合健康养老方案。

（三）建立巡诊、讲座制度

定期下社区及养老机构进行巡诊，定期安排健康体检，组织健康养生讲座，开展中西医健康养老适宜技术的培训、推广。

（四）制订配套制度及职责

制订健康养老联合体的规章制度、服务标准、服务流程，明确各级机构职责。

四、健康养老联合体各成员单位职责分工

（一）医院

总体负责健康养老联合体的组建、联络、协调工作，组织各种会议。

（1）根据分级诊疗制度完善上下转诊标准，优化、规范转诊流程。开通绿色通道，保障社区卫生服务中心、社区健康养老驿站、养老机构的预约就诊和急诊救治有序进行。

（2）管理健康养老服务联合体的日常工作，制订健康养老联合体的规章制度、服务标准、服务流程、工作方案，明确各级机构的职责。

（3）指导社区卫生服务中心和养老机构组建健康养老服务专区并开展健康养老服务工作。制订老人常见疾病的健康养老方案及技术规范，科普四季养生、饮食养生、情志保健等知识。组织对社区卫生服务中心和养老机构服务人员的培训。

（4）定期组织、召开健康养老联合体工作会议，年初制订本年度工作计划，年中跟进督查工作计划进展情况，年终进行工作总结，组织召开关于健康养老内容的会议、论坛。

（5）定期组织专家开展义诊或讲座，向社区老人讲授"治未病"等养生保健知识，传授中医药适宜技术。

（6）定期组织专家到社区卫生服务中心和养老机构巡诊，对健康养老

联合体工作人员提供现场指导服务。

（7）不定期组织健康养老联合体各组成机构健康养老管理人员及相关技术人员外出考察健康养老及医养结合先进单位，学习借鉴先进经验，并组织人员参加相关内容的培训，推动健康养老联合体工作高效、有序进行。

（二）社区卫生服务中心

（1）接受健康养老联合体的管理和指导，执行规章制度、工作流程和技术规范，注重落实。

（2）建立健康档案，开展养老需求综合评估。调查所辖社区老人身体、心理、生活等状况，调查老人对健康养老的需求，定期安排健康体检。

（3）通过开展家庭医生签约服务，为居家高龄、重病、完全失能及部分失能老年人提供定期体检、上门巡诊、家庭病床、社区护理等连续性的健康管理服务和医疗服务。

（4）可以组建护理组、膳食组、康复组等专业小组，为社区居民提供个性化、优质的上门服务。

（5）参加上级医院的中医药适宜技术培训，提高医疗服务能力。

（6）定期开展义诊或讲座，向社区老人讲授养生保健知识和适宜技术。

（三）养老机构（老年公寓、养老驿站）

（1）接受健康养老联合体的管理和指导，执行规章制度和技术规范。

（2）参加上级医院的医疗护理、中医药适宜技术等培训，提高医疗服务能力。

（3）在医院和社区卫生服务中心的指导下设立中医药健康调理中心，加强对服务范围内老人的服务，按照技术规范执行。对生活能自理的老人，定期巡视、监测血压，了解其心理状况，组织其参加健康讲堂等活动，对其开展中医药适宜技术培训或服务，解答其医疗、养老等方面的问题。对生活不能自理的老人，加强生活护理，观察其生命体征，适当开展中医药适宜技术服务。

（4）开通老人就诊直通车。对病情危重的老人，通过绿色通道转到三级医院救治；待病情平稳，转回养老机构，由"医"转"养"。对一般老年病人，给予三级医院预约就诊。

五、医院健康养老工作管理

医院为健康养老联合体核心单位，总体负责健康养老联合体的组建、联络、协调工作，组织各种会议。

（一）成立健康养老工作领导小组

健康养老工作领导小组组长由医院业务院长担任，组员包括医务科、护理部、院感科等职能部门负责人和临床各科主任和护士长。主要职责是在院党委的领导下，贯彻落实国家医养结合工作部署和决定，指导协调医院健康养老工作，督促检查医院健康养老工作计划实施情况。

（二）成立健康养老工作办公室

健康养老工作办公室在医院领导小组指导下，负责管理、制订年度和中长期目标及任务内容、工作方式等；制订工作计划和方案，签订医养结合协议书并切实履行；负责督促、落实领导小组会议议定事项，对任务完成情况进行检查评估；定期对各科医养结合工作进行考核。办公室常规设在医院医务科。

（三）组建健康养老工作专家团队

健康养老工作专家团队人员由各临床科室根据医务科工作安排和科室工作情况报名组成，以高年资主治及以上职称医师为主要技术力量，以有丰富经验的主管护师及以上职称护理人员为辅助力量。专家团队定期到社区卫生服务中心健康养老诊疗区、咨询区和康复区指导诊疗方案和康复技术；定期到养老机构康复区指导护理人员对卧床及失能老人的护理；根据社区卫生服务中心和养老机构的需求和安排定期巡诊，切实满足社区居民对常见病、多发病和健康保健养生的需求。

六、健康养老联合体办公室工作内容

（一）组织调研

组建健康养老联合体之前，首先要组织健康养老工作专家团队对拟联合的社区卫生服务中心和养老机构进行调研。调研内容包括社区卫生服务中心规模、专业设置、人员配备、服务居民（老人）数量及社区居民人员结构情况等；养老机构性质、规模、床位数、养老需求等，为签订协议内容和制订个性化的方案准备资料。

（二）拟定健康养老联合体协议

协议模式一：医院－社区卫生服务中心－养老机构三级健康养老联合体协议内容，主要包括健康养老联合体工作机制和工作内容大纲，各成员单位根据实际情况制订工作内容。协议具体内容详见本章附录1。

协议模式二：医院－养老机构，两单位根据具体情况协商讨论，一般是有偿服务，协议内容要实用严谨，可参考北京市民政局制订的养老机构与医疗机构医疗服务协议模板。协议具体内容详见本章附录2。

（三）拟定健康养老联合体工作方案

根据前期健康养老专家团队调研的结果，联合各成员单位组织讨论，制订个性化的健康养老工作方案。内容包括：指导思想、工作目标、工作内容、工作计划等。制订老人常见疾病健康养老方案及技术规范。

（四）管理健康养老联合体日常工作

（1）管理健康养老联合体的日常工作，制订健康养老联合体的规章制度、服务标准、服务流程，明确各级机构的职责。拟定健康养老巡诊工作和科普讲座配套表格，如健康养老工作巡诊表（详见本章附录3）、健康养老工作排班表、健康养老工作统计表、巡诊病人登记表（详见本章附录

4)、科普讲座签到表（详见本章附录5）等。定期组织召开健康养老联合体工作会议，跟进督查各成员单位工作进展情况。

（2）组织专家指导社区卫生服务中心和养老机构组建健康养老服务专区并开展健康养老服务工作，指导养老机构建立居住老人健康档案。组织专家对社区卫生服务中心和养老机构服务人员进行培训，对健康养老联合体工作人员提供现场指导服务。

（3）建立巡诊、义诊制度。定期组织医务人员到社区服务中心和养老机构巡诊，内容包括巡视养老机构和养老驿站居住老人的身体状况，解答他们有关疾病及健康方面的问题，指导看护人员的护理工作，如测量血压、血糖等。定期组织人员到养老机构进行四季养生、饮食养生、情志保健等知识的科普。定期组织专家开展义诊或讲座，向社区老人讲授"治未病"等养生保健知识，传授中医药适宜技术。

（五）设立中医健康养老服务专区

针对老年人慢性病防治、养生保健、饮食起居、临床诊疗、康复护理等需求，在社区卫生服务中心设立中医药健康养老服务门诊，分为诊疗区、调理区、咨询区。在有条件的养老机构设立中医药康复调理中心，由医院或社区卫生服务中心派出康复、理疗专业技术人员进行指导。在社区养老驿站设立中医药健康养老服务咨询站，针对社区老人健康状况的综合评估给予合理的健康养老服务指导。

（六）开通绿色通道

根据分级诊疗制度完善上下转诊标准，优化、规范转诊流程，开通养老机构－医疗机构之间的绿色通道，保障社区卫生服务中心、社区健康养老驿站、养老机构的老人能够预约就诊和急诊救治。整合医疗、康复、养老和护理资源，为老人提供治疗期住院、康复期护理、稳定期生活照料以及临终关怀一体化的健康养老服务，实现社区和养老机构老人在健康养老联合体内部的"医""养"转换。对老人在就诊和急危重症救治方面优先安排；将病情平稳的老人转回养老机构进行康复护理及生活照料。

附录1

健康养老联合体工作协议模板

一、指导思想

为深入贯彻落实××××等文件要求，全面推进医疗卫生与养老服务相结合，建立、健全中医药健康养老服务体系，积极应对人口老龄化发展要求，为老年人提供高效便捷的中医药健康养老服务，推动健康养老工作顺利实施，在上级主管部门的统筹安排下组建以××医院为核心的"中西医结合健康养老服务联合体"（以下简称"健康养老联合体"）。

二、健康养老联合体组成单位

核心单位：××医院

成员单位：××社区卫生服务中心，××老年公寓（养老驿站）

三、健康养老联合体工作内容

根据各成员机构情况制订工作内容。

四、健康养老联合体职责分工

（一）××医院

负责部门（人）：医务科

地址：

联系电话：

职责：

（二）××社区卫生服务中心

负责部门（人）：

地址：

联系电话：

职责：

（三）××老年公寓（养老驿站）

负责部门（人）：

地址：

联系电话：

职责：

五、注意事项

（1）健康养老联合体由××区卫健委组织筹建，接受上级部门的管理。

（2）健康养老联合体的机构应当遵守国家和各部门的法律法规，接受上级部门及卫生监督所等的检查，不得违法行医。

（3）健康养老联合体内部建立沟通机制，加强合作，不得相互推诿。

（4）根据每年度工作计划及各机构间的个性化服务要求，及时签署辅助合作协议及附加内容明细。

××医院（公章）   负责人签名：

××社区卫生服务中心（公章）   负责人签名：

××老年公寓（养老驿站）（公章）   负责人签名：

年　月　日

附录 2

养老机构与医疗机构医疗服务协议

甲方（养老机构）：

法人（负责人）：

地址：

联系电话：

传真：

乙方（医疗机构）：

法人（负责人）：

地址：

联系电话：

传真：

根据《中华人民共和国合同法》《北京市人民政府办公厅转发市卫生计生委等部门〈关于推进医疗卫生与养老服务相结合的实施意见〉的通知》（京政办发〔2016〕54号）、市民政局等部门《关于印发〈关于开展养老机构服务质量建设专项行动　全面提升养老行业服务质量水平的实施意见〉的通知》（京民福发〔2017〕129号），为了提高养老机构服务质量，甲、乙双方本着"服务社会、友爱互助、合作共赢、共图发展"的原则，合作建立以养老机构为平台，以老年人服务需求为纽带，以医疗机构及专业医护团队为支撑的"医养结合"创新服务模式。为维护甲、乙双方和养老机构中居住的老年人的合法权益，经友好协商，达成以下协议，双方将秉承合约精神和诚信意识共同遵守履行。

第一条　双方基本情况

1. 甲方

甲方由____投资兴建，____承接运营管理，____年____月投入运营，是一家依法成立并有效存续的____（公办公营、公办民营、公建民营、社会办）的养老机构，许可证号为____，许可范围为提供生活照料、康复护理、精神慰藉、安宁疗护、文化娱乐等养老服务。

甲方建筑面积____平方米，服务用房____间，共设置床位____张。甲方现收住服务对象共____人，其中：老年人____名、残疾人____名、其他人员____名。配置服务人员共____人，其中：养老护理员____名、餐饮服务人员____名、医护人员____名。

2. 乙方

乙方隶属于____管理，是一所依法成立的____（性质、种类）的____级医疗机构，于____年____月开业运营，医疗机构执业资格许可证编号为____，主要业务许可范围为医疗、保健、公共卫生；特色专科：____（肾内科、脑病科、心内科、针灸科、呼吸消化科、肿瘤科、口腔科、骨科、外科等）。

乙方距离甲方____千米。编制床位____张，配置卫生专业技术人员____人，其中：执业（助理）医师____名、执业护士（师）____名、技士（师）____名、药剂师____名、营养师____名、心理医师____名、康复治疗师____名、院内感染管控人员____名。

第二条 合作主要事项

乙方选派相对固定的、有责任心、有爱心、专业技术好的卫生专业技术人员，在执业许可范围内，为甲方机构的____名（可随人员变动浮动调整）入住人员提供基本医疗、康复、护理等服务；指导甲方机构内开展健康教育、合理膳食营养、院内感染控制等相关医疗卫生业务技术。具体医疗服务内容如下。

1. 完成基本公共卫生服务

（1）协助实施健康管理服务。协助甲方为入住老年人和残疾人等建立健康档案（电子病历）并指导健康档案的维护管理。本协议签订之日起____日内，乙方协助甲方为已入住人员完成健康档案建立，并与甲方共享健康档案信息。对甲方新入住的人员，乙方协助甲方在____日内为其建立健康档案，并指导甲方定期对新入住人员的健康档案进行维护和更新。

（2）健康教育服务。每年为老年人提供____次个性化的健康教育活动，____次公共课及健康处方服务，并应做好相应记录。

（3）按照《国家基本公共卫生服务规范（第三版）》的规定，根据医院自身能力提供健康管理、慢性病管理等服务。

（4）结合乙方资质开展中医药健康管理。

2. 提供诊疗服务

（1）老年人在乙方机构内就诊时，乙方为老年人提供优先预约、优先诊疗服务。并针对老年人个性化健康状况和患病情况，实施专业的健康指导、医疗护理、心理干预等，指导康复辅具的应用。

（2）为老年人提供分诊及转诊服务。为急性期老年人开辟绿色就医通道，建立快速反应机制，争取老年人应急黄金救援时间，提供应急分诊及协助转诊服务。畅通老年人的就医、检查、取药等就医通道，探索专门窗口、专门导医、专门渠道机制。

（3）每季度组织____次义诊服务。由乙方派出相应专家，为甲方入住人员提供慢性病康复指导等科普、处方用药视情调整、疑难重症会诊、健康教育等服务。

（4）对需要管道护理、导尿和慢性病伤口常规治疗的老年人提供便捷的就诊通道，开展抗便秘、摆药、管道护理、营养配餐等长期照护服务的培训和指导，定期提供止痛指导、心理指导。

（5）开展疾病预防和健康知识宣传。

（6）对符合条件的病人在签约后开展康复管理。

（7）指导甲方落实院内感染控制。

（8）指导甲方食堂落实合理营养膳食。

（9）在条件允许的情况下探索开展远程指导服务。

（10）探索借助养老照料中心服务平台，辅助开展居家养老入户医疗服务和助医服务。

3. 定期到甲方处开展医疗巡诊服务

乙方每____日派医护人员为甲方入住人员提供巡诊服务，并将巡诊情况记录于健康档案中。为符合条件的慢性病老年人提供长处方，可提供代化验服务，并提供就医、用药指导。指导甲方建立摆药室或药品柜，指导甲方的用药服务及专业化操作，落实"三查七对"，协助老人服药。

为保障乙方医疗服务工作的顺利开展，甲方需提供必要的符合条件的医疗服务用房____间、指定____名专职（兼职）服务人员提供相关保障，以满足入住人员的基本医疗服务需求和甲方相关医疗卫生业务技术指导需求。

第三条 经费支付

（1）甲方每年向乙方支付医疗服务协作经费人民币____万元，主要用于支付乙方人员额外劳务费、交通费等。本协议正式生效之日起10个工作日内，甲方向乙方支付年度总医疗服务协作资金的80%，本协议生效满1年后，____个工作日之内支付剩余医疗服务协作经费。

（2）乙方对甲方入住人员，应按照××（省/市）基本医疗保险政策规定收取医疗护理费用。

第四条 双方的权利和义务

1. 甲方权利、义务

（1）会同乙方明确开展医疗服务的项目、内容、经费支付等问题，通过平等协商的形式与入住人员达成一致，并将权责内容明确写入《养老机构服务协议》或协议附件。

（2）遵循分级诊疗原则，本着入住人员自愿原则，协助将本机构入住老年人医疗保险定点转到乙方，将乙方作为首诊医院。

（3）主动配合乙方工作开展，向机构内入住人员说明与乙方的协作目的和情况，并协助及时向乙方提供与老年人健康相关的信息、资料，以便乙方真实、全面地了解入住人员的身体健康状况。

（4）在养老机构不宜开展的医疗项目，由甲方协调组织入住人员至医疗机构获得相应服务。在乙方巡诊开展医疗服务时，提供必要的场所和设施。积极参与、配合乙方开展的与医疗服务内容相关的各种活动，协助乙方执行制订的医疗、护理、康复方案，并对乙方的建议给予反馈。

（5）在乙方的指导下，安排专（兼）职人员对慢性病病人开展非医疗性日常护理、康复锻炼并协助老人遵医嘱服药。

（6）在乙方技术指导下，安排专（兼）职人员开展养老机构院内感染控制、入住人员合理营养膳食、身心健康干预等服务；遵守乙方的各项医疗制度。

（7）乙方为甲方机构内老年人提供医疗服务期间产生的医疗费用，由甲方机构内老年人自行承担，甲方承担监督职责。在产生争议时，甲方机构应协助解决。

（8）确保乙方医护人员在执业活动中人格尊严、人身安全不受侵犯。

（9）乙方提供医疗服务时必须由甲方工作人员陪同，出现需要征求病人及家属意见而无法取得或无法及时取得的情形下，甲方有义务第一时间联系家属或公安机关，保证医疗服务的顺利进行。

（10）甲方发现养老机构出现传染病病例时，按照相关规定，应及时上报并妥善处置。

（11）按照本协议的约定向乙方支付医疗服务协作资金。

（12）本协议约定的甲方其他权利和义务。

2. 乙方权利、义务

（1）在乙方执业许可的业务范围内，依法为甲方机构入住老年人提供基本医疗卫生服务和可及的个性化健康服务。

（2）乙方医护人员依法享有国家规定的福利待遇、补贴及医疗服务协作资金。

（3）乙方为甲方提供医疗服务，要设立专门巡诊医疗团队，团队中必须至少有1名医生和1名护士。医生需具备3年以上工作经验或主治医师以上职称，护士需具备3年以上工作经验或护师（及）以上职称。每个团队的负责人和甲方保持联系。

（4）定期派出医护人员开展医疗巡诊服务，如有变动，提前一天和甲方沟通，调整时间，并和甲方随时保持联系。

（5）为切实做好医疗服务风险防范工作，乙方为巡诊医疗团队成员办理医责险等保险。同时在巡诊医疗服务过程中及时向老年人说明情况并签订知情同意书，降低医疗纠纷风险。

（6）乙方医护人员为甲方入住人员进行医疗服务前，必须向其本人或家属交代检查的必要性及注意事项、利弊关系，在本人或家属充分理解的基础上，让其自主选择，充分尊重甲方入住人员的知情权及选择权，合理进行诊疗和转诊服务。（入住人员无行为能力的，需征求家属同意或由甲方同意。）

（7）本协议约定的乙方其他权利和义务。

第五条 违约责任

1. 甲方违约责任

（1）因甲方原因影响乙方进行医疗服务项目，如甲方在未经乙方同意的情况下与第三方签订医疗服务协议，导致乙方医疗服务无法正常进行的，乙方有权利终止合作。

（2）因甲方原因造成乙方派出的医护人员人身、财产遭受损害的，甲方应承担赔偿责任。

2. 乙方违约责任

（1）诊疗过程中发生的医疗纠纷，按照《医疗事故处理条例》等相关法律、法规规定处理。

（2）乙方未按照协议规定提供服务，违规运营，或甲方入住人员满意率低时，甲方有权利终止合作。

第六条 争议解决

本协议履行过程中发生的任何纠纷，甲、乙双方应友好协商解决。协商不成的，任何一方有权向乙方所在地人民法院提起诉讼。

第七条 保密条款

（1）甲、乙双方在本协议履行过程中对所知悉的对方的任何商业信息秘密、技术信息秘密均负有保密义务，未经对方许可，任何一方在任何时候均不得向第三方披露对方的商业信息（含入住人员的个人信息）及技术信息秘密。任何一方违反本条规定的，应全额赔偿因此遭受的全部直接和间接损失。

（2）本协议终止后，双方仍需履行本条款的保密义务。

第八条 不可抗力事件

不可抗力事件是指协议双方都不可预见、不可避免、不能克服的超出认识控制和防范能力的事件，包括地震、洪水、风灾、旱灾、战争、暴乱、骚乱、政府行为等，该事件妨碍、影响或延误任何一方根据协议履行其全部或部分义务。因不可抗力事件致使协议部分或全部不能履行或延迟履行时，除非协议中另有约定，否则双方对于彼此不承担任何违约责任。

第九条　协议变更、解除、延续

（1）甲方或乙方任何一方想要变更或终止协议的，需提前 60 天向对方提出正式书面告知，并向主管民政部门、卫生主管部门报备，说明具体情况。

（2）变更或终止合作时，不得损害甲方入住人员的合法利益，并做好入住人员医疗服务资料交接和关系转接。

（3）发生以下情况之一的，甲方有权单方终止协议。

1）乙方未按本协议提供医疗服务，甲方入住人员普遍反映强烈，甲方向乙方提出书面改进意见后，30 天内拒不改正的。

2）甲方入住人员对乙方医疗服务满意率连续 3 个季度低于 60% 的。

3）乙方乱设名目、乱收费，过度医疗等；医疗行为不公开不透明，侵害老年人及家属的知情权、选择权；违反老年人及家属的意愿强制进行医疗行为，或向老年人推销、兜售保健品、营养品等，甲方向乙方提出书面改进意见后，30 天内拒不改正的。

（4）发生以下情况之一的，乙方有权单方终止协议。

1）甲方未按协议支付医疗服务协作资金，乙方催缴后 30 日内仍未支付的。

2）严重阻碍、干扰或不配合乙方正常医疗服务行为，经乙方提出拒不改正的。

（5）本协议到期后，经考核和调查评估，甲方入住人员满意率在 80% 以上的，经公平协商和条款修订，乙方可优先取得续签合作协议的资格，双方可续签合作协议。

（6）医疗服务具体项目目录见附件文本。情形变迁时，任何一方认为有必要，经双方协商同意可订立补充条款。

第十条　其他

（1）本协议有效期为___年，自___年___月___日起，至___年

___月___日止。

（2）附件《养老机构和医疗机构协议医疗服务项目参考目录》是本协议的组成部分，与本协议具有同等法律效力。

（3）如有未尽事宜，甲、乙双方另行协商、签署补充协议，补充协议与本协议具有同等法律效力。

（4）本协议一式五份，甲、乙双方各执一份，报主管民政、卫生主管部门各一份，在甲方养老机构内显著位置公开一份，自甲、乙双方签字、盖章之日起生效。

甲方（公章）：　　　　　　　　乙方（公章）：

授权代表（签字）：　　　　　　授权代表（签字）：

　　年　月　日　　　　　　　　　年　月　日

附录3

健康养老工作巡诊表

时间		养老机构名称		
参与人员	医疗			
	护理			
工作内容				
巡诊	床位数			
	常见病种			
	病人意见	1.		
		2.		
		3.		
	存在的问题	1.		
		2.		
		3.		
讲座	题目		参加人数	
	反馈情况	1.		
		2.		
		3.		
机构负责人签字				

附录 4

巡诊病人登记表

地点					时间	
床号	姓名	性别	年龄（岁）	基础病	血压值（mmHg）	血糖值（mmol/L）

附录 5

科普讲座签到表

题目			
地点			
主讲人		时间	
姓名	性别	年龄	联系方式

（谷群英　张　静）

第二章

常见症状危险度的判定与处理

第一节　发　热

发热是指由于致热原的作用，人体体温调节中枢的调定点上移，引起人体体温升高，超出正常范围。正常情况下，人体腋下温度在 36~37 ℃，舌下温度在 36.3~37.2 ℃，直肠温度（又称肛温）较口腔温度高 0.2~0.6 ℃。腋温超过 37.3 ℃、口腔温度超过 37.5 ℃、肛温超过 38.0 ℃代表发热。

根据口腔温度，临床上将发热分为下列四度。

（1）低热：体温为 37.3~38 ℃。

（2）中度发热：体温为 38.1~39 ℃。

（3）高热：体温为 39.1~41 ℃。

（4）超高热：体温为 41 ℃以上。

脉搏和呼吸通常随体温升高而加快。一般说来，体温每升高 1 ℃，脉搏每分钟增加 10 次。

进食和活动后体温可能会略偏高，应至少休息 30 分钟再测量体温。环境的温度差异也可能会对体温有影响，建议在室内待 15 分钟以后再测体温。

发热可分为如下 3 个阶段。

（1）上升期：这是发热的第一阶段。病人常有疲乏无力、肌肉酸痛、皮肤苍白、畏寒或者寒战等症状。此时期的特点是身体产热增多，散热减少，产热较散热占相对优势，体温逐步上升。

（2）高热期：体温达到高峰后保持一定时间，时间长短可因病因不同而有差异。这个阶段寒战消失，皮肤发红、灼热，呼吸加快变深，开始出汗且出汗量逐渐增多。这时散热过程开始加强，皮肤血管开始舒张，皮肤温度增高而且发红，但因为产热并不减少，产热和散热的平衡维持在较高的水平上。

（3）退热期：这是发热的最后阶段。此时病人出汗多，排尿多，代谢降低，体温下降。此时期的特点是身体散热多于产热，因而体温逐渐下降，直到恢复正常。

发热可见于多种感染性疾病和非感染性疾病。但体温升高不一定都是疾病引起的，一些生理因素亦可引起体温升高，如剧烈运动、月经前期、妊娠期、进入高温环境等。老年人因代谢率稍低，体温相对低于青壮年。

一、感染性发热

发热常是感染性疾病中最初见、最突出的症状。各种病原体如病毒、细菌、真菌、寄生虫等引起的感染，不论是急性、亚急性还是慢性，局限性或全身性，均可以出现发热症状。原因不明的发热应首先想到感染。

（一）全身性感染

全身性感染指细菌等致病菌侵入人体血液中，并在体内生长繁殖或产生毒素而引起的严重的全身性感染或中毒症状，通常为脓毒症和菌血症。全身性感染起病急，病情重，发展迅速，除发热外，可伴有头痛、头晕，食欲不振、恶心呕吐，神志淡漠、烦躁、谵妄和昏迷，脉搏细速，呼吸急促。病情严重者可发生感染性休克。

危险度：☆☆☆☆☆

处理：立即到医院进行诊治。

（二）局部性感染

1. 呼吸系统感染

（1）流行性感冒。

急性起病，出现高热，伴畏寒、头痛、全身酸痛、乏力等全身症状，而鼻塞、流涕、咽痛等鼻咽部症状较轻者，应考虑为流行性感冒。

流行性感冒简称流感，是由流感病毒引起的急性呼吸道传染病，可以通过接触及空气飞沫传播。发病有季节性，北方常在冬、春季流行。人群普遍易感。胃肠型者伴有腹痛、腹胀、呕吐、腹泻等消化道症状，儿童感染多于成人。严重者可并发肺部感染，甚至出现呼吸衰竭。

危险度：☆☆☆

处置：①监测体温。如果体温未超过38.5℃，暂时不需要使用退热药物，只要进行物理退热即可，如用湿毛巾擦拭病人的额头和腋下、用酒精擦拭皮肤。如果体温超过38.5℃，可使用非甾体抗炎药退热，如口服布洛芬、复方对乙酰氨基酚片等。对于症状严重者，应尽快使用静脉退热针剂降温。②抗病毒药物应在发病48小时内使用，可选用奥司他韦等。③中医方面可配合中成药如连花清瘟胶囊、金花清感颗粒、清开灵、蓝芩口服液等清热解毒、宣肺泄热。④防寒保暖，戴口罩，养成良好的卫生习惯，保证均衡的膳食营养，适当进行体育锻炼。⑤如果合并严重的基础疾病，或出现全身性感染表现应及时到医院就诊。

（2）普通感冒。

普通感冒由鼻病毒、冠状病毒、副流感病毒等引起，其发热一般不超过39℃，主要表现为卡他症状如鼻塞、流涕、喷嚏等，也可表现为咳嗽、咽干、咽痒，部分病人没有发热，并发症少见。一般5~7天痊愈，伴有并发症者可致病程迁延。普通感冒全年均可发生，而流行性感冒往往发生在冬春季节。

危险度：☆☆

处置：根据体温情况采取不同的退热措施（参考流行性感冒）。可酌情口服感冒清热颗粒、荆防颗粒、正柴胡饮颗粒、柴银口服液等。注意休息，多饮水，勤通风。如病情持续不缓解或加重应及时到医院就诊。

（3）肺部炎症性疾病。

发热伴咳嗽、咳痰多，考虑为肺部、支气管炎症症状。肺部炎症性疾病可表现为寒战、高热（体温可达 39～40 ℃）、咳嗽、咳痰、胸痛，严重时会出现气短、呼吸困难。不同程度的肺炎临床表现不一样，并不是所有肺炎都会出现典型症状。

危险度：☆☆☆☆

处置：应及时到医院行血常规、胸片或肺 CT 等检查以明确诊断。不建议未经医生诊治随意应用抗生素治疗。体温 38.5 ℃以上者应服用退热药物降温，并及时补充水分。

2. 消化系统感染

（1）肠道感染。

不洁饮食后出现发热，伴有腹痛、恶心、呕吐、腹泻等消化道症状，考虑为肠道感染。肠道感染通常为细菌性感染或病毒性感染。

危险度：☆☆☆

处置：①体温在 38.5 ℃以下者，以对症治疗为主，如恶心呕吐者可以应用甲氧氯普胺（胃复安），腹泻者可以服用蒙脱石散，腹痛者可以肌注山莨菪碱，同时调节肠道菌群，口服贝飞达、双歧杆菌三联活菌散/胶囊（培菲康）等药物。伴有白细胞升高者，提示细菌感染，可应用抗生素类药物如左氧氟沙星。②体温超过 38.5 ℃者，应以抗感染治疗为主，同时应用退热药物，降低体温；对症治疗，缓解不适症状。③清淡、清洁饮食，多喝温开水或淡盐水，补充水分。④中成药可酌情选用葛根芩连片、枫蓼肠胃康分散片、附子理中丸等。⑤病情持续或加重应及时到医院就诊。

（2）胆道系统感染。

寒战，高热，伴右上腹疼痛，厌食油腻，部分病人可见眼球巩膜黄染、皮肤发黄、小便黄等黄疸症状，应考虑胆道系统感染，最常见的是急性胆囊炎、胆管炎、胆道结石、胆道蛔虫病等疾病。

危险度：☆☆☆☆

处置：酌情予以物理降温或口服非甾体抗炎药。嘱病人及时到医院明确诊断，进行治疗。中成药可选用消炎利胆片、胆宁片等。

3. 尿路感染

寒战，发热，体温 38 ℃以上，尿频、尿急、尿痛、排尿困难，腰部钝痛或酸痛，伴头痛、全身酸痛、恶心、呕吐等症状，考虑上尿路感染。

尿路感染根据部位分为上尿路感染及下尿路感染。下尿路感染即膀胱炎，一般不会出现发热症状，以尿频、尿急、尿痛为主要表现，可有耻骨上方疼痛或压痛，部分病人出现排尿困难，尿液常浑浊。如未及时治疗，或机体免疫功能差，下尿路感染可逆行导致肾盂肾炎或输尿管炎，出现突出的全身表现。

危险度：☆☆☆☆

处置：①急性膀胱炎时，要注意休息，多饮水，多排尿，禁辛辣之物，在医生指导下口服敏感抗生素如阿莫西林及头孢菌素类、喹诺酮类进行抗感染治疗，一般疗程 3～7 天。②发热多为上尿路感染所致，应及时就诊。可采用物理方法进行降温，体温超过 38.5 ℃者服用退热药物。中成药可酌情选用三金片、癃清片等。

4. 颅内感染

急性起病，有发热、咳嗽等上呼吸道感染的前驱症状，出现明显精神行为异常、抽搐、意识障碍等，或伴偏瘫、失语等神经功能缺损的症状，应考虑颅内感染。颅内感染中，脑炎以脑实质损害症状为主，脑膜炎主要表现为头痛、呕吐和颈强直等脑膜刺激征。

危险度：☆☆☆☆☆

处置：应立即送至医院，行头颅影像学检查及腰椎穿刺等以明确诊断并进行救治。

二、非感染性发热

（一）无菌性坏死物质的吸收

无菌性坏死物质的吸收所导致的发热常见于机械性、物理或者化学性损害，如大手术后、内脏出血、大面积烧伤、大血肿等；血管栓塞或血栓形成而引起的心肌、肺脏、脾脏等内脏梗死或者肢体坏死等。

危险度：☆☆☆

处置：体温未达 38.5 ℃，可行物理降温，必要时应用退热药物治疗。应注意是否合并感染。

（二）恶性肿瘤

恶性肿瘤是长期发热的常见原因之一。发热高低不同，热型不规则。就国内而言，最常引起发热的恶性肿瘤为原发性肝癌、淋巴瘤、恶性组织细胞病与白血病，其次为肺癌、肾癌、甲状腺癌等。

危险度：☆☆☆

处置：体温未达 38.5 ℃，可行物理降温，必要时应用退热药物治疗。应注意是否合并感染。

（三）结缔组织疾病

结缔组织疾病大多伴有关节痛及皮肤、心、肾等多系统病变所引起的相关症状与体征，但少数病例在典型症状出现前数周或数月就可出现发热。如系统性红斑狼疮、幼年型类风湿性关节炎、成人斯蒂尔病、结节性多动脉炎等。

危险度：☆☆☆

处置：体温未达到 38.5 ℃时，可物理降温；如果体温持续升高，达38.5 ℃以上时，应服用阿司匹林或者布洛芬等药物退热。同时，应遵医嘱服用糖皮质激素或者免疫抑制剂。

（四）内分泌代谢障碍

内分泌代谢障碍引起的发热可见于甲状腺危象。病人既往有甲亢病史，现出现高热，体温超过 39 ℃，大汗，使用一般退热措施退热效果不佳，伴心律失常（如心动过速，心率达 140 次/分甚至更高），特别是心房颤动和室上性心动过速，血压升高，脉压增大，原有甲亢症状如烦躁、恶心、呕吐、腹泻等明显加重，病情严重者可出现心衰、休克及昏迷。

危险度：☆ ☆ ☆ ☆ ☆

处置：立即送往医院治疗。

（五）超高热

超高热是指体温超过 41 ℃。超高热对人体的危害性很大，会导致机体的代谢增加，氧的消耗量大大增加，能量消耗增多，中枢神经系统兴奋性增高，出现抽搐，呼吸、心跳加快，严重者可出现呼吸、循环衰竭。超高热也可引起肝、肾等脏器损害，促使原有肝、肾功能不全的病人发生肝、肾功能衰竭等。超高热对脑细胞有严重损伤，可引起脑细胞变性，使病人进入昏迷状态，并于数小时内死亡。超高热常见的病因有：中暑或热射病、颅脑疾病、输液与输血污染、麻醉、疟疾、暴发型中毒性菌痢、暴发型流行性脑脊髓膜炎及其他化脓性脑膜炎、重症中毒性肺炎、甲状腺危象等。

危险度：☆ ☆ ☆ ☆ ☆

处置：立即送至医院完善检查，明确病因，对症治疗。

三、不明原因发热

普通发热经休息及服用退热药物后多在 1 周内好转，但如果发热超过 3 周，且体温总是高于 38.3 ℃，进行常规检查后仍未能发现导致发热的病因，则可诊为"不明原因发热"。"不明原因发热"是医学界难诊断的疾病之一，可能会涉及感染性疾病如肺结核、伤寒、布鲁氏菌病、感染性心内膜炎等，肿瘤性疾病如淋巴瘤、白血病等，免疫系统疾病如系统性红斑狼疮等，以及其他疾病。

危险度：☆ ☆ ☆ ☆

处置：病情复杂，必须进行详尽的诊查，找寻病因。所有高热者在病情未明确诊断之前，不要轻易使用抗生素及退热药物，更不能使用激素类药物，以免掩盖病情，贻误诊断和治疗。

发热是身体发病的重要信号，也是机体抵抗疾病的防御反应，对诊断疾病、评价疗效和估计病情预后有重要参考价值。一定程度的发热能够增强机体免疫力，有利于机体消除各种致病因素。但体温过高或持续高热，对机体也是不利的，会导致能量物质和维生素消耗过多，引起身体代谢紊乱和组织、器官功能障碍，尤其是可引起中枢神经系统功能障碍，从而导致严重的后果。若身体感染严重而发热不明显，表示机体的反应能力不良，预后差；因此，在生活中，我们对发热应采取积极、慎重的处理原则，寻找发热的原因，并针对发热原因进行治疗；对于尚未查明原因的发热，不要盲目退热。

（朱耀文　侯　静）

第二节　咳　嗽

咳嗽是机体的防御性神经反射，有利于清除呼吸道分泌物和有害因子等。咳嗽按病程长短可分为 3 类：急性咳嗽、亚急性咳嗽和慢性咳嗽。其中急性咳嗽病程不超过 3 周，亚急性咳嗽为 3~8 周，慢性咳嗽超过 8 周。咳嗽按性质又可分为干咳与湿咳，以每天痰量超过 10 ml 作为湿咳的判断标准。

一、急性咳嗽

（一）普通感冒

普通感冒，又称"伤风"、急性上呼吸道感染，多由病毒感染引起。感冒后可出现咳嗽、咽喉刺激感或不适，常有鼻塞、流涕、喷嚏等卡他症状，可伴发热、肌肉酸痛等全身症状。

危险度：☆☆

处理：以对症治疗为主。鼻塞者可予减充血剂，如呋麻滴鼻液。发热、肌肉酸痛者可予口服解热镇痛药如对乙酰氨基酚。咳嗽严重者可予中枢性或外周性镇咳药如右美沙芬、可待因。亦可应用中成药如感冒清热颗粒、小柴胡颗粒等，并观察病情。

（二）急性气管支气管炎

咳嗽急性起病，伴或不伴咳痰，初步考虑为急性气管支气管炎，可至医院行 X 线胸片检查以明确诊断。病毒感染是急性气管支气管炎最常见的病因，但少部分本病亦可由细菌引起，伴细菌感染者常咳黄脓痰。

危险度：☆☆

处理：咳嗽严重者可予中枢性或外周性镇咳药如右美沙芬、可待因以缓解症状。咳痰明显者可给予口服祛痰剂或黏痰溶解剂，如羧甲司坦口服液、盐酸氨溴索片。若咳脓性痰或外周血白细胞增高，可行痰培养，依据所感染的病原体及药物敏感试验选择抗菌药物。

二、亚急性咳嗽

亚急性咳嗽最常见的原因是感染，其次为咳嗽变异型哮喘、嗜酸性粒细胞性支气管炎、上气道咳嗽综合征等，临床表现以咳嗽为主，可持续 3~8 周，X 线胸片检查无异常。在处理亚急性咳嗽时，首先要明确咳嗽是否继发于先前的呼吸道感染，并进行经验性治疗。治疗无效者，再考虑其他病因。

（一）感染后咳嗽（PIC）

呼吸道感染的急性期症状消失后，咳嗽仍迁延不愈，多表现为刺激性干咳或咳少量白色黏痰，通常持续 3~8 周，X 线胸片检查无异常，称感染后咳嗽。根据病原体的不同，感染后咳嗽又分为病毒感染后咳嗽、迁延性感染性咳嗽。

1. 病毒感染后咳嗽

由病毒感染引起的感染后咳嗽，称病毒感染后咳嗽，又称感冒后咳嗽，常为自限性，多能自行缓解。

危险度：☆☆

处理：短期应用镇咳药、减充血剂等，如呋麻滴鼻液、右美沙芬、可待因等。中成药可选用苏黄止咳胶囊等治疗。病人服用适当中药汤剂也可有良好疗效。

2. 迁延性感染性咳嗽

由肺炎支原体、肺炎衣原体或细菌感染引起的感染后咳嗽，称迁延性感染性咳嗽。

危险度：☆☆☆

处理：咳嗽明显，可应用镇咳药右美沙芬、可待因等。必要时到医院就诊，可用大环内酯类、喹诺酮类、头孢类及青霉素等抗生素抗感染治疗。

（二）咳嗽变异型哮喘（CVA）

咳嗽变异型哮喘是哮喘的一种特殊类型，咳嗽是其唯一或主要的临床表现，刺激性干咳、程度较为剧烈、夜间及凌晨咳嗽为其重要特征，无明显喘息、气促表现。感冒、冷空气、灰尘及油烟等容易诱发或加重咳嗽。

危险度：☆☆☆

处理：行肺通气功能、气道高反应性检查等以明确诊断。确诊后病人应在医生指导下用药。建议吸入糖皮质激素和支气管舒张剂的复方制剂，如布地奈德/福莫特罗、氟替卡松/沙美特罗。吸入激素治疗不佳时，建议短期口服糖皮质激素治疗，或口服白三烯受体拮抗剂孟鲁司特钠片。中成药可选用苏黄止咳胶囊等。

（三）嗜酸性粒细胞性支气管炎（EB）

嗜酸性粒细胞性支气管炎以气道嗜酸性粒细胞浸润为特征，痰嗜酸性粒细胞增高，但气道炎症范围较局限，平滑肌内肥大细胞浸润密度低于哮喘，其炎症程度、氧化应激水平均不同程度地低于咳嗽变异型哮喘。大约1/3的嗜酸性粒细胞性支气管炎病人同时患有变应性鼻炎。嗜酸性粒细胞性支气管炎临床表现以刺激性咳嗽为主，干咳或咳少许白色黏液痰，多为白天咳嗽，少数伴有夜间咳嗽，无气喘、呼吸困难等。病人对油烟、灰尘、异味或冷空气比较敏感。

危险度：☆☆☆

处理：行痰细胞学检查，根据嗜酸性粒细胞比例明确诊断。确诊后在医生指导下用药。建议吸入糖皮质激素和支气管舒张剂的复方制剂，如布地奈德/福莫特罗、氟替卡松/沙美特罗。吸入激素治疗效果不佳时，建议短期口服糖皮质激素治疗。如果小剂量糖皮质激素无效，应注意是否存在嗜酸性粒细胞增高有关的全身性疾病，如嗜酸性粒细胞增高综合征、肺嗜酸性肉芽肿性多血管炎等。

（四）上气道咳嗽综合征（UACS）

咳嗽、咳痰，伴有鼻、咽部表现，如鼻塞、鼻痒、喷嚏、鼻腔分泌物增加、频繁清嗓、咽痒、咽后黏液附着及鼻后滴流感等，可考虑该病。

上气道咳嗽综合征，又名鼻后滴漏综合征，除了鼻部疾病外，还常与咽、喉、扁桃体的疾病有关，如变应性或非变应性咽炎、慢性扁桃体炎、喉炎等。针对鼻部、咽喉疾病进行治疗后咳嗽可缓解。

危险度：☆☆☆

处理：对导致该病的基础疾病进行治疗。变应性鼻炎病人应在医生指导下选用鼻腔吸入糖皮质激素、口服第二代抗组胺药如氯雷他定等或口服白三烯受体拮抗剂孟鲁司特钠片。慢性鼻窦炎病人若伴有细菌感染可用抗生素阿莫西林/克拉维酸或喹诺酮类控制感染，生理盐水冲洗鼻腔；合并鼻息肉者，可经鼻内镜手术治疗。中成药可选用香菊胶囊。

（五）胃食管反流性咳嗽（GERC）

干咳或咳少量白色黏痰，咳嗽大多发生在日间和直立位以及体位变换时，伴有反酸、胸骨后烧灼感及嗳气等典型反流症状，可考虑该病。

胃食管反流性咳嗽是因胃酸和其他胃内容物反流进入食管，导致的以咳嗽为突出表现的临床综合征，属于胃食管反流病的一种特殊类型，进食酸性、油腻食物容易诱发或加重咳嗽。临床上很多 GERC 病人没有典型反流症状，咳嗽是其唯一的临床表现，此时食管 24 小时 pH 监测可协助明确诊断。

危险度：☆☆☆

处理：①调整生活方式：避免过饱和睡前进食，避免进食酸性、辛辣和油腻食物，避免饮用咖啡、酸性饮料，戒烟，避免剧烈运动。超重病人应减肥。②药物治疗。可口服质子泵抑制剂，如雷贝拉唑等；促胃动力药如多潘立酮、莫沙必利等。③对于严重反流病人，建议行抗反流手术治疗（主要为经腹腔镜胃底黏膜折叠术）。

三、慢性咳嗽

咳嗽变异型哮喘、嗜酸性粒细胞性支气管炎、上气道咳嗽综合征、胃食管反流性咳嗽等疾病，除可致亚急性咳嗽外，也是慢性咳嗽的常见原因，其危险度分级与处理同上，不再赘述。慢性咳嗽的其他常见原因如下。

（一）变应性咳嗽

变应性咳嗽是指临床上具有一些特应性致病因素，肺通气功能正常，无气道高反应性，痰嗜酸性粒细胞正常，用糖皮质激素及抗组胺药物治疗有效的慢性咳嗽。临床表现为刺激性干咳，多为阵发性，白天或夜间均可咳嗽，常伴有咽痒。油烟、灰尘、冷空气、讲话等容易诱发咳嗽。

危险度：☆☆☆

处理：建议到医院就诊，在医生指导下用药。糖皮质激素或抗组胺药物治疗有效。

（二）慢性支气管炎

慢性支气管炎是气管、支气管黏膜及周围组织的慢性非特异性炎症。临床以咳嗽、咳痰为主要症状，每年累计或持续至少3个月，连续2年或2年以上。分急性加重期和缓解期。急性加重的主要原因是呼吸道感染。

危险度：☆☆☆

处理：医院就诊，积极控制感染，可依据药物敏感试验选择青霉素、头孢类等抗菌药物治疗。中成药可选用羚羊清肺丸等。

（三）支气管扩张症

支气管扩张症是指由慢性炎症引起气道壁破坏，导致的不可逆性支气管扩张和管腔变形，主要病变部位为亚段支气管。典型临床表现为慢性咳嗽、大量咳脓痰及间断性咯血，常合并慢性鼻窦炎。

危险度：☆☆☆☆

处理：及时医院就诊，行痰培养检查，依据药物敏感试验选择药物进行抗感染治疗。中成药可选用羚羊清肺丸等。

（四）气管支气管结核

气管支气管结核在慢性咳嗽中并不罕见，多数合并肺结核，其主要症状为慢性咳嗽，可伴有低热、盗汗、消瘦等结核中毒症状，体格检查有时可闻及局限性吸气期干啰音。X线胸片无明显异常。

危险度：☆☆☆☆

处理：医院就诊，参考有关结核指南进行治疗。

（五）血管紧张素转化酶抑制剂（ACEI）药物诱发的咳嗽

咳嗽是 ACEI 类降压药物的常见不良反应，发生率 5%～25%，在慢性咳嗽中此类咳嗽的比例为 1.7%～12%。独立危险因素包括：吸烟史、东亚人（华人）等，与年龄、性别和 ACEI 剂量无关。

危险度：☆☆

处理：在医生指导下调整降压药，停用 ACEI 后若咳嗽缓解即可确诊。

（六）支气管肺癌

咳嗽为支气管肺癌的早期症状和常见症状，发生率为 25%～86%。早期普通 X 线胸片检查常无异常，故容易漏诊、误诊。有长期吸烟史，出现刺激性干咳、痰中带血、胸痛及消瘦等症状或原有咳嗽性质发生改变的病人，应高度怀疑肺癌可能，须进一步行肺部 CT 及支气管镜检查。

危险度：☆☆☆☆

处理：专科医院就诊，关键在于对原发灶的治疗，包括放疗、化疗、射频消融术及手术治疗。

（七）心因性咳嗽

心因性咳嗽是由病人严重心理问题引起的，又称为习惯性咳嗽、心理性咳嗽。表现为日间咳嗽，专注于某一事物及夜间休息时咳嗽消失，常伴随焦虑症状。

危险度：☆☆

处理：医院就诊，可予以暗示疗法、心理疏导等心理治疗，短期应用止咳药物辅助治疗。对年龄大的病人可适当应用抗焦虑或抗抑郁等精神类药物。

（八）不明原因慢性咳嗽

不明原因慢性咳嗽是指在进行了全面检查、治疗之后，病因仍无法明确的一部分慢性咳嗽，又称为特发性咳嗽。这类咳嗽表现为慢性刺激性干咳，伴咽痒或异物感，对油烟、灰尘、异味及冷空气敏感。由于普遍存在高敏感性，故近年来对于此种咳嗽形成了一个新诊断名词——"咳嗽高敏综合征"。

危险度：☆☆☆

处理：医院就诊，以降低咳嗽敏感性为目的，采用药物治疗及非药物治疗。临床显示，神经调节因子类药物加巴喷丁治疗此类咳嗽有效。非药物治疗包括语言病理治疗及咳嗽抑制性理疗。

（王蓓蓓）

第三节　呼吸困难

呼吸困难是主观感觉和客观征象的综合表现，病人主观上感觉吸气不足、呼吸费力，常见的主诉包括"憋气""气短""胸闷""气喘""接不上气""喘不上气"；客观上表现为呼吸频率、节律和深度的改变。根据发病机制及临床表现特点，呼吸困难可分为肺源性呼吸困难、心源性呼吸困难、中毒性呼吸困难、神经精神性呼吸困难和血源性呼吸困难。

一、肺源性呼吸困难

肺源性呼吸困难主要是呼吸系统疾病引起换气、通气功能障碍，从而导致缺氧和（或）二氧化碳潴留所引起的呼吸困难。

（一）大气道病变

大气道病变主要见于管腔局限性和弥漫性狭窄。局限性狭窄见于气道异物、肿瘤、喉水肿、外伤等；弥漫性狭窄见于复发性多软骨炎、淀粉样变性等。管腔狭窄导致肺通气功能障碍，从而引起机体缺氧，临床表现主要为吸气显著费力，严重者吸气时可见"三凹征"（胸骨上窝、锁骨上窝、肋间隙明显凹陷）。

1. 气道异物梗阻

气道部分阻塞时，出现呛咳；阻塞严重时，出现咳嗽无力、呼吸困难，伴鸡鸣、面色青紫；气道完全阻塞时，可出现突然不能说话、不能呼吸、不能咳嗽，发绀及窒息样痛苦表情。

危险度：☆☆☆☆☆

处理：对于清醒病人立即给予海姆立克法冲击腹部，无意识病人立即使其仰卧位，给予心脏胸外按压直至异物排出或医护人员到场，随后送医院进一步救治。

附海姆立克法：救护者站在受害者身后，从背后抱住其腹部，双臂分别从病人两腋下前伸并环抱其腰腹部，左手握拳，右手从前方握住左手手腕，使左拳虎口贴于受害人的肚脐和肋骨之间的上腹部中央，然后突然用力收紧双臂，用左拳虎口向病人上腹部内上方猛烈施压，施压完毕后立即放松手臂，然后再重复操作，每次冲击可以为气道提供一定的气量，从而将异物从气管内冲出。

2. 气道肿瘤

气道肿瘤通常无症状，当出现症状时，肿瘤往往已阻塞气道直径的

50% 以上，常见症状是咳嗽、声音嘶哑、呼吸困难、咯血和喘息。

危险度：☆☆☆☆☆

处理：于综合性医院呼吸专科行支气管镜检查以进一步明确病情。

3. 复发性多软骨炎

复发性多软骨炎是一种少见的累及全身多系统的反复发作和缓解的进展性炎性破坏性病变，可累及软骨和其他全身结缔组织，包括耳、鼻、眼、关节、呼吸道和心血管系统等。多数病人主诉为慢性咳嗽、咳痰，继之气短，往往被诊断为慢性支气管炎，最终出现呼吸困难、反复呼吸道感染和喘憋，有时会出现气管前和甲状腺软骨压痛、声音嘶哑或失声症。

危险度：☆☆☆☆☆

处理：于综合性医院呼吸专科行支气管镜检查以进一步明确病情。

（二）小气道病变

小气道是指直径小于 2～3 mm 的气道，具有气流阻力小但易阻塞的特点，当小气道有炎症或痰液阻塞，或当气道外压大于气道内压时，很容易造成气道闭合、萎陷。主要表现为呼气费力、缓慢、时间明显延长，常伴有呼气性哮鸣音。

1. 支气管哮喘急性发作

支气管哮喘急性发作是指喘息、气促、咳嗽、胸闷等症状突然发生，或原有症状急剧加重，常因接触变应原、刺激物或呼吸道感染诱发。其程度轻重不一，病情加重可在数小时或数天内出现，严重者可在数分钟内即危及生命，故应对病情做出正确评估，以便给予及时有效的紧急治疗。当出现以下任意一项及以上者，就说明病人病情严重，须高度重视，尽快送至医院救治：①休息状态下即感气短；②喘息不能平卧；③讲话单个字；④大汗淋漓；⑤呼吸次数超过 30 次/分钟；⑥心率超过 120 次/分钟；⑦吸入支气管扩张剂（沙丁胺醇气雾剂）后缓解持续时间小于 2 小时；⑧血气分析检测提示未吸氧时动脉氧分压低于 60 mmHg 或动脉二氧化碳分压大于 45 mmHg 或氧饱和度不超过 90%。

危险度：☆☆☆☆

处理：立即给予速效支气管扩张剂，如沙丁胺醇气雾剂或雾化吸入，若症状缓解不明显，立即将病人送医院救治。

2. 慢性阻塞性肺疾病（COPD）

慢性阻塞性肺疾病是一种常见的以持续气流受限为特征的可以预防和治疗的疾病，若气流受限进行性发展，可进一步发展为肺心病和呼吸衰竭。该病与有害气体及有害颗粒所致的异常炎症反应有关，致残率和病死率很高，全球 40 岁以上人群的发病率已高达 9% ~ 10%。慢性咳嗽为最早出现的症状，当气道严重阻塞时，通常仅有呼吸困难而无咳嗽表现。重症病人或急性加重病人可出现喘息及胸闷症状。体征可见桶状胸、肋间隙增宽、呼吸变浅、频率增快。

危险度：☆ ☆ ☆

处理：急性加重期常由微生物感染诱发，出现呼吸困难加重、痰量增多、咳脓痰，建议立即送医院救治。稳定期的药物治疗优先选择吸入药物，根据疾病严重程度选择吸入支气管扩张剂或支气管扩张剂与激素联合吸入剂，坚持长期规律治疗及个体化治疗。中成药可酌情选用玉屏风

呼吸操

颗粒、补肺活血胶囊、百令胶囊等。进行肺功能锻炼，如缩唇呼吸、腹式呼吸、全身性呼吸体操锻炼等，从而增强肺功能、改善呼吸困难症状。

（三）肺疾病

肺疾病指重症肺炎、重症肺结核、弥漫性肺间质疾病、肺泡出血、肿瘤、急性呼吸窘迫综合征等肺部疾病。肺疾病导致气体交换面积减少，影响肺换气功能。主要表现为混合型呼吸困难，即吸气和呼气均感费力，呼吸频率增快，深度变浅。

急性呼吸窘迫综合征是病人原心肺功能正常，但在严重创伤、烧伤、休克、感染、大手术等过程中出现弥漫性肺间质及肺泡水肿，导致呼吸功能不全或衰竭，临床主要表现为呼吸困难和顽固性低氧血症。

危险度：☆ ☆ ☆ ☆ ☆

处理：立即送医院救治。

（四）肺栓塞

突然出现呼吸困难、气促，可伴胸痛，甚至晕厥、休克，存在深静脉血栓形成的危险因素，如高龄、长期卧床少动、恶性肿瘤、肾病综合征、手术（多见于全髋关节或膝关节置换）、创伤或骨折（多见于髋部骨折和脊髓损伤）、静脉血栓既往史等，或伴有单侧或双侧不对称性下肢肿胀、疼痛，这种情况下应警惕本病。肺栓塞典型临床表现为咯血、胸痛、呼吸困难，但是临床大约只有 1/5 的病人具备上述典型三联征，所以需提高警惕以防漏诊。

危险度：☆☆☆☆☆

处理：立即送医院救治。

（五）胸膜疾病

1. 气胸

气胸是指气体进入胸膜腔，造成胸膜腔积气的现象。日常生活中人们抬举重物用力过猛、屏气、大笑、用力排便、用力咳嗽、喷嚏、高强度体育锻炼、由高压环境进入低压环境等都能诱发气胸，瘦高青壮年、长期吸烟者、重体力劳动者为高危人群，当出现胸闷、胸痛、呼吸困难、咳嗽等症状，尤其是既往有气胸、肺大疱病史时，要考虑气胸发生的可能。

危险度：☆☆☆☆☆

处理：立即送医院救治。

2. 胸腔积液

胸腔积液是以胸膜腔内病理性液体积聚为特征的一种常见临床症候。积液较少（少于 300 ml）时症状多不明显，但急性胸膜炎早期积液量少时，可有明显的胸痛，于吸气时加重，病人喜患侧卧位，当积液增多时胸膜脏层和壁层分开，胸痛可减轻或消失。大量胸腔积液（大于 500 ml）时，可出现气短、胸闷、心悸、呼吸困难，甚至端坐呼吸并伴发绀。

危险度：☆☆☆☆☆

处理：立即送医院救治。

二、心源性呼吸困难

急性左心衰

急性左心衰可见突发严重呼吸困难，呼吸频率常达 30～50 次/分，强迫坐位，面色灰白，嘴唇发绀，大汗，烦躁，咳嗽，咳粉红色泡沫痰。发病伊始可有一过性血压升高，病情如未缓解，血压可持续下降直至休克。急性左心衰所导致的呼吸困难又称"心源性哮喘"。

危险度：☆☆☆☆☆

处理：立即送医院救治。

三、中毒性呼吸困难

中毒性呼吸困难是由各种中毒所致的呼吸困难，常见的有糖尿病酮症酸中毒及某些化学毒物质抑制呼吸中枢所致的呼吸困难。

（一）糖尿病酮症酸中毒

呼吸深快，尤其是病人呼出气体有烂苹果味，可伴疲乏、食欲减退、恶心呕吐、口干、多尿、嗜睡、头痛等，应考虑该病的可能。

糖尿病酮症酸中毒（DKA），是以高血糖、酮症、酸中毒为主要表现，是胰岛素不足和拮抗胰岛素激素过多共同作用所致的严重代谢紊乱综合征，系内科常见急症之一。酸中毒时，呼吸中枢受到刺激则出现呼吸加深加快。病情进一步发展，可抑制呼吸中枢和中枢神经功能，诱发心律失常。

危险度：☆☆☆☆☆

处理：立即送医院救治。

（二）化学药物中毒

化学药物中毒常见于一氧化碳中毒、亚硝酸盐中毒。一氧化碳中毒轻症者可有头痛、无力、眩晕、劳动时吸气困难，口唇呈樱桃红色，可有恶心、呕吐、意识模糊、虚脱或昏迷；重症者可出现深昏迷、呼吸困难、血压下降、二便失禁、四肢厥冷。

亚硝酸盐多存在于腌制的咸菜、肉类以及不洁井水和变质腐败蔬菜等之中。亚硝酸盐中毒主要是由摄入过多含亚硝酸盐食物或误服工业用亚硝酸盐而致，前者引起的亚硝酸盐中毒相对来说病情较缓和，后者引起的亚硝酸盐中毒则不但病情重，且起病快，会出现血压下降、呼吸困难、休克甚至死亡。对近期饱食过青菜类或吃过短期腌制菜类而出现上述症状者，若皮肤黏膜呈典型的蓝灰、蓝褐或蓝黑色，应高度怀疑为亚硝酸盐中毒。

危险度：☆☆☆☆☆

处理：立即送医院救治。

四、神经精神性呼吸困难

（一）神经性呼吸困难

神经性呼吸困难主要由器质性颅脑疾病引起，如脑出血、脑炎、脑外伤、脑肿瘤、脑脓肿等，由于呼吸中枢受升高的颅内压和供血减少的刺激，呼吸变为慢而深，并常伴有呼吸节律的改变，如抽泣样呼吸、呼吸突然停止等。

危险度：☆☆☆☆☆

处理：立即送医院救治。

（二）精神性呼吸困难

精神性呼吸困难主要表现为呼吸快而浅，伴有叹息样呼吸或出现手足搐搦，严重者也可以出现意识障碍。临床常见于癔症病人。其发生机制多为过度通气导致呼吸性碱中毒。

危险度：☆☆☆

处理：给予吸氧、药物镇静、针灸以及心理治疗。镇静类药物可选用地西泮（安定）、异丙嗪肌内注射。针灸治疗可针刺人中、合谷、内关穴。如症状仍不能缓解，送医院进一步治疗。

五、血源性呼吸困难

血源性呼吸困难多由于红细胞携氧减少，血氧含量减低所致，表现为呼吸浅、心率快。临床常见于重度贫血、高铁血红蛋白血症，除此之外，大出血或休克时，缺氧和血压下降刺激呼吸中枢也可使呼吸加快。

危险度：☆☆☆☆☆

处理：立即送医院救治。

（刘　燕）

第四节　胸　痛

胸痛是指位于胸前区的不适感，包括闷痛、针刺痛、烧灼感、紧缩感、压榨感等，有时可放射至面颊及下颌部、咽颈部、肩部、后背部、上肢或上腹部，表现为酸胀、麻木或沉重感等。

引起胸痛的原因很多，主要包括胸壁疾病、纵隔疾病、呼吸系统疾病、心血管疾病等。不同原因引起的胸痛，疼痛部位、持续时间、疼痛性质、缓解方式不同。胸痛可分为致命性胸痛和非致命性胸痛两大类。

一、致命性胸痛

致命性胸痛，顾名思义就是危及生命的胸痛。可伴有下列情况：神志模糊或意识丧失，面色苍白，大汗及四肢厥冷，低血压（血压 < 90/60 mmHg），呼吸急促或困难，低氧血症（末梢血氧饱和度 < 90%）。

（一）急性冠脉综合征（ACS）

急性冠脉综合征是一组由急性心肌缺血引起的临床综合征，属于冠心病中的一类，以冠状动脉粥样硬化斑块破裂或糜烂，导致冠状动脉内急性血栓形成为病理基础。主要包括不稳定型心绞痛、非 ST 段抬高型心肌梗死和 ST 段抬高型心肌梗死。前两者的病因和临床表现相似但程度不同。不稳定型心绞痛病人胸部不适的性质与典型的稳定型心绞痛相似,当出现以下情况时应考虑该病:①诱发心绞痛的体力活动阈值降低;②出现静息状态下或夜间心绞痛;③心绞痛发生频率、严重程度、持续时间增加,可持续数十分钟;④胸痛放射至新的部位;⑤发作时伴有新的相关症状,如出汗、恶心、呕吐、心悸或呼吸困难。

急性 ST 段抬高型心肌梗死的临床表现为持久的胸骨后剧烈疼痛,胸部紧缩感、压迫感、窒息感,疼痛也可为刀割样或烧灼样,常持续 30 分钟以上,休息或含化硝酸甘油不能缓解。疼痛部位大多在胸骨后、前胸,可放射至下颌、颈部、左肩臂部。少部分老年女性和糖尿病病人症状可不典型。当出现不典型症状如牙痛、咽痛、上腹部隐痛等,应警惕该病。

危险度:☆☆☆☆☆

处理:立即送医院救治。

(二) 主动脉夹层

突发性剧烈胸痛,呈刀割样或持续性撕裂样疼痛,胸痛部位较高,可放射到背部、腰部及腿部,血压升高,双上肢或上下肢血压相差较大,脉搏减弱或消失,应考虑本病。若出现冠状动脉供血受阻而引起的心肌梗死,则可能出现低血压。四肢缺血可见下肢发凉和发绀,神经系统缺血可见头晕、精神失常、偏瘫等。严重者可出现烦躁不安、面色苍白、四肢厥冷、大汗淋漓等休克表现。

高血压是发生主动脉夹层最重要的危险因素,且多数病人血压控制欠佳。该病发病凶险,如不及时诊治,48 小时内死亡率高达 50%。

危险度:☆☆☆☆☆

处理:立即送医院救治。

(三) 急性肺栓塞

突然出现胸痛、呼吸困难,甚至晕厥、休克,存在深静脉血栓形成的危险因素,如高龄、长期卧床少动、恶性肿瘤、肾病综合征、手术(多见于全髋关节或膝关节置换）、创伤或骨折（多见于髋部骨折和脊髓损伤）、静脉血栓既往史等，或伴有单侧或双侧不对称性下肢肿胀、疼痛，应考虑本病。

肺血栓栓塞症为肺栓塞的常见类型。其临床症状多样：①不明原因的呼吸困难及气促，尤以活动后明显；②有些病人深吸气或咳嗽时出现胸痛，或活动时出现心绞痛样疼痛；③晕厥，可为肺血栓栓塞的唯一或首发症状；④烦躁不安、惊恐甚至濒死感；⑤小量咯血，大咯血少见；⑥咳嗽、心悸等。不同病人会出现上述不同症状的组合。呼吸困难、胸痛、咯血的急性肺血栓栓塞"三联征"仅见于20%的病人。

危险度：☆☆☆☆☆

处理：立即送医院救治。

（四）自发性气胸

突感一侧胸痛，针刺样或刀割样，持续时间短暂，继之胸闷和呼吸困难，或伴有刺激性干咳，缺氧严重者可出现发绀、烦躁、挣扎坐起，甚至意识不清、呼吸衰竭，应考虑本病。

自发性气胸分为原发性气胸与继发性气胸。前者多见于身材高、瘦的男性青壮年，后者多见于有基础肺部病变者，由肺大疱破裂所致。

危险度：☆☆☆☆☆

处理：立即送医院救治。

二、非致命性胸痛

非致命性胸痛是指生命体征稳定的胸痛，可分为心源性与非心源性两大类。

（一）心源性胸痛

1. 稳定型心绞痛

稳定型心绞痛指在相当长的一段时间内病情比较稳定的心绞痛，心绞痛的发生频率、持续时间、诱因及缓解方式均相当固定，是临床上最常见的心绞痛。

稳定型心绞痛以发作性胸痛为主要临床表现，疼痛的特点如下。

部位：主要在胸骨体之后，可波及心前区，有手掌大小范围，也可横贯前胸，界限不清。常放射至左肩、左臂内侧达无名指和小指，或至颈部、咽部或下颌部。

性质：胸痛常为压迫、发闷或紧缩性，也可有烧灼感，但无针刺或刀扎样锐性痛，偶伴濒死感。有些病人仅觉胸闷不适而不觉胸痛。发作时病人往往被迫停止正在进行的活动，直至症状缓解。

诱因：发作常由体力劳动或情绪激动（如愤怒、焦急、过度兴奋等）诱发，饱食、寒冷、吸烟、心动过速、休克等亦可诱发。疼痛多发生于劳力或激动的当时，而不是在劳累之后。典型的心绞痛常在相似的条件下重复发生，但有时同样的劳力只在早晨而不在下午引起心绞痛，提示本病与晨间交感神经兴奋性增高等昼夜节律变化有关。

持续时间：一般持续数分钟至十余分钟，多为 3～5 分钟，很少超过半小时。

缓解方式：一般在停止诱发症状的活动后即可缓解；舌下含用硝酸甘油等硝酸酯类药物也能在几分钟内缓解。

危险度：☆☆☆

处理：心绞痛发作时舌下含服硝酸甘油，或者速效救心丸。平时应常规口服阿司匹林肠溶片或硫酸氢氯吡格雷及他汀类、硝酸酯类（单硝酸异山梨酯缓释片等）、β受体拮抗剂（酒石酸美托洛尔片等）、钙离子拮抗剂（维拉帕米、地尔硫卓等）、曲美他嗪等药物。还可口服麝香保心丸、复方丹参滴丸等。尽量避免各种确知足以诱发本病的因素。调节饮食，特别是一次进食不应过饱；戒烟限酒；调整日常生活与工作量；减轻精神负担；保持适当的体力活动，但以不致发生疼痛症状为度；一般不需卧床休息。尽快到医院评估冠状动脉病变。

2. 急性心包炎

急性心包炎表现为胸骨后、心前区疼痛，可放射到颈部、左肩、左臂，也可达上腹部，疼痛性质尖锐，与呼吸运动相关，常因咳嗽、深呼吸、变换体位或吞咽而加重。严重者可出现呼吸困难、水肿等症状。病毒感染者多于感染症状出现 10~12 天后出现胸痛等症状。

危险度：☆☆☆☆

处理：尽快送至医院救治。

3. 心肌炎

感冒或腹泻后，在短期内（一般病后 1~3 周）出现心慌、胸痛、胸闷气短、疲乏，伴或不伴面色苍白、多汗、头晕等，应警惕心肌炎的可能。

心肌炎是心肌的炎症性疾病，病毒性心肌炎较为常见。心肌炎的临床表现差别很大。轻者可无症状，重者甚至出现心源性休克及猝死。多数病人在发病前 1~3 周有病毒感染的前驱症状，如发热、全身倦怠感和肌肉酸痛，或恶心、呕吐等消化道症状，随后可有心悸、胸痛、呼吸困难、水肿，甚至晕厥、猝死。

危险度：☆☆☆☆

处理：尽快送至医院明确诊断并救治。

（二）非心源性胸痛

1. 心神经官能症

心神经官能症多见于女性，尤其是更年期妇女，其症状多种多样，可表现为胸闷或胸痛，疼痛多呈一点、一小片或前胸后背对称性疼痛；持续几小时或一整天，长出一口气后才感觉舒服，易受暗示，多伴有心悸、气短、呼吸困难、头晕、失眠、多梦等。发作与情绪紧张、精神压力大、劳累过度有关，含服硝酸甘油无效或需要 10 分钟以上才可缓解。本病体检无明显器质性病变特征，尽管症状表现很重，但预后良好。

危险度：☆

处理：进行心理疏导，必要时去精神科专科诊治。嘱病人注意纠正不良生活习惯，保持规律作息，劳逸适当，适量进行文娱活动、旅游等。保证充足睡眠，必要时予口服镇静催眠药，如艾司唑仑片、劳拉西泮片等。中成药可予枣仁安神胶囊、逍遥丸、舒肝颗粒等。嘱病人胸闷或胸痛症状严重时含服速效救心丸，若症状缓解不明显进一步至医院就诊治疗。

2. 肋软骨炎

前胸部疼痛，多呈酸胀痛，起病急剧或缓慢，时轻时重，可因翻身、咳嗽、深呼吸、上肢活动而加重，有时向上肢放射，查体第2~5肋软骨处有压痛，考虑肋软骨炎。

肋软骨炎很容易与心绞痛混淆，病人常误以为自己有冠心病。该病的发生通常与外伤有关，如搬运重物时急剧扭转或胸部受挤压等导致胸肋关节软骨急性损伤。此外，胸肋关节面软骨的无菌性炎症反应也可导致本病的发生，胸肋关节面软骨的无菌性炎症反应可见于慢性劳损者或病毒感染的伤风感冒病人。

危险度：☆☆

处理：可给予口服非甾体抗炎药如布洛芬、对乙酰氨基酚等，或外用双氯芬酸二乙胺乳膏，可配合膏药外用，如活血止痛膏、神农镇痛膏、消痛贴等。观察病情，如症状不缓解，或者病情加重，应立即送医院救治。

3. 肋间神经痛

肋间神经痛主要表现为一个或几个肋间的经常性疼痛，时有发作性加剧，有时被呼吸动作所激发，咳嗽、喷嚏时疼痛加重。疼痛剧烈时可放射至同侧的肩部或背部，有时呈带状分布，疼痛呈刺痛或烧灼样，多见于一侧5~9肋间。

危险度：☆☆

处理：可给予口服非甾体抗炎药如布洛芬、对乙酰氨基酚等，或局部予膏药外用、双氯芬酸二乙胺乳膏外涂。坐位工作者要注意姿势，避免劳累。观察病情，如症状不缓解，或者病情加重，应立即送医院救治。

4. 带状疱疹

带状疱疹一般有受凉或上呼吸道感染病史，胸部或腰部皮肤感觉过敏或神经痛，呈针刺样痛，局部皮肤有明显触痛，继而出现集簇性粟粒大小红色丘疹群，丘疹迅速变为水疱。一般疼痛部位在一侧，若一侧胸痛，很少超过胸骨，一侧背痛很少超过脊柱。

危险度：☆☆

处理：可口服抗病毒药物如阿昔洛韦、伐昔洛韦或泛昔洛韦。疼痛严重时可口服非甾体抗炎药如布洛芬、对乙酰氨基酚等。可配合针灸、刺络拔罐治疗。

5. 反流性食管炎

反流性食管炎出现的胸痛，由反流物刺激食管引起，发生在胸骨后，严重时表现为剧烈刺痛，可放射至心前区、后背、肩部、颈部、耳后，有时酷似心绞痛。但反流性食管炎常见有胃酸反流和烧心，胃酸反流和烧心常于餐后 1 小时出现，弯腰、卧位或腹压增高时可加重。不伴典型胃酸反流和烧心的胸痛病人，应排除心脏疾病后再进行本病的评估。

危险度：☆☆

处理：休息时抬高床头 15～20 cm，睡前 2 小时不再进食，避免高脂饮食，戒烟酒，减少进食巧克力、咖啡、浓茶等。抑酸药是本病的基础治疗药物，包括 PPI 类如奥美拉唑肠溶片、雷贝拉唑肠溶胶囊、泮托拉唑片等，以及 H_2 受体拮抗剂如法莫替丁、雷尼替丁等。可联合应用促胃肠动力药，如多潘立酮、莫沙必利等。中成药可酌情选用胃苏颗粒、加味左金丸等。

6. 胆心综合征

胆心综合征是指具有胆道系统疾病（如胆囊炎、胆囊结石）病史，并通过神经反射引起冠状动脉收缩，导致冠状动脉供血不足，从而引起心绞痛、心律不齐，甚至心肌梗死等的临床综合征。胸痛多于进食油腻后或平躺休息中发作，可伴有纳差、恶心、呕吐等消化道症状，疼痛持续时间较长，口服硝酸酯类药物治疗后无效或疗效较差。

危险度：☆☆☆

处理：可口服消炎药控制炎症，也可联合口服胆宁片、消炎利胆片等中成药。如疼痛缓解不明显，建议进一步医院就诊。

7. 肺部炎症

各种原因引起的肺部炎症，当病变侵犯到壁层胸膜时均可引起胸痛症状。胸痛部位多与病灶部位相一致，咳嗽或深吸气时加重。多有受凉或感冒病史，常伴有咳嗽、咳痰、发热等感染表现。

危险度：☆☆

处理：可口服抗生素，如头孢类，对症口服止咳化痰药物，如复方鲜竹沥液、牛黄蛇胆川贝液、蜜炼川贝枇杷膏等。如症状无明显改善应及时去医院就诊，进一步行血常规、X线胸片、肺CT等检查。

8. 肺癌

中老年病人，有长期吸烟史，出现胸痛时要考虑肺癌可能。

肺癌病人的胸痛可呈隐痛，多部位固定，随疾病进展程度可逐渐加重。除胸痛症状外，还常伴有咳嗽、咳血痰或咯血、气短或喘鸣、体重下降、食欲减退等症状。肺尖部癌变引起的疼痛多以肩部及腋下为主，向上肢内侧放射。

危险度：☆☆☆☆

处理：尽快到医院就诊以明确诊断。X线胸片检查对肺癌有初筛作用，但对早期病灶较小的肺癌或特殊部位肺癌诊断敏感性较差，建议行胸部CT等进一步检查以明确诊断。

9. 颈 – 心综合征

由颈椎病引起的一组心脏症候群称为颈 – 心综合征。颈 – 心综合征可表现为酷似冠心病的胸闷、憋气、心前区疼痛、心悸，甚至心律失常等症状。与冠心病不同的是，颈椎病引起的发作性心前区疼痛持续时间较长，一般持续 1 ~ 2 小时，颈臂活动、咳嗽时疼痛加重，可伴有颈椎病的其他症状，如颈部酸痛、肢体发麻等。硝酸甘油治疗无明显效果，而针对颈椎病治疗可以减少疼痛的发作。

危险度：☆☆

处理：心前区疼痛严重时可服用非甾体抗炎药如布洛芬、对乙酰氨基酚等。针对颈椎病的治疗可选用针灸、针刀、推拿、理疗等，也可局部外用膏药，如活血止痛膏、消痛贴等缓解颈项僵紧、疼痛等症状。平时应注意锻炼身体，改善不良坐姿，不要长时间低头。

（杨继媛　李珂辉）

第五节 腹 痛

腹痛是临床常见症状，多数由腹部脏器疾病引起，但也可由腹腔外疾病及全身性疾病引起。一般将腹痛按起病缓急、病程长短分为急性腹痛和慢性腹痛。

一、急性腹痛

急性腹痛是急腹症的主要表现，常伴随发热、黄疸、腹泻、呕吐、血尿甚至休克等症状。除外科疾病外，内科、妇科、神经科疾病等都可引起或表现为急性腹痛。多数急腹症发病急剧，病变发展较快。遇到急性腹痛时，可结合发病情况、症状及既往病史等判断危险程度，及时送病人去医院救治。

（一）急性心肌梗死

急性心肌梗死的典型表现为突然出现前胸压榨性疼痛，休息和含服硝酸甘油片不能缓解，常伴烦躁不安、出汗、胸闷或有濒死感。部分病人疼痛部位不典型，其疼痛部位位于上腹部，表现为急性腹痛，疼痛剧烈，时常伴有频繁的恶心、呕吐和上腹胀痛，难以与其他急腹症鉴别。

危险度：☆☆☆☆☆

处理：立即送医院救治。

（二）糖尿病酮症酸中毒

有糖尿病病史的病人出现急性腹痛，需要警惕本病。本病早期，糖尿病的多饮、多食、多尿、消瘦症状加重。随着病情进展，可出现疲乏、食欲减退、恶心呕吐、口干、头痛、嗜睡、呼吸深快、呼气有烂苹果味等症状。后期可出现尿量减少、眼眶下陷、皮肤黏膜干燥、血压下降、心率加快、四肢厥冷等症状，晚期甚至出现昏迷。少数病人可出现急性腹痛，酷似外科急腹症，须注意鉴别。

危险度：☆☆☆☆☆

处理：立即送医院救治。

（三）内科急腹症

1. 急性胃肠炎

有饮食不洁史，出现剧烈的腹部绞痛，伴有发热、呕吐和腹泻，应考虑急性胃肠炎。急性胃肠炎一般进食后 2 ~ 3 小时发病，腹部压痛较广泛，无局限性压痛点，腹软，肠鸣音活跃。

危险度：☆☆☆

处理：发热、呕吐和腹泻等容易引起脱水，应注意补液；结合抗感染、调整饮食等治疗后，本病短时间内可痊愈。免疫力低下者病情容易快速进展，宜及时就医。

2. 原发性腹膜炎

原发性腹膜炎典型表现为弥漫性腹痛，伴有恶心、呕吐、发热等症状。主要发生于极度衰弱或者重病之后抵抗力明显下降时，如晚期肾病、肝硬化合并腹水及重症肺炎之后。

危险度：☆☆☆☆

处理：及时送医院救治。

（四）外科急腹症

1. 急性阑尾炎

本病是最常见的急腹症之一。多突然出现腹痛，初始发作于上腹，后逐渐移向脐部，数小时后转移并局限在右下腹。出现上述症状时应考虑本病。70% ~ 80% 的病人具有上述典型的转移性腹痛特点，但部分病人发病开始即出现右下腹痛。发病早期可以出现厌食、恶心、呕吐，有些可伴有腹泻，也可出现发热症状，阑尾穿孔时体温可高达 39 ~ 40 ℃。

危险度：☆☆☆☆

处理：20% 的急性阑尾炎临床表现不典型，许多急腹症的表现与急性阑尾炎很相似，当阑尾穿孔发生弥漫性腹膜炎时则更难鉴别。当出现右下腹痛症状时，应及时将病人送往医院诊治，行相关化验、检查，以明确诊断。若确诊为急性阑尾炎，应尽快进行手术治疗。对于部分无法耐受手术治疗的老年病人，可予以抗感染和补液治疗。

2. 急性胆道感染

急性胆道感染常见于胆囊炎和不同部位的胆管炎，主要由胆道梗阻、胆汁淤滞造成。胆道结石是胆道梗阻的最主要原因，而反复感染可促进结石形成并进一步加重胆道梗阻。

（1）急性胆囊炎。

有胆囊结石病史，饱餐、进食肥腻食物后出现上腹胀痛不适，逐渐发展成阵发性绞痛，疼痛可向右肩背部放射，伴有发热及恶心、呕吐、厌食、便秘等消化道症状时，应考虑急性胆囊炎。

90%以上的急性胆囊炎是胆囊结石造成的。胆囊结石移动到胆囊管附近，可堵塞胆囊管或嵌顿于胆囊颈部，直接损伤受压部位的胆囊黏膜而引起炎症，并导致胆汁排出受阻，由胆囊管逆行进入胆囊的致病菌在胆汁流出不畅时造成胆囊感染。本病的发病因素可以总结为"5个F"，即 female（女性）、forty（40岁左右）、fat（肥胖）、fertile（多产多孕）、family（家族史）。本病多夜间发作，若病情加重，疼痛可呈持续性、阵发性加剧。病人常有轻至中度发热，通常无寒战，可有畏寒，如果出现寒战高热，表明病情严重，可能存在胆囊坏疽、穿孔或胆囊积脓。

危险度：☆☆☆☆

处理：应及时送往医院诊治。如确诊为急性胆囊炎，应尽快行胆囊切除手术。对于病情危重又不宜手术的病人，可在行超声引导下经皮经肝胆囊穿刺置管引流术（PTGD）以降低胆囊内压，待急性期过后再择期手术。

（2）急性胆管炎。

剑突下或右上腹绞痛，呈阵发性发作，可向右肩或背部放射，常伴恶心、呕吐，发热，体温可高达39～40℃。出现黄疸时常伴有尿色加深，粪色变浅，可出现皮肤瘙痒。有上述表现时考虑急性胆管炎。

急性胆管炎的主要病因为胆管结石。腹痛、寒战高热和黄疸是该病典型的 Charcot 三联征。若胆管感染没有得到控制，可逐渐发展为更为严重的急性梗阻性化脓性胆管炎，威胁病人生命。急性胆管炎发病急骤，进展迅速，可合并休克及神经中枢系统受抑制的表现，与 Charcot 三联征合称为 Reynolds 五联征，其中神经系统症状主要表现为神情淡漠、嗜睡甚至昏迷。

危险度：☆☆☆☆☆

处理：立即送医院救治。

3. 急性胰腺炎

饱餐或饮酒后突然出现腹痛，疼痛剧烈，多位于左上腹，可向左肩及左腰背部放射，伴腹胀、恶心、呕吐，呕吐后腹痛不缓解。见到上述表现，考虑急性胰腺炎。

50% 以上的急性胰腺炎由胆道疾病所致，尤其是胆道结石，饮酒和高脂血症也是重要的危险因素。典型的胰腺炎腹痛位于左上腹，胆源性胰腺炎腹痛始发于右上腹，逐渐向左侧转移。轻症一般无发热或轻度发热，胰腺坏死伴感染时出现持续性高热。重症可出现脉搏细速、血压下降，甚至休克。少数急性胰腺炎胰腺的出血可渗入皮下，在腰部、肋部、下腹部和脐周出现大片青紫色瘀斑。轻症急性胰腺炎常有自限性，预后较好；重症胰腺炎可导致胰腺坏死，并发腹膜炎、休克，继发全身多器官功能衰竭，病死率高达 30%。

危险度：☆☆☆☆☆

处理：立即送医院救治。

4. 肠梗阻

对于老年病人而言，常见的肠梗阻病因为肿瘤、粪块堵塞肠道。肠梗阻的典型表现为腹痛、呕吐、腹胀及肛门停止排气排便。如腹痛发病急骤，初始即为持续性剧烈疼痛，伴有发热、呕吐，呕吐物为血性，应考虑绞窄性肠梗阻可能。

危险度：☆☆☆☆

处理：及时送医院救治，给予胃肠减压、纠正水电解质紊乱和酸碱失衡、抗感染等治疗。针对绞窄性肠梗阻，应尽快行手术治疗。

5. 输尿管结石

输尿管结石的典型表现为腰部或上腹部疼痛，疼痛剧烈难忍，阵发性发作，并向同侧腹股沟放射，常伴发恶心、呕吐。少数病人可见肉眼血尿。当结石伴感染或结石位于输尿管膀胱壁段时，可有尿频、尿急、尿痛。

危险度：☆☆☆☆

处理：可口服双氯芬酸钠片等止痛药物暂时缓解疼痛。及时就诊，行体外碎石或输尿管镜碎石取石术。平时应多饮水，以减少结石形成并促进结石排出。同时根据结石成分和代谢状态调节饮食结构，例如高钙尿症病人采用低钙饮食，草酸盐结石病人限制浓茶、菠菜、芦笋、花生等的摄入，高尿酸血症病人避免食用动物内脏、海鲜等高嘌呤食物。

6. 肠系膜上动脉栓塞

本病常见于既往有心房颤动病史的老年病人，栓子多来自心脏。一般急性发病，早期表现为突然发生剧烈腹部绞痛，可以是全腹痛，也可局限于一部分。其后出现肠坏死，疼痛为持续性，多伴有频繁呕吐，呕吐物为血性。部分病人有腹泻，排暗红色血便。

危险度：☆☆☆☆☆

处理：立即送医院救治。

（五）卵巢囊肿蒂扭转

有盆腔或附件包块史，突然出现一侧下腹部剧烈、持续疼痛，常伴有恶心、呕吐，应警惕本病。有时下腹部可触及压痛包块。本病为妇科急诊手术的第五大常见病因，发病率为2.7%，大部分发生于年轻女性。老年女性可因其机体对各种刺激反应力低下，导致症状、体征不典型而被误诊。

危险度：☆☆☆☆☆

处理：立即送医院救治，行手术治疗。

（六）带状疱疹

带状疱疹由潜伏在体内的水痘－带状疱疹病毒再激活所致，随着年龄增大发病率相应上升。病人一般无发热或仅有低热，无恶心呕吐或腹胀、腹泻等消化道症状，腰腹间皮肤可见粟粒至黄豆大小丘疹或水疱。带状疱疹引起的下 6 肋间神经疼痛，可表现为腹痛，老年病人腹痛常较为剧烈，并伴有腹部压痛和腹肌紧张。

危险度：☆☆

处理：新发带状疱疹可伴有剧烈的神经痛，但预后良好，不危及生命。病人痛苦较大，宜前往医院专科治疗。尽早口服抗病毒药物，如阿昔洛韦、伐昔洛韦、泛昔洛韦等。保持患处干燥。疼痛严重者可在医生指导下选用布洛芬、阿米替林、普瑞巴林等止痛治疗。

二、慢性腹痛

（一）慢性胃炎

慢性胃炎多表现为中上腹不适、饱胀、钝痛、烧灼痛，也可出现食欲不振、嗳气、反酸、恶心等症状。幽门螺杆菌（HP）感染是常见病因。

危险度：☆

处理：应前往医院诊治，行胃镜检查，明确诊断。有 HP 感染的病人，应在医生的指导下规律服药，进行根除治疗，并按时复查。在生活上，应该养成规律饮食的习惯，忌暴饮暴食，注意食物多样化，避免偏食，少吃熏制、腌制食品，避免食用粗糙、浓烈、辛辣食品，戒烟限酒，避免过度紧张，保证充足睡眠。

（二）慢性胆囊炎

慢性胆囊炎是胆囊持续且反复发作的炎症过程，超过 90% 的病人有胆囊结石，多数病人有胆绞痛病史。病人常在饱餐、进食油腻食物后出现腹胀、腹痛，腹痛多在上腹部，可牵扯到右肩背部，较少出现畏寒、高热或黄疸，可伴有恶心、呕吐。若右上或中上腹部痛反复发作且合并胆囊结石，应考虑为慢性胆囊炎。

危险度：☆☆☆

处理：及时送往医院明确诊断。①如确诊为慢性胆囊炎，应手术治疗。对于合并胆囊结石，但胆囊功能良好、炎症反应较轻的病人，可行保胆取石术，仅取出胆囊结石，保留胆囊浓缩胆汁、贮存胆汁等功能，术后口服胆宁片及中草药制剂利胆，预防结石复发，可提高术后远期生活质量。②对于不能耐受手术者，可给予抗生素抗感染，并口服胆宁片及中草药制剂利胆治疗。③清淡饮食，忌过度饮酒及嗜食肥甘油腻，愉悦心情、避免情绪波动，适当参加活动，避免过度操劳，注意规律作息，及时增减衣物，避免感受外邪，预防术后胆石症及胆道炎症的复发。

（三）慢性胰腺炎

慢性胰腺炎是由各种原因导致的胰腺慢性进展性炎症，伴胰腺分泌功能的不可逆损害。临床表现为反复发作的上腹痛，初为间歇性，以后转为持续性，平卧位时加重，前倾坐位、弯腰、侧卧蜷曲时疼痛可减轻。腹痛常由饮酒、吸烟、饱食或高脂食物诱发。胰腺外分泌功能障碍会导致胰液分泌减少，消化功能减弱，引起食欲减退、食后上腹饱胀、腹泻、消瘦、营养不良等，以及维生素 A、D、E、K 缺乏等症状。胰腺内分泌功能不全表现为炎症引起胰腺 β 细胞破坏，约半数病人发生糖尿病。

危险度：☆☆☆

处理：①首先要消除病因，如戒烟、禁酒，避免摄入过量高脂、高蛋白食物。其次要积极控制症状，改善胰腺功能，治疗并发症，提高生活质量。②腹痛的病人在医生指导下口服胰酶制剂、非阿片类止痛药或皮下注射奥曲肽，若为顽固性疼痛应及时到医院就诊。③长期脂肪泻的病人，应注意补充脂溶性维生素及维生素 B_{12}、叶酸，适当补充各种微量元素。④合并糖尿病的病人，要积极控制血糖。⑤长期慢性胰腺炎病人多伴有营养不良，应前往医院诊治，接受营养支持治疗。⑥必要时行手术治疗。

（四）消化性溃疡

消化性溃疡常发生于胃、十二指肠，其中十二指肠溃疡多见于青壮年，胃溃疡多见于中老年人。由于近年来阿司匹林等 NSAIDs 类药物应用增多，老年人消化性溃疡发病率有所增高。消化性溃疡典型症状是上腹痛，性质可有钝痛、灼痛、胀痛、剧痛，伴随饥饿样不适。疼痛长达数年甚至十余年，反复或周期性发作，发作期持续数周或数个月，多在季节变化时发生。部分胃溃疡病人的腹痛见于餐后，十二指肠溃疡多为餐前饥饿痛或夜间痛，进餐后可缓解。部分消化性溃疡病人仅仅表现出上腹胀满不适、食欲不振、嗳气、反酸等消化不良症状。还有些病人无腹痛或消化不良症状，首发症状即为消化道出血或穿孔等并发症，该情况多见于长期服用 NSAIDs 类药物如阿司匹林肠溶片、布洛芬、双氯芬酸钠等的病人。

危险度：☆☆

处理：①注意休息，放松心情；养成规律饮食的习惯，不要暴饮暴食，戒烟、戒酒，少饮用浓茶、浓咖啡。②药物治疗。PPI 是首选药物，如奥美拉唑、雷贝拉唑等。H_2 受体拮抗剂也是抑制胃酸分泌的主要药物之一，如法莫替丁、雷尼替丁。HP 阳性病人应根除 HP。停止服用不必要的 NSAIDs 类药物及其他损伤胃黏膜的药物。如确有必要服用则餐后服用，或遵医嘱加用保护胃黏膜药物。③长期服用阿司匹林等非甾体抗炎药的老年消化性溃疡病人出现胃出血、穿孔等并发症的概率较高，反复发作、病情迁延的胃溃疡癌变风险也较高，因此，长期上腹痛的病人应及时前往医院诊治，必要时应行胃镜检查。

（聂　辰　李月廷）

第六节　关节痛

关节痛是指发生在人体关节及其周围组织的疼痛，是临床常见症状之一。根据关节痛发生的原因可将其分为损伤性和非损伤性，其中前者又分为开放性和非开放性，后者也称为关节炎或关节病，包括退行性、风湿性、类风湿性、痛风性、感染性、创伤性等多种类型。

一、损伤性关节疼痛

根据损伤部位组织皮肤的完整情况，可将损伤分为开放性和非开放性。

（一）开放性损伤

开放性损伤指受伤部位的内部组织（如肌肉、骨头等）与外界相通的损伤，简言之就是血能往外流的，或肌肉、骨骼外露的创伤，如擦伤、撕裂伤、切伤、刺伤等。因伤口多有污染，如处理不及时或不当，易发生感染，影响愈合和功能恢复，严重者可造成残疾甚至危及生命。

危险度：☆☆☆☆

处理：开放性损伤发生后，如果伤口较小且为浅表组织损伤，可以局部消毒、包扎处理；如果伤口较大且为深部组织损伤，则需要去医院行开放性损伤清创探查术，并注射破伤风抗毒素，伤及骨骼造成骨折的则需要复位、石膏外固定或手术治疗。

（二）非开放性损伤

与开放性损伤相对应，非开放性损伤指受伤部位的内部组织（如肌肉、骨头等）与外界不相通的损伤，多伴有局部组织的肿胀、皮下瘀血，严重者可表现为关节功能受限。

危险度：☆☆☆

处理：关节疼痛伴软组织血肿或骨折者，需要去医院就诊，行超声和放射线检查明确诊断；脊柱关节的损伤，同时出现肢体麻木无力甚至截瘫症状的病人，需进一步行脊柱核磁检查，明确脊柱损伤的部位和脊髓神经受压的情况，确定诊疗方案。关节脱位时，需在医院检查后复位固定。

二、非损伤性关节疼痛

非损伤性关节疼痛是人体关节及其周围组织的炎性病变所导致的疼痛，这种炎性病变常被称为关节炎或关节病，其病因主要与退行性病变、自身免疫反应、代谢紊乱、感染、创伤等有关。关节炎的临床表现为关节的红、肿、热、痛、功能障碍及关节畸形，严重者可导致关节残疾、影响病人生活质量。根据病因可将关节炎分为退行性、风湿性、类风湿性、痛风性、感染性、创伤性等类型。

（一）退行性骨关节炎

此种关节炎多表现为慢性关节痛，多于休息后出现，活动片刻即缓解，但活动过多后，疼痛又加剧。关节僵硬，常出现在早晨起床时或白天关节长时间保持一定体位后。检查受累关节可见关节肿胀、压痛，活动时有摩擦感或"咔嗒"声，病情严重者可有肌肉萎缩及关节畸形。

退行性骨关节炎又称退行性骨关节病，系由增龄、肥胖、劳损、创伤、关节畸形等诸多因素引起的软骨退化损伤、关节边缘和软骨下骨反应性增生，是一种退行性病变。好发于负重关节及活动量较多的关节，如颈椎、腰椎、膝关节、髋关节等。最常见于 50 岁以上绝经期肥胖的女性。随着我国人口老龄化的加剧，退行性骨关节炎的发病率逐年提高，此种关节炎患病人数在关节炎病人中占大多数。膝骨关节病表现为膝关节肿痛，尤其是内侧疼痛明显，行走困难，可伴有膝关节的内翻畸形。腰椎退行性病变表现为腰痛、脊柱侧弯、下肢放射痛、脊柱畸形不能平卧等，同时伴有骨质疏松，结合 X 线检查可确诊。

危险度：☆☆

处理：轻度疼痛者可口服氨糖软骨素类、活血健骨类中成药，外用膏药。如疼痛不缓解，应去医院寻求专科诊治，如加用关节腔注射药物、增强骨代谢的药物及封闭治疗、理疗等。对于保守疗法治疗无效者，可以采用手术治疗。

（二）风湿性关节炎

风湿性关节炎是一种常见的结缔组织炎症，急性或慢性起病，临床表现主要是关节肿痛、发热，呈对称性、游走性，主要累及膝、踝、肩、肘、腕等大关节，起病时可伴有发热、咽痛、肌肉酸痛不适、周身疲乏等症状，活动期以累及心脏和关节为主，急性炎症一般于 2~4 周消退，不遗留关节变形，与类风湿性关节炎不同。可反复发作，遗留心脏瓣膜病变而形成慢性风湿性心脏病。

危险度：☆☆☆

处理：及时送医院，化验血常规、抗链球菌溶血素"O"、血沉、C 反应蛋白等以明确诊断。慢性风湿性关节炎者可口服非甾体抗炎药如布洛芬、双氯芬酸钠等，还可外用膏药消炎镇痛。

（三）类风湿性关节炎

疼痛以多个手、足小关节疼痛为主，呈对称性，伴晨僵，后期关节发生畸形并丧失关节功能，考虑类风湿性关节炎。

类风湿性关节炎是一种自身免疫病，以侵蚀性关节炎为主要特征，可发生于任何年龄，以女性多见。临床表现除关节疼痛外，可伴有体重减轻、低热、乏力等全身症状，常可累及皮肤、肺、心脏、肾脏等关节外组织和器官。血清类风湿因子阳性。

危险度：☆☆☆

处理：及时送医院诊治。早期诊断对治疗和预后影响很大。确诊后应接受规范治疗，应用抗风湿药物、生物制剂、糖皮质激素等，可配合中药治疗。

（四）痛风性关节炎

痛风性关节炎是由尿酸盐结晶沉积引起的关节炎。病人有高尿酸血症的病史，急性起病，发病时间一般在夜间睡眠后，首次发作多见于足部第一跖趾关节，也可发生在踝、膝等大关节，表现为关节红肿，疼痛明显，行走困难。随着病情反复发作，关节出现僵硬畸形、运动受限，部分病人可见痛风石，病情严重者可出现肾功能损害。

危险度：☆☆☆

处理：首次发作者应及时送医院以明确诊断。急性发作期首选非甾体抗炎药物如布洛芬、双氯芬酸钠等，有禁忌者可使用低剂量秋水仙碱。在医生指导下应用降尿酸药物。痛风石破溃者须酌情行切开清创术。注意调整生活方式，如禁烟、限酒（啤酒与白酒）、减少食用海鲜及动物内脏等、减少饮用富含果糖的饮料、大量饮水（每日 2000 ml 以上，心功能不全者除外）、防止剧烈运动或突然受凉等。

（五）感染性关节炎

感染性关节炎是指细菌、病毒等微生物入侵关节腔导致的关节炎症。多见于身体抵抗力较弱的老年人。发病机制包括细菌直接感染而致和感染过程中细菌释放的毒素或代谢产物致病。细菌直接感染所致的关节炎表现为发病急，关节红、肿、热、痛，并有关节功能障碍；单个大关节受累多见，下肢负重关节不对称受累，如髋关节和膝关节；关节腔穿刺液常呈化脓性改变，涂片或培养可找到细菌。

危险度：☆☆☆☆

处理：尽快送医院诊治。轻者给予抗生素治疗，重者需要采用手术切开排脓等方法治疗。

（六）创伤性关节炎

具有慢性积累性关节损伤史，或既往有明确的外伤史，活动时关节疼痛加剧并有活动受限，考虑创伤性关节炎。

创伤性关节炎也称外伤性关节炎，以创伤引起的关节软骨的退化变性和继发的软骨增生、骨化为主要病理变化。除坠压、撞击等暴力外伤外，还可由关节畸形导致关节承重失衡，以及经常采取某种特定姿势或重度肥胖所致的活动、负重过度等情况引起。早期受累关节疼痛和僵硬，晨起活动时较明显，活动后减轻，活动过多后又加重，休息后症状缓解，疼痛与活动有明显关系。晚期关节反复肿胀，疼痛持续并逐渐加重，活动受限，可出现关节积液、畸形和关节内游离体，关节活动时出现粗糙摩擦音。

危险度：☆☆

处理：可口服非甾体抗炎药如双氯芬酸钠等，或外用膏药消炎镇痛。必要时行手术清理或切除病灶。

（七）特殊类型关节炎

特殊类型关节炎有银屑病关节炎、肠病性关节炎，自身免疫病如系统性红斑狼疮、干燥综合征、硬皮病及肿瘤等在疾病的发生、发展过程中也会出现关节炎的表现，临床上需要根据病史及临床表现进行诊断。

危险度：☆☆

处理：送医院诊治。诊断明确后，积极治疗原发病，控制关节炎症。

（王连荣）

第七节　肢体无力

肢体无力为临床常见症状，病因较为复杂，其诊疗涉及神经内科、骨科、血液科等众多临床学科。神经、肌肉及神经与肌肉接头处任何一部位出现损害，都会导致肢体无力甚至完全瘫痪。病人在主诉时常将肢体无力、乏力、疲惫等概念混为一谈，故需帮助病人区分概念，便于就诊。

一、神经系统疾病

（一）短暂性脑缺血发作

急性起病，出现单侧上肢（或下肢）无力或偏身无力，伴或不伴肢体麻木、言语不利、视物黑矇，症状为一过性，持续数分钟至数小时后缓解，考虑是短暂性脑缺血发作。短暂性脑缺血反复发作可最终发展为脑梗死。

危险度：☆☆☆☆☆

处理：立即送医院诊治。

（二）脑梗死

急性起病，突然出现单侧上肢（或下肢）无力或偏身无力，症状轻者可仅为肢体不灵活，重者可为完全瘫痪，伴或不伴意识障碍、肢体麻木、言语不利、口舌歪斜等症状，症状持续不能缓解，考虑为脑梗死。

危险度：☆☆☆☆☆

处理：立即送医院救治。

（三）脑出血

急性起病，突然出现单侧上肢（或下肢）无力或偏身无力，血压明显升高，可有头痛、恶心、呕吐等颅内压升高等表现，伴或不伴意识障碍、肢体麻木、言语不利、口舌歪斜等，有高血压病史或平时血压控制不佳，考虑脑出血。

危险度：☆☆☆☆☆

处理：立即送医院救治。

（四）重症肌无力

亚急性起病，肢体无力以近端无力为重，表现为抬臂、梳头、上楼梯困难，具有"晨轻暮重"的特点，即下午或傍晚劳累后加重，晨起或休息后减轻，考虑重症肌无力。

重症肌无力是一种自身免疫性疾病，发病最主要的原因是机体免疫系统出现紊乱，神经肌肉接头突触后膜乙酰胆碱受体被自身抗体攻击，从而影响了神经肌肉的正常转导和动作发生。因受累肌肉的不同，病人可有不同表现，眼肌受累时可见上睑下垂、视物成双，面部肌肉受累时可出现表情淡漠、苦笑面容，口咽肌受累时可出现咀嚼无力、吞咽困难、声音嘶哑等。

危险度：☆☆☆☆

处理：及时到医院明确诊断并治疗。注意，有些病人呼吸肌麻痹无力时，可突然出现呼吸困难，严重者甚至危及生命，应立即送往医院救治。

（五）低血钾性周期性麻痹

低血钾性周期性麻痹以反复发作的四肢弛缓性瘫痪为特征。病人常于饱餐后、夜间睡眠或清晨起床时发现肢体无力或完全瘫痪，下肢重于上肢、近端重于远端。可伴有肢体酸胀、针刺感。发作持续时间自数小时至数天不等。疲劳、寒冷、酗酒、精神刺激均是常见诱因。发作间期一切正常。

低血钾性周期性麻痹是周期性瘫痪中最常见的类型，为常染色体显性遗传或散发的疾病。钾是人体重要元素，可维持神经肌肉正常功能，基因编码异常可导致人体钾代谢异常，从而出现神经肌肉周期性弛缓性瘫痪症状。

危险度：☆☆☆☆

处理：及时到医院明确诊断并治疗。应避免过度疲惫、受寒、精神刺激等诱因。

二、骨科疾病

（一）颈椎病

神经根型颈椎病常表现为上肢沉重、乏力，有时可出现持物坠落，多伴颈肩部酸痛、上肢麻木及放射性疼痛。脊髓型颈椎病可出现下肢沉重、麻木、行走时双脚踩棉花感，上肢可出现麻木疼痛、持物无力、动作不灵活等。

颈椎病症状与脑血管病（脑梗死、脑出血）症状有相似之处，但颈椎病的肢体麻木、无力常为反复发作，且其发作与长时间低头玩手机、伏案工作有关，而脑血管病的肢体麻木、无力常为突然发作，常伴有口舌歪斜、言语不利等。

危险度：☆☆☆

处理：需及时到医院诊治。若为颈椎病，大部分病人可通过非手术疗法，如物理疗法、运动疗法、药物治疗等控制症状，减少复发，必要时须手术治疗。应用针灸、针刀、推拿、牵引等治疗颈椎病效果显著。可按摩风池、肩井、大椎、天宗、肩髃、肩髎等疏通经络。长时间伏案低头后，可练习耸肩运动、扩胸运动、后仰运动。

颈椎保健操

（二）腰椎间盘突出

腰椎间盘突出可表现为下肢无力，绝大多数病人还伴有腰痛、下肢麻木及放射性疼痛等症状，严重者可出现大小便障碍。临床应注意与脑血管病（脑梗死、脑出血）进行鉴别，后者除下肢无力外常伴有血压升高、言语不利、口舌歪斜等。

危险度：☆☆☆

处理：需及时到医院明确诊断。若为腰椎间盘突出，大部分病人可通过非手术疗法，如物理疗法、运动疗法、药物治疗等控制症状，减少复发，必要时进行手术治疗。应用针灸、针刀、推拿、牵引等治疗本病效果显著。可按摩委中、肾俞、太溪、大钟以疏通经络。病人平时可在床上练习"小燕飞"动作，加强腰背部肌肉力量。

三、全身疾病

（一）营养不良

营养不良常见于长期卧床，或伴有慢性消化系统、呼吸系统疾病等慢性病者，其乏力常为全身性乏力，且为持续性，伴有消瘦、皮肤干枯、肌肉萎缩、四肢冰冷、神情呆滞、食欲减退等症状。

危险度：☆☆

处理：原发性营养不良者应及时到营养科就诊。继发性营养不良者应及时到相关科室就诊，针对原发病进行治疗。此类病人一般脾胃功能欠佳，平时可按摩足三里、丰隆、涌泉等健运脾胃。

（二）感冒

感冒后可出现全身乏力，病人多有受凉病史，可见怕冷、发热、鼻塞、流涕、喷嚏等症状。

危险度：☆☆

处理：卧床休息，多饮水，中成药可酌情选用感冒清热颗粒、小柴胡颗粒。若病情不缓解或进行性加重，及时到医院就诊。

（三）电解质紊乱

电解质紊乱常发生于夏秋季节或不洁饮食之后，频繁呕吐、腹泻，轻症可表现为四肢肌力减退、软弱无力，严重的可能出现昏迷、狂躁等其他神经系统症状。

危险度：☆☆☆

处理：症状轻者可少量、多次饮用淡盐水，补充电解质。症状严重，口服补液无效的，需要及时到医院救治。

（四）低血糖

突然出现肢体乏力或全身乏力，可伴有心悸、出汗、震颤、恶心、饥饿等症状，非糖尿病病人血糖≤2.8 mmol/L，糖尿病病人血糖≤3.9 mmol/L，为低血糖反应。老年人发生低血糖时症状可不典型，而表现为行为异常、性格改变等。

危险度：☆☆☆☆

处理：立刻口服15 g葡萄糖（如一块糖、一杯果汁、一杯糖水），如果15分钟后症状仍无缓解可重复进食葡萄糖。若症状仍不缓解或持续发作，应立即送往医院就诊，在医生指导下静脉输注葡萄糖。需要提醒的是，昏迷者切忌进食，以免食物阻塞呼吸道引起窒息。

（五） 贫血

贫血是指人体血液中红细胞数量减少及（或）血红蛋白量低于正常的病理状态。贫血诊断标准为：海平面地区，成年男性血红蛋白 < 120 g/L，成年女性血红蛋白 < 110 g/L。贫血多为慢性起病，表现为持续倦怠、肌肉无力、易疲劳等肌肉组织缺氧症状，伴有面色苍白、口唇色淡、头晕、头痛、注意力不集中、记忆力减退等症状。

危险度：☆☆

处理：应及时就医明确贫血原因。若为单纯缺铁性贫血，需口服治疗性铁剂，去除抑制铁吸收的因素，或应用其他方法刺激造血等，即可缓解症状。脾胃虚弱、气血不足者可在中医师指导下服用参苓白术散、香砂六君子丸、十全大补丸等中成药。

四、其他

（一） 应激因素

睡眠不足、长期饮酒等应激因素可导致肢体无力。

危险度：☆☆

处理：注意休息，改善睡眠质量，平稳戒酒，放松心情，避免情绪剧烈波动，一般自我调理后症状会有改善。如症状已严重影响生活质量，自我调整后仍未改善，应及时就医。

（二） 抑郁症

抑郁症可表现为身体乏力、自觉疲惫、精力不够及缺乏动力，常独坐一旁或整日卧床，典型者有"晨重暮轻"的节律变化，还伴有显著而持久的情绪低落、兴趣减退，部分病人食欲减退、早醒，严重时可出现自伤、自杀行为。

危险度：☆☆☆

处理：应及时到精神专科就诊。综合运用药物治疗、心理治疗、全面护理社会支持等手段。平时可按摩百会、太冲、内关、膻中等。中成药方面，可在医生指导下使用舒肝颗粒、乌灵胶囊等。

（孙明广）

第八节　眩　晕

眩晕是指因机体对空间定位障碍而产生的运动性或位置性错觉，病人常诉自身或环境有旋转、摆动感，如诉感到天旋地转的眩晕，或如坐车船样眩晕等。据统计，65岁以上老人中50%~60%有过眩晕表现，眩晕病人占内科门诊病人的5%，占老年门诊病人的81%~91%。眩晕可以分为中枢性眩晕、周围性眩晕和其他原因引起的眩晕。其中血管因素是中枢性眩晕最常见的病因，而约70%的周围性眩晕与耳部疾患有关。

一、中枢性眩晕

中枢性眩晕是指颅内病变所致的眩晕，症状较重，持续时间长，可伴有偏瘫、偏身麻木、吞咽困难、言语不利等神经功能缺损的表现，严重的会出现呼吸、心搏骤停，意识障碍，也可有剧烈头痛、喷射性呕吐等颅内压增高的表现。

（一）脑梗死

病人多有动脉粥样硬化、高血压、糖尿病等病史，或吸烟、饮酒等不良嗜好，突然出现眩晕，持续不缓解，可有恶心、呕吐，伴步态不稳，有的会出现半身不遂、言语不利、饮水呛咳、视物成双等，部分可有程度不同的意识障碍。若为上述情况，考虑脑梗死。如果病人大脑大面积梗死、缺血、水肿，则起病后不久病人即会出现意识障碍，甚至死亡。

危险度：☆☆☆☆☆

处理：立即送医院救治。

（二）脑出血

脑出血多急性起病，通常在用力、兴奋、情绪激动等状态下发病，常出现眩晕，症状持续不缓解，可有恶心、呕吐，伴步态不稳，有的可出现偏瘫、言语不利、吞咽困难等神经功能缺损的表现，严重的会出现头痛、喷射性呕吐、意识障碍等颅内压增高或脑疝表现，多数有高血压病史。若有上述情况，考虑脑出血。本病死亡率高。

危险度：☆☆☆☆☆

处理：立即送医院救治。

（三）颅内感染性疾病

颅内感染性疾病主要以发热、头痛、抽搐、意识障碍等为主要表现，有的也可出现眩晕症状，比如脑干脑炎、小脑脓肿。眩晕作为伴随症状，常由于原发病症状突出而被忽略。颅内感染病情较重，易危及生命，症状控制后亦可出现严重的后遗症。

危险度：☆☆☆☆☆

处理：立即送医院救治。

（四）颅内占位性病变

颅内占位性病变可出现眩晕，伴有步态不稳、偏瘫、偏身麻木、吞咽困难、言语不利等临床表现，起病多缓慢，病程较长，病情有逐渐加重的趋势。随着病程的延长，瘤体占位效应逐渐增加，可出现剧烈头痛、喷射性呕吐等颅内压增高的表现，严重者可有意识障碍，甚至呼吸、心搏骤停。

危险度：☆☆☆☆

处理：尽快送至医院明确诊治。如出现颅内压增高、脑疝形成等危及生命的情况，立即送医院救治。

（五）短暂性脑缺血发作（TIA）

短暂性脑缺血发作往往突然出现眩晕，眩晕呈阵发性，持续时间短暂，一般 10～15 分钟，多在 1 小时内，最长不超过 24 小时，常伴有恶心、呕吐，有的可出现走路不稳、视物成双、平衡障碍、吞咽困难等神经功能缺损的症状，但眩晕发作后上述症状均缓解。此病多反复发作。

短暂性脑缺血发作发病后 2 天、7 天、30 天、90 天内脑卒中风险分别约为 3.5%、5.2%、8.0%、9.2%，因此，应及时处理，避免病情进一步发展至脑梗死。

危险度：☆☆☆☆

处理：立即送医院救治。

（六）椎基底动脉供血不足

椎基底动脉供血不足多有高血压、动脉粥样硬化或较重的颈椎病病史，其导致的眩晕可自发，亦可由头颈屈伸或转动诱发，可有恶心、呕吐，或行走、站立不稳，或伴有耳鸣、耳聋等表现。此病易反复发作，但预后良好。

危险度：☆☆☆

处理：卧床休息，避免跌倒。可口服甲磺酸倍他司汀（敏使朗）对症处理，在医生的指导下口服尼莫地平、氟桂利嗪等药物。中成药可酌情选用强力定眩片、天麻钩藤颗粒等。针刀治疗此病疗效显著，同时可配合针灸治疗。注意颈椎的保健，姿势、体位改变时要缓慢。尽可能至医院就诊，以排除急性脑血管病。

（七）脱髓鞘病变

脱髓鞘病变主要包括多发性硬化、视神经脊髓炎、急性散播性脑脊髓炎。其中最常见的易引起眩晕的疾病是多发性硬化症。其眩晕为持续性，但发病初期可为发作性，呈急性阵发性眩晕，伴恶心、呕吐，被动转头时可诱发眩晕或使之加重，耳鸣、耳聋较少见。初期当头转回正常位置时，眩晕可消失，故极易误诊为位置性眩晕。

危险度：☆☆

处理：①急性期需要到医院治疗；②在医生的指导下进行相应的功能康复锻炼，均衡饮食，改善不良生活习惯，适量运动，适当补充维生素 D；③可配合针灸、针刀、中药治疗。

二、周围性眩晕

周围性眩晕是相对于中枢性眩晕而言的，眩晕以突发、旋转性为特点，持续时间短，可自行缓解，但常反复发作。眩晕程度较剧烈，常有恶心、呕吐、面色苍白、汗出、乏力、血压下降等自主神经症状，可伴有波动性耳鸣、耳聋，无意识障碍和其他中枢神经损伤表现。

（一）良性阵发性位置性眩晕

良性阵发性位置性眩晕由特定头位或体位改变诱发，如躺下、床上翻身、坐起、仰头取物、低头时突然出现头晕伴视物旋转，每次持续数十秒，一般不超过 1 分钟，常伴有恶心、呕吐、汗出，呈反复发作。

良性阵发性位置性眩晕是最常见的源于内耳的眩晕病，系耳石脱落所致。耳石复位是此病最有效的治疗方法。此病是位置性眩晕中的一种，在诊断时一定要注意与其他位置性眩晕特别是中枢性位置性眩晕鉴别。

危险度：☆

处理：①卧床休息，可口服甲磺酸倍他司汀对症处理，必要时肌注盐酸异丙嗪减轻眩晕、呕吐等症状。②该病具有自限性，如症状持续不缓解，需至医院就诊，进行耳石复位。③体位疗法（病人可自行操作）。病人闭目坐立，向一侧卧（可引起眩晕症状），保持该体位至眩晕自行消失；30 秒钟后，改向对侧卧，如此反复两侧转换，直至眩晕消失。可每天行 2～3 次，一般 1～2 天症状可缓解，1～2 周症状即消失。

（二）梅尼埃病

梅尼埃病是一种以膜迷路积水为主要病理特征的内耳疾病，多发生于

30～50 岁人群，以反复发作的旋转性眩晕，伴波动性听力下降、耳鸣和耳闷胀感为临床特点。眩晕持续时间多为数十分钟至数小时，常伴有面色苍白、出冷汗、恶心、呕吐、血压下降等症状，随着听力下降的加重，临床症状逐渐减轻。

危险度：☆

处理：卧床休息，可口服甲磺酸倍他司汀、氟桂利嗪改善内耳循环，缓解症状。中成药可酌情选用强力定眩片、天麻钩藤颗粒等。针灸、针刀、中药等中医治疗疗效显著。在医生指导下进行前庭功能重建的训练。

（三）前庭神经元炎

病人在发病前 2 周左右有上呼吸道感染病史，突然出现旋转性眩晕伴眼球震颤，可有恶心、呕吐，但无耳鸣、耳聋，应考虑本病。

前庭神经元炎系由前庭神经元损伤所致的一种突发性眩晕疾病，为末梢神经炎的一种。其眩晕持续时间较短，常在几天内逐渐缓解，一般 2 周内可完全恢复。少数病人可短期残留不同程度的头昏、头晕和步态不稳感。

危险度：☆

处理：卧床休息，避免头、颈部活动和声光刺激；予异丙嗪、氟桂利嗪等药物改善症状；在医生的指导下应用激素治疗；必要时可行高压氧治疗。

（四）迷路炎

病人有中耳炎病史，出现眩晕，伴恶心、呕吐、耳聋、耳鸣等表现，考虑迷路炎。

迷路炎亦称内耳炎，为耳部感染侵入内耳骨迷路或膜迷路所致，是化脓性中耳乳突炎较常见的并发症。经及时治疗，大多数可治愈；如治疗不及时，病人可出现耳聋、平衡功能障碍，严重者可出现颅内感染，危及生命。

危险度：☆☆☆

处理：卧床休息，保持安静；注意耳部卫生；在医生指导下对症、抗感染治疗；部分病人需要手术治疗。

（五）药物性眩晕

病人常于应用或接触耳毒性药物后发病。耳毒性药物可引起前庭蜗神经的损害，中毒症状有的以眩晕、平衡失调为主，有的以耳聋、耳鸣为主。临床最常见的耳毒性抗生素为氨基糖苷类抗生素，如链霉素、新霉素、卡那霉素、庆大霉素等。

危险度：☆☆☆

处理：需要至医院诊疗。①对因治疗。一旦发现药物中毒，应及时停药，改用无耳毒性的药物治疗。②药物治疗。予营养神经、改善内耳循环及对症止晕、止呕药物治疗。③高压氧治疗。④前庭康复治疗。当病人病情稳定后可进行前庭康复训练，促进前庭代偿，加速症状的缓解和消失。

三、颈源性眩晕

颈源性眩晕是指颈椎及颈部软组织发生器质性或功能性变化所引起的眩晕。眩晕反复发作，与头部突然转动有明显关系，有时呈现坐起或躺卧时的位置性眩晕。一般发作时间短暂，数秒至数分钟不等，亦有持续时间较长者。部分病人可出现颈神经根压迫症状，即手及臂发麻、无力，持物不自主坠落。半数以上病人可伴有耳鸣，1/3 的病人有渐进性耳聋，62% ～ 84% 的病人有头痛，头痛多局限于顶枕部，常呈发作性跳痛。

危险度：☆

处理：①嘱病人卧床休息，预防跌倒。注意颈椎的保健，姿势、体位改变时动作要缓慢。②可予甲磺酸倍他司汀，或者予氟桂利嗪、盐酸异丙嗪等减轻眩晕、呕吐等症状。③中成药可酌情选用强力定眩片、愈风宁心胶囊等。配合针灸、推拿、针刀、理疗，特别是针刀治疗，疗效显著。④必要时行手术治疗。

四、偏头痛性眩晕

病人有偏头痛发作史，反复出现自发性眩晕，持续时间不等，可出现耳鸣、听力下降，在至少 2 次的眩晕发作中有至少 1 项以下偏头痛症状，即：偏头痛样头痛、畏光、畏声、视觉异常或其他先兆症状，排除其他疾病后考虑偏头痛性眩晕。

危险度：☆

处理：①对眩晕发作期间伴有头痛症状的病人，可按照偏头痛给予治疗，详见头痛章节；②配合针灸、针刀、中药等治疗。

五、精神性眩晕

精神性眩晕是指与情绪有关的眩晕，病人因心理压力与精神障碍，而导致反复性或长期性的平衡失调感。患有过度换气综合征、恐慌症、焦虑症、抑郁症及有人格障碍的病人，容易产生此类眩晕。精神性眩晕临床表现为反复且长期持续性的头晕，但不能清楚地描述其头晕的确实感觉，每当处于超市或百货公司等拥挤的场所时，便会发生头晕，头晕为头内部转动或全身晃动感、步态不稳、虚幻不实感等。有的病人虽有眩晕，但却没有伴随眩晕而来的恶心、呕吐；此类病人还可出现呼吸不顺畅、叹气、心悸、胸部闷痛、四肢麻木、脸发红等症状。

危险度：☆

处理：到精神专科诊治。配合中药、针灸治疗。

（武晓磊）

第九节　头　痛

头痛是常见的临床症状，超过 90% 的人都有过或轻或重的头痛体验。头痛是由各种原因刺激头部的血管、神经、脑膜等痛觉敏感组织引起。头痛根据发病的原因不同，可分为原发性头痛、继发性头痛两大类；根据发病形式的不同，可分为急性头痛与慢性反复发作性头痛等。

一、急性头痛

急性头痛多属继发性头痛，可见于脑血管病、感染、头颈部外伤等，可结合发病情况、伴随症状、既往病史等情况迅速识别。当病人出现意识障碍、抽搐或精神症状时，需及时送医院救治，以免贻误病情。

（一）颅内感染引起的头痛

病人多急性起病，出现头痛、发热，伴恶心、呕吐等颅内压增高、脑膜受刺激的表现，可出现意识障碍、精神症状（如幻觉、妄想）、抽搐等，查体可见脑膜刺激征阳性（颈强直，即令病人颈部前屈有抵抗感），考虑颅内感染，如脑炎、脑膜炎。

危险度：☆☆☆☆☆

处理：立即送医院诊治。

（二）其他感染引起的头痛

急性起病，出现头痛，伴有发热者，常为感染性疾病所致。如急性上呼吸道感染，可在受凉后出现头痛，伴有畏寒、发热、身体酸痛、鼻塞流涕、咽痛、咳嗽等。

危险度：☆☆

处理：可给予口服非甾体抗炎药如布洛芬、对乙酰氨基酚等，或应用中成药如感冒清热颗粒、小柴胡颗粒等，并观察病情。如病人头痛不缓解，或者病情加重，出现喘息、心悸，或嗜睡、昏迷等意识障碍，应立即送医院救治。

（三）脑血管病引起的头痛

1. 蛛网膜下腔出血

突然发生剧烈头痛，有恶心、呕吐等颅内压升高的表现，脑膜刺激征阳性，应考虑蛛网膜下腔出血。

蛛网膜下腔出血是指脑底部或脑表面的病变血管破裂，血液直接流入蛛网膜下腔而引起的一种临床综合征，约占急性脑卒中的10%，病情多数比较严重。突然起病，在数秒钟或数分钟内发生的头痛为最常见的起病方式。发病前多有明显诱因，如剧烈运动、情绪激动、用力、排便、咳嗽、饮酒等；少数病人可在安静情况下发病。有些病人，尤其是老年病人，头痛、脑膜刺激征等临床表现并不典型，而精神症状较明显，需提高警惕。

危险度：☆☆☆☆☆

处理：立即送医院救治。

2. 脑出血

病人多有长期高血压病史，突然发生头痛，血压明显升高，有恶心、呕吐等颅内压升高的表现，常伴不同程度的意识障碍，如嗜睡，甚至昏迷。有上述情况，考虑脑出血。由于出血部位的不同，头痛可伴有眩晕、口舌歪斜、言语含糊、一侧肢体偏瘫或麻木、行走偏斜等不同的神经功能缺损症状。

脑出血是指原发性非外伤性脑实质内出血，也称自发性脑出血，占全部脑卒中的20%～30%，多发生于50岁以上、血压控制不良的高血压病人。本病起病多较突然，通常在用力、兴奋、情绪激动等状态下发病，症状在数分钟至数小时内达高峰。临床常出现不同程度的意识障碍（昏迷）。病情多较重，死亡率高。

危险度：☆☆☆☆☆

处理：立即送医院救治。

（四）高血压性头痛

高血压性头痛一般为突然出现的头痛，可伴或不伴头晕，脑膜刺激征阴性，无意识障碍，无口舌歪斜、一侧肢体无力、偏身麻木、言语含糊等神经功能缺损症状，既往有长期高血压病史，血压较平时明显升高。

危险度：☆☆☆

处理：可给予卡托普利、硝苯地平缓释片等降压，以减轻症状。中成药可酌情选用强力定眩片、全天麻胶囊、牛黄降压丸等。若病情不缓解则嘱病人及时至医院明确诊断，或在医生指导下调整降压药物。

（五）急性闭角型青光眼

本病多表现为突然出现的头痛，尤其是眼周围或眼睛上部（额眶部）疼痛，伴视力减退。

急性闭角型青光眼属于眼科急症，多发于中老年人，女性发病率较高。本病来势凶猛，症状急剧，急性发病前可有一过性或反复多次的小发作，表现为突感雾视、虹视，伴额部疼痛或鼻根部酸胀。发病时突然出现剧烈眼涨、眼痛、畏光、流泪、头痛、视力锐减、眼球坚硬如石、结膜充血，伴有恶心、呕吐等消化系统症状。急性发作后可进入视神经持续损害的慢性期，直至进入视神经遭到严重破坏，视力降至无光感且无法挽回的绝对期。

危险度：☆☆☆☆☆

处理：立即送医院救治。

二、慢性反复发作性头痛

慢性反复发作性头痛多属原发性头痛，可见于偏头痛、紧张型头痛、丛集性头痛等，具有反复发作的特点，病人虽感到痛苦但不危及生命，可暂时给予止痛药对症治疗，观察病情。

（一）偏头痛

偏头痛是常见的原发性头痛类型，该病具有以下几个特点：①常有遗传背景，女性多见；②疼痛呈中重度，为搏动性，多发于单侧，40%的病人也可双侧同时出现，一般持续4~72小时；③可伴有恶心、呕吐，头痛时怕光、畏声，日常活动可加重头痛，安静环境、休息头痛可缓解。

偏头痛分为无先兆偏头痛与有先兆偏头痛，以前者多见，约占80%。有先兆偏头痛是指在头痛发作前数小时至数日有困倦、乏力、打哈欠等前驱症状；在头痛之前或头痛发生时，以可逆的局灶性神经系统症状为先兆。最常见的是视觉先兆，如视物模糊、暗点、闪光、亮点、亮线或视物变形。先兆症状一般持续超过 5 分钟，小于 60 分钟。

危险度：☆

处理：偏头痛急性发作时，首选非甾体抗炎药镇痛，如对乙酰氨基酚、布洛芬等。如无效再选用偏头痛特异性治疗药物，如麦角类制剂和曲普坦类药物。中成药可酌情选用正天丸、通天口服液、头痛宁胶囊等。使室内变暗、压迫颞动脉及适当冷敷可防止动脉扩张，也可减轻头痛。

（二）紧张型头痛

本型是人群中最常见的头痛类型。其发病与社会心理压力、焦虑、抑郁等精神因素及肌肉紧张、滥用止痛药物等有关。多发于成人，尤以女性多见，病程大多较长，可持续数十年，常反复发作，轻者仅在明显紧张或忧郁时发生，慢性者头痛可持续数天或数周。一般表现为持续性双侧枕部、额部或颞部钝痛，可扩展至整个头部，像一条带子紧束头部，呈头周围紧箍感，常有压迫感、沉重感，很少伴恶心、呕吐、畏光、畏声。头痛期间病人日常生活不受影响，疼痛部位肌肉可有触痛或压痛点，有时牵拉头发也有疼痛；颈、肩、背部肌肉有僵硬感，捏压肌肉时感觉舒适。

危险度：☆

处理：紧张型头痛发作时，治疗用药与偏头痛用药相同。可选用对乙酰氨基酚、布洛芬等止痛。中成药可酌情选用正天丸、通天口服液、愈风宁心片等。同时可予推拿、针灸缓解颅周肌肉高张力。穴位可选取风池、肩井、液门等。加强心理疏导，解除焦虑和抑郁情绪。

（三）丛集性头痛

丛集性头痛是所有头痛中比较严重的一种，因头痛在一段时间内密集发作而得名。多见于青年人，尤其是 20 ~ 40 岁的男性，60 岁以上病人少见，提示其病程有自行缓解倾向。一般无家族史。

丛集性头痛发作时无先兆，呈单侧眼眶、眶上和（或）颞部的重度或极重度的疼痛，并伴有同侧副交感神经过度兴奋体征，如流泪、结膜充血、眼睑水肿、上睑下垂、面部出汗、鼻塞流涕等。因疼痛剧烈，病人十分痛苦，坐卧不宁，如不治疗，症状可持续 15 分钟～3 小时，此后症状迅速消失，缓解后仍可从事原有活动。发作具有周期性的特点，每天大约在相同时间发作，有的发作甚至像定了时一样。有的病人发病有明显季节性，以春秋季多见。

危险度：☆☆

处理：该病发作时疼痛剧烈，但预后良好，并不危及生命。因病人非常痛苦，去医院专科诊治较宜。治疗时可给予曲普坦类药物镇痛，可嘱病人在每天发作前服用。有条件者可给予氧气面罩高流量吸氧（7 L/min），部分病人吸氧后头痛可迅速缓解。预防性治疗药物钙离子拮抗剂（如维拉帕米）、抗癫痫药物（如丙戊酸钠）、类固醇皮质激素等，需在医生指导下服用。

三、枕神经痛

本病多表现为一侧或双侧枕部阵发性疼痛，常连及颈项部肌肉，使肌肉出现僵紧、疼痛，亦可波及眼眶、前额、耳前区或乳突部，疼痛可呈针刺、刀割、烧灼、电击样，也可为锐痛、胀痛、搏动性痛，持续数秒至数分钟，风池穴常有明显压痛，考虑枕大神经痛。本病常伴发颈椎病。

危险度：☆☆

处理：可选用对乙酰氨基酚、布洛芬等止痛并观察。中成药可酌情选用愈风宁心片、正天丸、通天口服液等。疼痛难以缓解者应嘱其去医院诊治，可采用针灸、针刀等治疗。

四、外伤后头痛

外伤后若出现头痛，应及时就诊，须行头颅 CT 排除脑出血、急性硬膜下血肿等。部分老年人在轻微头部外伤后（如不慎跌倒导致前额或枕部磕碰后），当时并无明显不适，而于受伤 1～3 个月后出现头痛、视物模糊、一侧肢体无力等表现，此时不排除慢性硬膜下血肿。

危险度：☆☆☆☆☆

处理：及时送医院救治。

五、颅内肿瘤

本病表现为慢性持续性、进展性头痛，低头、愤怒、咳嗽等可使头痛加重，有恶心、呕吐等颅内压增高症状，伴有神经系统缺损表现如眩晕、视物成双、一侧肢体无力、吞咽障碍等。

危险度：☆☆☆☆☆

处理：及时送医院明确诊断并治疗。

（张文砚）

第十节　血压异常

血压异常是临床常见症状之一，是指血压在正常范围之外，要么高于正常值，要么低于正常值。临床中最常见到的是高血压，但也有低血压的情况。血压日夜节律异常也属于血压异常的范畴。

一、高血压

高血压是指在未使用降压药物的情况下，非同日 3 次测量血压，收缩压 ≥140 mmHg 和（或）舒张压 ≥90 mmHg；正在使用降压药物时，血压虽然低于 140/90 mmHg，也应诊断为高血压。高血压是最常见的慢性病，也是心脑血管疾病最主要的危险因素，血压波动可造成心、脑、肾、眼底等重要脏器缺血。高血压按照病因可分为原发性高血压和继发性高血压。原发性高血压至今病因不明确。继发性高血压可以由某种疾病导致，如肾炎、肾脏肿瘤等，也可由精神过度紧张或激动引起，后一种情况精神放松后血压就会恢复正常。若为精神长期处于紧张状态者，升高的血压就很难在较短的时间内降下来，比如开长途汽车的司机。

（一）高血压急症

高血压急症指血压突然和显著升高（一般超过 180/120 mmHg），同时伴有进行性心、脑、肾等重要靶器官功能不全的表现。

高血压脑病，常见血压升高，舒张压超过 120 mmHg，出现头痛、呕吐、烦躁不安、视力模糊、酒醉貌等。

高血压伴颅内出血（如脑出血和蛛网膜下腔出血），常发生在活动时、激动时、用力排便时等，起病急骤，表现为突然出现的剧烈头痛、恶心、呕吐、偏瘫、意识障碍、嗜睡或昏迷等。

心力衰竭，出现进展的呼吸困难、咳嗽、咳粉红色泡沫痰等。

急性冠脉综合征，常由紧张、精神创伤、疲劳、寒冷等诱发，出现烦躁不安、多汗、心悸、手足发抖、面色苍白、神志异常等症状，也可有心绞痛，甚至出现心力衰竭。

主动脉夹层，多见于中老年男性，有突然发作性剧痛，疼痛以胸部或肩背部为主，也可沿脊柱下移至腹部，放射至上肢及颈部，面色苍白、大汗淋漓，甚至出现休克、猝死。

嗜铬细胞瘤危象，多见于年轻人，阵发性或持续性血压升高，伴发作性头痛、出汗、心悸、面色苍白、发抖、瞳孔散大、视力模糊等症状。一般与精神刺激、剧烈运动、体位改变等诱因有关。

危险度：☆☆☆☆☆

处理：立即呼叫 120 或送医院诊治。

（二）高血压亚急症

高血压亚急症指血压显著升高（一般超过 180/120 mmHg），但不伴急性心、脑、肾等重要靶器官损害，据此可与高血压急症区分。病人可以有血压明显升高造成的症状，如头痛、胸闷、鼻出血、烦躁不安等。多数病人服药顺从性不好或治疗不力。

危险度：☆☆☆☆☆

处理：口服卡托普利或硝苯地平缓释片等紧急降压，并立即送医院诊治。

（三）白大衣性高血压及隐蔽性高血压

白大衣性高血压及隐蔽性高血压需要通过将动态血压与诊室血压对比来确立诊断。其中动态血压的高血压诊断标准为：24 小时平均收缩压/舒张压≥130/80 mmHg、白天≥135/85 mmHg、夜间≥120/70 mmHg。

未服药者的"白大衣性高血压"：诊室血压≥140/90 mmHg，而 24 小时、白天、夜间血压均正常。

未服药者的"隐蔽性高血压"：诊室血压＜140/90 mmHg，而 24 小时、白天、夜间血压升高。

正在接受降压治疗病人的"白大衣性未控制高血压"及"隐蔽性未控制高血压"，血压判别标准同未治疗者。

不论是否接受降压药物治疗，只要清晨血压≥135/85 mmHg，都可以诊断为"清晨高血压"。

危险度：☆☆☆

处理：可门诊调整相关危险因素及（或）降压药物。被医生评估为高危、极高危的病人可考虑住院系统诊疗。

（四）老年高血压

老年高血压指 65 岁以上的老年人血压升高，以收缩压增高，脉压增大为特征。老年人血压波动大，可显著增加发生急性心血管事件（如主动脉夹层等）的概率。合并冠心病、心力衰竭、脑血管疾病、肾功能不全、糖尿病等，会增加老年高血压的治疗难度。

危险度：☆☆☆

处理：可门诊调整降压药物及相关危险因素，必要时住院系统治疗。注意监测血压，降压速度不宜过快，病人血压水平不宜过低。药物从小剂量开始，逐渐增加至适当剂量。无并存疾病的老年高血压不宜首选 β 受体阻滞剂。利尿剂可能降低糖耐量，诱发低血钾、高尿酸和血脂异常，需小剂量使用。应当注意观察并避免病人发生体位性低血压。

（五）运动性高血压

指在运动过程中或刚刚结束时峰值收缩压超过 200 mmHg 和（或）峰值舒张压超过 95 mmHg，终止活动后血压即可降至正常。许多处于高血压前期的人容易出现运动性高血压。相对于运动过程中血压反应正常的人，运动性高血压者发展为高血压病人的可能性更大，且运动过程中血压越高，以后发展为高血压所需要的时间越短。本病日常无明显不适，预后良好。

危险度：☆

处理：目前对于运动性高血压病人的治疗尚无特殊药物，主要以改变生活方式为主，提倡进行规律的有氧运动，降低运动过程中血压的高反应性，减轻左心室肥厚，调节内皮功能障碍。在防治本病过程中，关注激动、紧张、兴奋以及剧烈运动等主客观条件下的血压波动情况，对预防心脑血管事件的发生具有重要的临床意义。

（六）睡眠性高血压

睡眠性高血压病人在睡眠状态下血压升高，而觉醒状态下血压常不高。本病多见于阻塞性睡眠呼吸暂停低通气综合征（OSAHS）、高龄病人等，诊断主要依靠 24 小时动态血压监测及多导睡眠监测来完成。本病病人血压昼夜节律消失，且以舒张压升高为主，属于难治性高血压范畴，药物控制率远低于平均水平，发生的心、肾、脑和脉管系统等靶器官损害更为严重，脑卒中发生率亦偏高。本病治疗效果差，预后欠佳。

危险度：☆ ☆

处理：主要是针对病因治疗，积极纠正肥胖、气道解剖异常等诱因，对有条件者予以家庭呼吸机持续正压通气等治疗。对于钠敏感型高血压病人，限制钠盐摄入和进行利尿治疗具有双重效果。更年期女性体内雌激素变化最大，也会影响到夜间血压，必要时可予以雌激素替代治疗。

（七）体位性高血压

体位性高血压指平卧位时血压正常，在改变体位为直立位后 30 秒和 2 分钟时收缩压平均值升高≥20 mmHg。具体操作方法：病人平卧位休息 20 分钟后测量卧位血压，站立后测量第 30 秒和 2 分钟时的血压，并取平均值。本病较体位性低血压少见，然不可小觑，其同样会增加病人的心血管事件风险。该病一般预后较好，没有远期不良后果。

危险度：☆☆

处理：主要是改善生活方式、适当锻炼、增加运动耐量等。目前尚无特效药物。因其发病主要与自主神经系统过度激活有关，因而治疗时应抑制交感神经活性，但抑制交感神经活性的药物副作用多，且个体差异大。多沙唑嗪对体位性高血压病人的治疗有优势。利尿剂可使体位性高血压病人的直立位血压不降反升，临床症状加重，不建议应用。

（八）H 型高血压

H 型高血压指原发性高血压伴血浆同型半胱氨酸浓度升高（≥10 μmol/L）。本病体检无明显器质性病变特征，临床表现短期内亦不严重，但随着年龄增大、动脉硬化、同型半胱氨酸水平进一步升高，发生脑卒中的风险也逐渐增高。

危险度：☆

处理：积极控制血压；饮食上酌加叶酸，以期降低脑卒中风险；定时监测血压，门诊定期复查血浆同型半胱氨酸水平。

二、低血压

低血压是指血压低于 90/60 mmHg，并出现头晕、乏力、恶心等表现。常见以下几种情况。

（一）体位性低血压

体位性低血压亦称直立性低血压，是指体位改变为直立位 3 分钟时，收缩压下降＞20 mmHg，舒张压下降＞10 mmHg，同时伴有头晕或晕厥等表现。该病发生受到年龄、血容量、外周血管弹性功能等因素影响。老年人发生率较高。体位性低血压的发作容易导致心、脑等重要脏器血液灌注不足，诱发头晕、乏力、黑矇等，严重者还可能直接诱发心脑血管事件。

危险度：☆☆☆

处理：对于本病目前尚无特效药物，主要是针对病因进行预防，避免可能引起体位性低血压的诱因，防止跌倒等不良事件的发生。老年人起床应该缓慢，强调"两个1分钟"，即醒后1分钟再坐起，在床边坐1分钟后再站立，这样有利于促进静脉血向心脏回流，给自主神经系统一定的缓冲时间。

（二）餐后低血压

餐后低血压指餐后2小时内每15分钟测量血压1次，以最低血压值为准，与餐前血压比较，收缩压下降＞20 mmHg；或餐前收缩压≥100 mmHg但餐后＜90 mmHg；或虽餐后血压仅轻微降低，但出现心、脑缺血症状（如心绞痛、乏力、晕厥、意识障碍等）。餐后低血压血压下降水平最显著的时间为餐后2小时内，且以早餐后发生者居多。老年人患病率高，其危害并不亚于高血压，可使生活质量降低，甚至诱发心脑血管事件。伴高血压、糖尿病、帕金森病、自主神经功能不全等疾病者，餐后低血压发生率可能更高，症状也可能更加明显。本病可以没有临床表现，也可表现为头晕、晕厥、跌倒、心绞痛、乏力、恶心、黑矇甚至短暂性脑缺血发作等。当血压恢复正常水平时，以上症状可随之消失。本病发病隐匿，预后不佳。

危险度：☆☆☆

处理：①生活方式调整。目前针对餐后低血压的药物尚不多见，其治疗主要以改变饮食习惯为主。糖类食物更容易导致餐后低血压，因此主张低糖饮食，少量多餐，避免进餐时饮酒，餐后可适当散步以加快心率和增加心排出量来维持正常血压。②治疗原发病。对餐后有心、脑缺血症状的老年人更要警惕餐后低血压的可能。伴有高血压、糖尿病、帕金森病、自主神经功能不全等疾病者，加强上述基础疾病的治疗有利于餐后低血压的改善。③调整药物。对于合并有高血压的餐后低血压病人，应用利尿剂可使餐后血压下降程度增加，可换用其他类别降压药物治疗高血压，也可把降压药物的服用时间调整在两餐之间，减少降压药物对餐后低血压的影响。另外，抗帕金森病的药物也可使餐后血压下降程度增加，在应用时需注意监测血压，综合考虑。糖尿病病人应用阿卡波糖不仅可延缓碳水化合物的吸收，对减小餐后血压下降幅度也有一定效果。

三、血压昼夜节律异常

正常血压节律基本上是夜间睡眠时血压偏低，较日间下降 10% ~ 20%；凌晨 2 时左右处于最低谷，随后出现血压急剧上升；白天血压基本处于相对较高水平，上午 8 时左右和下午 4 时左右出现两个峰值，之后缓慢下降。血压昼夜节律异常是指部分高血压病人血压昼夜节律改变，夜间较白天血压下降小于 10%，或者夜间血压过高，甚至比白天还要高 5% 以上，或者夜间血压明显降低，比白天下降超过 20%。

危险度：☆☆☆

处理：对于血压峰值明显升高者，应立即送医院诊治；血压峰值无明显升高者可在门诊调整降压药物，处理相关危险因素。

（郑思道　马学竹）

附：

一、血压诊断小贴士（参考文献：中国高血压防治指南 2018 年修订版）

高血压诊断标准：在未使用降压药物的情况下，非同日 3 次诊室测量血压，收缩压（SBP）≥140 mmHg 和（或）舒张压（DBP）≥90 mmHg。SBP≥140 mmHg 和 DBP≥90 mmHg 为单纯收缩期高血压。病人既往有高血压史，目前正在使用降压药物，血压虽然低于 140/90 mmHg，仍应诊断为高血压。根据血压升高水平，又进一步将高血压分为 1 级、2 级和 3 级高血压（见表 2 - 1）。动态血压的高血压诊断标准为：24 小时平均 SBP/DBP ≥130/80 mmHg；白天≥135/85 mmHg；夜间≥120/70 mmHg。家庭自测血

压的高血压诊断标准为≥135/85 mmHg，与诊室测量血压的 140/90 mmHg
相对应。

表 2－1　血压水平分类和定义

分类	SBP（mmHg）	DBP（mmHg）
正常血压	<120	<80
正常高值	120~139	80~89
高血压	≥140	≥90
1 级高血压（轻度）	140~159	90~99
2 级高血压（中度）	160~179	100~109
3 级高血压（重度）	≥180	≥110
单纯收缩期高血压	≥140	<90

注：当 SBP 和 DBP 分属于不同级别时，以较高的分级为准。

二、初诊高血压评估流程

对初诊高血压病人的评估及监测程序见图 2－1。

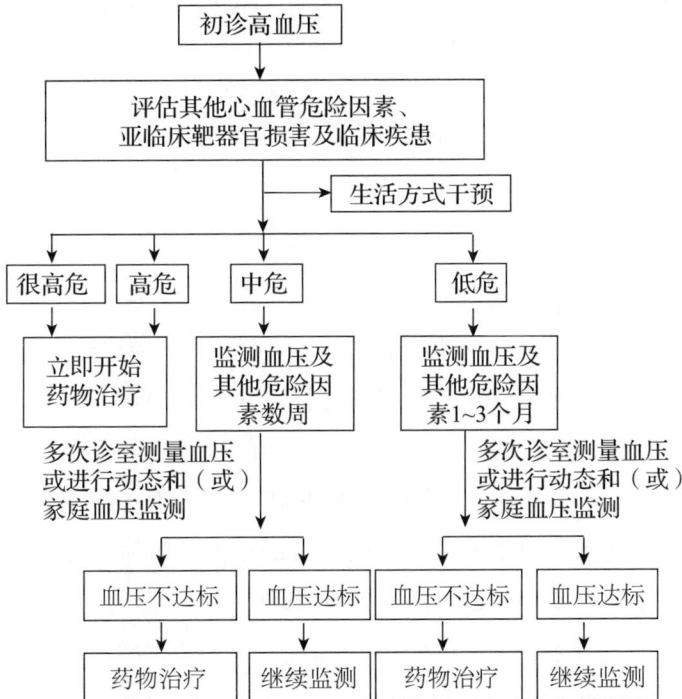

图 2－1　初诊高血压病人的评估及监测程序

注：中危且血压≥160/100 mmHg 应立即启动药物治疗。

第十一节 血糖异常

血糖是指血清中的糖含量。正常人的空腹血糖为 3.9 ~ 6.1 mmol/L，餐后两小时血糖 < 7.8 mmol/L。其中检查空腹血糖前要保证禁食禁水 8 ~ 12 小时，最好在清晨 6 ~ 8 点取血。血糖异常包括血糖升高和低血糖症，无论血糖升高还是低血糖症，均需要积极干预，以免贻误病情。

一、血糖升高

（一）生理性偏高

血糖检查前，如食用大量的甜食、摄入过多的高脂食物、饮酒、压力过大等，均可导致短暂性的血糖升高。

危险度：☆

处理：监测血糖，调整饮食，适当运动，若血糖持续偏高，应及时就医。

（二）糖尿病前期

糖尿病前期指由血糖调节功能受损，血糖升高但尚未达到糖尿病的诊断标准，包括空腹血糖受损、糖耐量受损，两者可单独或合并出现。糖尿病前期可以被认为是一种标志或分水岭，如出现则标志着将来发生心脑血管疾病、糖尿病、微血管病、肿瘤和痴呆等的风险增加。本病一般无临床症状，有的可表现为口干、食欲亢盛、腹部增大、腹胀、倦怠乏力等，多数病人在健康体检或因其他疾病检查时发现。

1. 空腹血糖受损

空腹静脉血浆血糖 ≥6.1 mmol/L，且 <7.0 mmol/L，以及口服葡萄糖耐量试验（OGTT）中 2 小时血糖值 <7.8 mmol/L。

2. 糖耐量受损

OGTT 中 2 小时静脉血浆血糖≥7.8 mmol/L 且<11.1 mmol/L，且空腹静脉血浆血糖<7.0 mmol/L。

3. 空腹血糖受损合并糖耐量受损

空腹静脉血浆血糖≥6.1 mmol/L 且<7.0 mmol/L，以及 OGTT 中 2 小时静脉血浆血糖≥7.8 mmol/L 且<11.1 mmol/L。

危险度：☆☆

处理：及时就诊，在专科医生指导下进行有效管理是预防糖尿病发生的关键。注意监测血糖、血压、血脂、腰围、体重等。

（三）糖尿病

糖尿病是指由于胰岛素分泌绝对或相对不足，以及机体靶组织或靶器官对胰岛素敏感性降低，引起的以血糖水平升高，或伴有血脂异常等为特征的代谢性疾病。有三多一少症状，即多食、多饮、多尿、消瘦，加任意时间血浆血糖≥11.1 mmol/L，或空腹静脉血糖≥7.0 mmol/L，或 OGTT 2 小时血糖≥11.1 mmol/L，即可诊断。若无典型的三多一少症状，需重复一次血糖测量且符合以上标准，诊断才能成立。

1. 1 型糖尿病

1 型糖尿病多在年轻时发病，大多低于 30 岁，多饮、多尿、多食、消瘦症状明显，血糖水平高，常以酮症酸中毒为首发症状，血清胰岛素和 C 肽水平低下，胰岛素绝对缺乏，胰岛素抗体可呈阳性。单用口服药无效，需用胰岛素治疗。

危险度：☆☆☆☆

处理：及时前往医院就诊，调整治疗方案。

2. 2 型糖尿病

2 型糖尿病常见于中老年人，常在 40 岁以后起病，多数起病隐匿，常有家族史，肥胖者发病率高，可伴有高血压、血脂异常、动脉粥样硬化等疾病。症状相对较轻，半数以上早期无任何症状，或仅有轻度乏力、口渴，血糖增高不明显者，需做 OGTT 才能确诊。血清胰岛素水平早期正常或增高，晚期低下，胰岛素抗体阴性。

危险度：☆☆

处理：及时前往医院就诊。糖尿病饮食，适当运动，必要时口服降糖药或应用胰岛素治疗。可酌情选用中成药如参芪降糖颗粒、金芪降糖片、玉泉丸、津力达颗粒等。

（四）继发性糖尿病

1. 甲状腺功能亢进

甲状腺功能亢进，简称甲亢。甲亢时，肠壁血流加速，使食物中葡萄糖的吸收增加，餐后血糖可明显增高，并出现糖尿，葡萄糖耐量试验也可异常，但并非糖尿病。除血糖升高外，还常伴以下表现：①甲亢特有的症状，如突眼、多汗、性情急躁、低热（37.5℃上下）、肢端震颤；②食欲亢进、体重减轻等；③气促、心悸、心跳忽快忽慢；④女性月经紊乱、月经过少，甚至闭经。

危险度：☆☆☆

处理：送医院明确诊断并治疗。

2. 肢端肥大症

本病之血糖增高系由垂体前叶病变致生长激素分泌过盛，引起糖代谢紊乱所致。本病临床可见病人个子大或舌头大（语言不清），手指粗大，手掌变厚，颜面变丑陋，严重者视力下降。糖尿病症状（三多一少等）多在肢端肥大症状之后出现。血糖和尿糖不易被胰岛素或口服降糖药物控制。某些病人的糖尿病症状可自行缓解或消失。

危险度：☆☆☆

处理：送医院明确诊断并治疗。

3. 药物所致的血糖升高

某些药物，如糖皮质激素，若长期大量使用，可引起血糖升高、尿糖阳性，酷似糖尿病，但其引起的血糖升高、尿糖阳性为可逆性，停用后，血糖、尿糖即可恢复正常。

危险度：☆☆

处理：若血糖持续偏高，需送至医院就诊。

（五）糖尿病酮症酸中毒

无论是 1 型糖尿病、2 型糖尿病，还是近期有严重外伤、麻醉、手术、肺部感染、酗酒、腹泻、精神刺激以及心肌梗死或脑血管病等应激情况出现，还是其他原因引起的血糖升高，若治疗不当、血糖控制不佳，均易诱发酮症酸中毒。在应激状态下，交感神经系统兴奋性增加，若加之饮食失调，血糖可明显升高，多为 16.7 ~ 33.3 mmol/L，有时可达 55 mmol/L 以上。临床可表现为多尿、口渴等症状加重，明显乏力，体重减轻，逐渐出现食欲减退、恶心、呕吐，乃至不能进食进水，呼吸频率增快，呼吸深大，呼气中有烂苹果味，严重者可出现意识障碍、脱水、休克。

危险度：☆☆☆☆☆

处理：立即送医院救治。

二、低血糖症

一般以血浆葡萄糖≤2.8 mmol/L 作为低血糖症的标准。而接受药物治疗的糖尿病病人只要血糖水平≤3.9 mmol/L 就属低血糖范畴。低血糖症临床以交感神经兴奋和脑细胞缺氧为主要特点，前者可表现为出汗、心悸、颤抖、饥饿、软弱无力，后者可表现为精神不集中、思维语言迟钝、头晕、嗜睡、视物不清、行为怪异等。机体对低血糖的耐受程度不同，故低血糖时机体反应个体差异很大。部分病人即使血糖 >2.8 mmol/L，也可出现明显的交感神经兴奋症状，即低血糖反应。部分病人无低血糖症状，极易进展成严重的低血糖，陷入昏迷或惊厥。

危险度：☆☆☆☆☆

处理：当出现类似低血糖反应时，应立即测定血糖水平，以明确诊断；无法测定血糖时暂按低血糖处理。①对于意识清楚者，予糖块、含糖饮料、糖水、饼干、面包等口服。15 分钟后监测血糖 1 次，如血糖仍低，再次给予上述食物口服。②对于意识障碍者，如有条件，给予 50% 葡萄糖液 20 ~ 40 ml 静脉注射，或立即送医院救治。③对于反复发作低血糖者，嘱其及时就诊查找病因，若为药物引起的，应停药或者调整用药，若为胰岛素瘤所致者，则应手术切除胰岛素瘤。

（张晓倩）

第十二节　水　肿

水肿是指过多的液体在组织间隙或体腔中积聚的病理过程。可分为全身性水肿和局部水肿。全身性水肿常见于肾源性水肿、心源性水肿、肝源性水肿、营养不良性水肿、淋巴水肿、内分泌性水肿；局部水肿一般表现为局部炎症，另外，局部的静脉阻塞以及淋巴回流不畅，也会导致水肿的发生。

一、全身性水肿

（一）肾病性水肿

水肿首先发生在组织疏松的部位，如眼睑或颜面部、足踝部，以晨起为明显，严重时可以累及下肢及全身。肾源性水肿的性质是软而易移动，临床上呈现凹陷性水肿，即用手指按压局部皮肤可出现凹陷。

1. 急性起病的水肿

（1）急性肾小球肾炎。

急性肾小球肾炎是以急性肾炎综合征为主要临床表现的一组原发性肾小球肾炎。其特点为急性起病，表现为血尿、蛋白尿、水肿和高血压，可伴一过性氮质血症，具有自愈倾向。常见于链球菌感染后，如扁桃体炎、猩红热和脓疱疮等，其他细菌、病毒及寄生虫感染亦可引起。本病为自限性疾病，不宜使用糖皮质激素及细胞毒药物治疗。

危险度：☆☆☆

处理：卧床休息，低盐、清淡饮食，限制饮水量。全身系统性疾病

（如狼疮性肾炎、过敏性紫癜肾炎、细菌性心内膜炎肾损害、原发性冷球蛋白血症肾损害、血管炎肾损害等）肾脏受累时，也可呈现急性肾炎综合征表现，故应及时送医院明确诊断，规范治疗。

（2）急进性肾小球肾炎。

急进性肾小球肾炎简称急进性肾炎，是一种少见的肾小球疾病。特征是在血尿、蛋白尿、水肿、高血压等急性肾炎综合征表现基础上，肾功能迅速下降，出现少尿或无尿，数周内进入肾衰竭状态。是肾小球肾炎中最严重的类型。

危险度：☆☆☆☆☆

处理：立即送医院救治。以激素及免疫抑制剂等药物强化治疗，辅以血浆置换、血液净化等治疗。

2. 缓慢起病的水肿

（1）原发性肾病综合征。

各种原因导致的重度水肿、大量蛋白尿、低蛋白血症和（或）高脂血症，其中大量蛋白尿和低蛋白血症是肾病综合征诊断的必要条件，具备这两条再加水肿和（或）高脂血症，肾病综合征即可诊断。肾病综合征可分为原发性肾病综合征和继发性肾病综合征。原发性肾病综合征是原发性肾小球疾病的最常见临床表现。符合肾病综合征诊断标准，并排除各种病因（如糖尿病性肾病、狼疮性肾炎、乙肝病毒相关性肾炎、过敏性紫癜性肾炎、恶性肿瘤相关性肾小球病、肾淀粉样变性和汞等重金属中毒）所致的继发性肾病综合征和遗传性疾病所致的肾病综合征，方可诊断为原发性肾病综合征。

原发性肾病综合征按照病理类型又分为膜性肾病、系膜增生性肾小球肾炎、原发性局灶节段性肾小球硬化等。其中膜性肾病是中老年人原发性肾病综合征的常见类型。膜性肾病多在 40 岁以后发病，男性多于女性，儿童少见。大多隐匿起病，以水肿为首发症状，病程进展缓慢，60%～80%的膜性肾病病人表现为肾病综合征，约 40% 的膜性肾病病人可有镜下血尿，无并发症时不出现肉眼血尿。本病的自然病程差别较大，约 25% 的病人可自行缓解，也有 30%～40% 的病人会在起病 5～10 年内进展至终末期肾病。临床上本病要和继发性膜性肾病相鉴别，后者多由自身免疫性疾病、感染、肿瘤、药物等引起。

危险度：☆☆☆

处理：本病一旦出现，应尽快送至医院就诊，医生根据检查，对本病的进展风险做出低风险、中风险、高风险的划分，根据风险等级制订相应的治疗方案。

（2）IgA 肾病。

IgA 肾病是指肾小球系膜区以 IgA 沉积为特征的肾小球肾炎，目前已经成为全球最为常见的原发性肾小球疾病。IgA 肾病临床表现多种多样：慢性肾炎综合征，常表现为镜下血尿，不同程度的蛋白尿，随着病情进展常出现高血压、轻度水肿及肾功能损伤；肾病综合征，此类 IgA 肾病病人并不少见；无症状性血尿，伴或不伴有轻度蛋白尿，肾功能正常；反复发作的肉眼血尿，儿童和青少年较成人多见，多无伴随症状；有些 IgA 肾病可以表现为急性肾损伤。

危险度：☆☆☆

处理：病人应及时到肾内科门诊就医，规范诊疗。

（二）心源性水肿

病人具有心脏病病史，出现水肿、体重迅速增加时，考虑心源性水肿。水肿首先出现在身体下垂部位，为对称性、凹陷性。非卧床者水肿最早出现于踝内侧，行走活动后明显，休息后减轻或消失；卧床者骶尾部较为明显。颜面部一般不肿。心源性水肿一般被认为是右心衰竭的表现，根据心衰的程度不同，可有轻度的踝部浮肿以至严重的全身性水肿的不同表现，甚至合并胸腔、腹腔及心包积水。

危险度：☆☆☆

处理：及时就医，规范诊疗。

（三）肝病性水肿

肝硬化失代偿期以腹水为主要表现，也可首先出现踝部水肿，逐渐向上蔓延，而头、面部及上肢常无水肿。营养不良与肝功能不全所致的低蛋白血症，是本病发生水肿的重要因素。

危险度：☆☆☆

处理：及时就医，规范诊疗。

（四）内分泌障碍疾病所致的水肿

1. 垂体前叶功能减退

病人既往有产后大出血导致垂体缺血性坏死病史，或有垂体瘤、垂体手术史，或颅内感染引起垂体破坏病史等，引起垂体前叶激素分泌不足，出现黏液性水肿面容，呈皮肤水肿、增厚、干而有鳞屑，毛发脱落、稀疏等表现时，应考虑该病。

危险度：☆☆☆

处理：及时就医，规范诊疗。

2. 黏液性水肿

黏液性水肿的特点是皮肤受压时无明显的凹陷，以颜面及下肢水肿明显，严重时累及全身皮下组织，甚至出现心包、胸腔积液与腹水。黏液性水肿是甲状腺功能减退的主要表现，为黏多糖在组织和皮肤堆积所致。除水肿外，甲状腺功能减退常可见不能解释的全身乏力、怕冷、皮肤苍黄而干燥、毛发脱落、反应迟钝、便秘、月经紊乱及中度贫血等。

危险度：☆☆☆

处理：及时至内分泌科就医，在医生指导下应用左甲状腺素钠（优甲乐）治疗。

3. 原发性醛固酮增多症

原发性醛固酮增多时，肾上腺皮质分泌醛固酮及去氧皮质醇过多，致病人出现高血压、低血钾、高血钠、血浆容量增加、多尿等表现，少数病人可出现下肢及面部轻度水肿。

危险度：☆☆☆

处理：及时到医院诊治。

二、局部水肿

（一）局部炎症

由疖、痈、丹毒、蜂窝织炎等局部炎症所致的水肿，常伴有局部红、肿、热、痛，有的可伴有发热。

危险度：☆☆☆☆☆

处理：及时到医院诊治。

（二）静脉血栓形成

静脉血栓形成包括肢体静脉血栓形成和血栓性静脉炎。静脉血栓形成是血栓形成在先，血栓性静脉炎是静脉炎症在先而血栓形成在后。两者均可出现局限性水肿、压痛及疼痛。久病卧床、外伤或骨折、血管壁损伤（如外伤、静脉插管或输入刺激性液体）等是静脉血栓形成的常见病因。

危险度：☆☆☆☆

处理：尽快到医院诊治。

（三）下肢静脉曲张

下肢静脉曲张多发生在小腿，静脉呈高度扩张、弯曲、隆起，尤以站立时更明显，病人踝部及足背往往出现水肿，晚期局部皮肤可有萎缩、色素沉着，并形成慢性溃疡。

危险度：☆☆☆

处理：大多数下肢静脉曲张可采用压力治疗，即穿弹力袜或用弹力绷带外部加压治疗。也可在医生指导下口服静脉活性药物如黄酮类、七叶皂苷类药物，必要时须进行手术治疗。

（四）慢性下腔静脉阻塞综合征

本病可见下肢与阴囊水肿，伴腹胀、腹壁静脉曲张、肝或脾大，临床上易被误诊为肝硬化。引起下腔静脉阻塞的原因有血栓形成、恶性肿瘤压迫或肿瘤组织侵入静脉内引起阻塞等。

危险度：☆☆☆☆

处理：尽快到医院诊治。

（五）慢性上腔静脉阻塞综合征

慢性上腔静脉阻塞综合征的水肿多出现于面、颈、上肢及上胸部，形成所谓"披肩状"水肿，严重者可有全身性水肿、胸腔积液、腹水。本综合征多由恶性肿瘤（如肺癌、恶性淋巴瘤）引起，少数为"良性"阻塞，由慢性结核性纵隔炎、原发性上腔静脉血栓和白塞氏病引起。鉴别其属"恶性"还是"良性"对其治疗与预后有重要意义。

危险度：☆☆☆☆

处理：尽快到医院诊治。

（六）淋巴回流受阻

淋巴回流受阻可引起该淋巴系统输纳区域的局限性水肿，其中以丝虫病引发的淋巴管炎最常见，此种水肿可逐渐发展为象皮肿。

（1）丝虫病所致的象皮肿。

象皮肿以下肢最常见，其次为阴囊、阴唇、上肢等部位，患部皮肤粗糙、增厚，如皮革样，并起皱褶，皮下组织也显著增厚。

（2）淋巴结切除后。

切除癌性肿大、结核性肿大等的淋巴结，有时会引起淋巴回流受阻，继而出现类似象皮肿的局部性水肿。

危险度：☆☆☆

处理：及时至医院就诊。

（七）药源性水肿

某些药物可引起人体的体液平衡紊乱，体液潴留于组织间隙而出现全身或脸、手、足等局部浮肿，往往停药后浮肿即可逐渐消退。引起水肿的常见药物有：钙离子拮抗剂如氨氯地平、硝苯地平；非甾体抗炎药如吲哚美辛、保泰松；糖皮质激素类药物如泼尼松、甲泼尼松、倍他米松等；胰岛素；某些甘草制剂。

危险度：☆

处理：及时就医，停用导致水肿的药物，在医生指导下更换为其他治疗药物。

（周国民）

第十三节 消 瘦

人体因疾病或其他因素而致体重下降，当体重下降超过标准体重的10%时，即称为消瘦。其中标准体重值（以 kg 为单位）是指身高（以 cm 计）减去 100 后乘以 0.9 所得出的数值，如一个人身高为 180 cm，那他的标准体重就是（180 - 100）×0.9 = 72 kg。体重较标准体重低或高 10% 以内都属于正常范围。

消瘦一般都是短期内呈进行性的，有体重下降前后测的体重数值做对照，且有明显的衣服变宽松、腰带变松、鞋子变大以及皮下脂肪减少、肌肉瘦弱、皮肤松弛、骨骼突出等表现。脱水与水肿消退后的体重下降符合上述标准者，不能称为消瘦。

一、病理性消瘦

正常人如果在短期内出现不明原因的消瘦，且伴有食欲不振、乏力倦怠等症状，可能是病理性消瘦，是患某些疾病的先兆。

（一）糖尿病

消瘦伴口干、多饮、多食、多尿、乏力等典型表现，或有视物模糊、手足麻木，或合并皮肤、牙龈、外阴（女性）、包皮（男性）等部位的感染，应考虑糖尿病。由于胰岛素分泌不足或利用障碍，机体不能充分代谢葡萄糖来补充能量，导致脂肪被大量消耗，再加上水分的丢失，体重就会逐渐减轻，形体变得消瘦。查静脉血，如空腹血糖≥7.0 mmol/L，餐后2小时血糖≥11.1 mmol/L，可明确诊断。

危险度：☆☆

处理：糖尿病饮食，适当运动，在医生指导下口服降糖药或应用胰岛素。注意监测血糖，如血糖控制不佳，应尽快去医院调整降糖方案。

（二）肿瘤

消瘦常可见于肿瘤病人。进行性消瘦伴右上腹肝区不适，应警惕原发性肝癌，除上述症状外，肝癌早期还常伴有食欲不振、恶心、腹胀等消化道症状。胰腺癌常表现为消瘦伴有背部疼痛。消瘦伴有发热时也常常是白血病、多发性骨髓瘤、恶性淋巴瘤等造血系统恶性肿瘤的早期症状。胃癌早期往往没有特殊症状，但进行性消瘦却很明显。此外，腹腔进行性增长的恶性肿瘤也会首先表现为消瘦。

危险度：☆☆☆☆☆

处理：尽快到医院肿瘤科诊治。

（三）甲状腺功能亢进症

消瘦伴有心悸、出汗、食欲亢进和大便次数增多，情绪易于紧张及焦虑，应考虑该病。体格检查可见病人皮肤温暖、潮湿多汗，舌及双手平伸时可有震颤，心率加快，部分病人可有甲状腺肿大及突眼、眼睑水肿等体征。老年病人可出现心房颤动。

危险度：☆☆☆

处理：尽快至医院内分泌科诊治。

（四）肺结核

由于起病缓慢，早期肺结核病人症状不甚明显，病情加重可出现咳嗽，甚至咯血。消瘦、低热是该病不可忽略的症状。故对于反复感冒不愈或感冒样症状迁延两周以上且伴有消瘦的人，应去医院做X线胸片检查及痰涂片检查，以明确是否为肺结核。

危险度：☆☆☆☆

处理：尽快至胸科医院或结核病防治所诊治。

（五）艾迪生病

艾迪生病亦称慢性肾上腺皮质功能减退症。该病多数以消瘦、乏力为始发症状，继而有恶心、血压降低等表现。皮肤黏膜色素沉着是该病的特征性表现，唇及口腔黏膜有点片状蓝黑色色素沉着，皮肤色素沉着以暴露、受压及易摩擦部位明显，如脸部、手部、乳晕、会阴部、腹白线等处。体形消瘦是艾迪生病的重要表现之一，消瘦越明显，病情也越严重。

危险度：☆☆☆

处理：尽快至医院内分泌科诊治。

（六）胃肠道疾病

老年人患有慢性胃炎、消化性溃疡、慢性肠炎等胃肠道疾病时可出现食欲不振、恶心、呕吐、胃胀、腹胀和腹泻，导致食物摄入不足及消化、吸收、利用障碍，从而引起消瘦。久服泻剂或对胃肠有刺激的药物也可以导致消瘦。

危险度：☆☆☆

处理：尽快至医院行胃肠镜检查以辅助诊断。排除恶性病变者可口服中药汤剂或颗粒剂，也可针刺或揉按足三里、中脘、天枢、内关、关元等穴位调理脾胃。

（七）口腔溃疡

对于失语或表达能力下降的老年人，如出现食欲下降、消瘦等表现，应注意查看其口唇内侧、舌头、颊黏膜、软腭等部位，明确有无口腔溃疡。

危险度：☆☆☆

处理：加强口腔清洁，多吃蔬菜和水果，适量补充水分。局部用药包括：①止痛药物，如利多卡因凝胶、喷剂等，疼痛难忍时涂于溃疡面；②消炎药物，如氯己定溶液漱口，西地碘片口含；③促进愈合药物，如冰硼散、西瓜霜喷剂、重组人表皮生长因子凝胶等，用于溃疡面；④其他局部外用药物，如康复新液。

二、生理性消瘦

在排除了疾病的前提下，对属于生理性消瘦者，可以实施增重计划。

（一）营养丰富饮食

多吃碳水化合物，尤其是面食。此外，高蛋白食品、蔬菜和水果一样都不能少，适当多食用健康的零食，如花生、奶糖等。在摄入足够蛋白质的情况下，宜多进食一些富含脂肪、碳水化合物（即淀粉、糖类等）的食物。这样，多余的能量就可以转化为脂肪储存于皮下，促进增重并增强体质。胃肠功能较弱的消瘦者，可选择鸡、鸭、鱼、羊的肝脏来食用。除此之外，可食用易消化和吸收的鱼类。

食物增肥方举例：山药粥，以山药、乳酪、白糖等制成。其制法可分为两种。一种是将鲜山药洗净，捣泥，待大米粥熟时加入拌匀，而后调入乳酪、白糖食用；另一方法是将山药晒干研粉，每次取 30 g，加冷水调匀，置炉上，文火煮熟，不断搅拌，两三沸后取下，调入乳酪、白糖即可食用。山药性味甘平，可补虚羸、长肌肉、润皮毛，为美容、治消瘦之妙品；乳酪可养肺润肤、养阴生津，两者合用，可健运脾胃，资助化源，故于瘦弱病人，效果甚佳。

（二）保持充足而良好的睡眠

人的睡眠若比较充足，胃口就比较好，有利于对食物的消化和吸收。

（三）注意个人心理健康

工作中的紧张和压力、生活中一些烦恼、人际关系的紧张、超出人体负荷的"疯狂"学习或工作等，都会使人愈加消瘦。相反，愉快的心理状态、和谐的人际关系、劳逸结合等则有助于增肥。

（四）适当运动

人体的肌肉亦"用进废退"，如果长期得不到锻炼，肌肉纤维就会相对萎缩，变得薄弱无力，人也就显得瘦弱。在运动方式上，慢跑是个不错的选择，因为在慢跑的时候，人的肠胃蠕动次数明显增多，这样可以增进食欲，使人在进餐时胃口大开。

（郑丽平）

第三章

常见病症的防治

第一节　功能性消化不良

功能性消化不良是最常见的一种功能性胃肠病，指具有由胃和十二指肠功能紊乱引起的症状，经检查可排除器质性疾病的一组临床综合征。主要临床表现包括上腹痛、上腹灼热感、餐后饱胀和早饱，可同时伴有上腹胀、嗳气、食欲不振、恶心、呕吐等不适症状，症状常持续存在或反复发作。

一、诊断要点

（一）临床表现

1. 主要症状

本病主要症状包括上腹痛、上腹灼热感、餐后饱胀和早饱，可同时伴有上腹胀、嗳气、食欲不振、恶心、呕吐等。常以某一个或某一组症状为主，在病程中症状也可发生变化。本病起病多缓慢，病程经年累月，呈持续性或反复发作。不少病人发病有饮食、精神等诱发因素。

2. 症状特点

（1）上腹痛为常见症状，部分病人的上腹痛与进食有关，表现为饥饿痛，进食后缓解，或餐后 0.5 ~ 3 小时腹痛持续存在。上腹痛亦可无规律性。部分病人表现为中上腹灼热感。

（2）餐后饱胀、早饱亦为常见症状，可单独或随其他症状出现，伴或不伴腹痛。餐后饱胀是指正常餐量即出现饱胀感。早饱是指有饥饿感但进食后不久即有饱腹感，摄入食物明显减少。上腹胀多发生于餐后，或呈持续性进餐后加重；常伴有嗳气；恶心、呕吐并不常见，往往发生于胃排空明显延迟的病人，呕吐物多为当餐胃内容物。

（二）临床分类

根据临床特点，本病可分为以下两个亚型。

（1）上腹痛综合征，主症为上腹痛和（或）上腹灼热感。

（2）餐后不适综合征，主症为餐后饱胀和（或）早饱。

两型可有重叠。

（三）诊断标准

（1）有上腹痛、上腹灼热感、餐后饱胀和（或）早饱，呈持续或反复发作的慢性过程（超过半年，近3个月来症状持续）。

（2）上述症状排便后不能缓解。

（3）排除可解释症状的器质性疾病。

二、西医治疗

（一）一般治疗

建立良好的生活习惯，避免烟、酒及服用非甾体抗炎药，避免食用会诱发症状的食物。失眠、焦虑者可以进行心理治疗，必要时服用镇静药物或抗焦虑药。

（二）药物治疗

1. 抑制胃酸分泌

抑制胃酸分泌药适用于非进餐相关的，以上腹痛、烧灼感为主要症状者。

（1）H$_2$ 受体阻滞剂：如西咪替丁、雷尼替丁、法莫替丁等。

（2）质子泵抑制剂（PPI）：如奥美拉唑、兰索拉唑、泮托拉唑、雷贝拉唑、艾普拉唑和埃索美拉唑等。

2．促胃肠动力

促胃肠动力药可明显改善与进餐相关的上腹部症状，如上腹饱胀、早饱等。

（1）多巴胺受体阻滞剂：如甲氧氯普胺、多潘立酮、依托必利。其中甲氧氯普胺因可导致锥体外系反应而不宜长期、大剂量服用。个别病人长期口服多潘立酮可出现乳房胀痛或溢乳现象。

（2）5－羟色胺受体激动剂：目前常用的是莫沙必利。

3．根除幽门螺杆菌

对小部分有幽门螺杆菌感染的功能性消化不良病人可能有效，对于症状严重者可试用治疗幽门螺杆菌的药物。

4．抗抑郁

对于上述药物治疗效果欠佳、伴随明显精神症状者，可在医生指导下试用抗抑郁药物。

5．助消化

复方消化酶和益生菌制剂可改善与进餐相关的腹胀、食欲不振等症状，可作为治疗消化不良的辅助用药。

6．其他

可酌情选用黏膜保护剂，如铝镁加、铝碳酸镁、L－谷氨酰胺呱仑酸钠（麦滋林－S）及铋剂。

（三）注意事项

（1）功能性消化不良是一种常见病，大多数人都曾出现过消化不良症状。有相当多的病人一旦遇此类症状，就服用"胃药"来进行自我治疗，这种做法是不正确的，可能会延误治疗。

（2）目前尚缺乏对功能性消化不良具有特效的标准疗法。病因不明，治疗方法五花八门，加之药物疗效的观察标准不统一，缺乏评定疗效的客观指标，且药物本身具有安慰作用等，上述因素使该病的治疗方法评价极为困难。

（3）幽门螺杆菌感染与慢性胃炎之间有密切关系，而功能性消化不良病人常伴有慢性胃炎，因此有人怀疑功能性消化不良可能与幽门螺杆菌感染有关，但在临床中发现，部分幽门螺杆菌阳性的功能性消化不良病人经治疗，将幽门螺杆菌根除后，其消化不良的症状并未随之减轻，所以幽门螺杆菌感染与功能性消化不良的关系至今尚未完全明了。

（4）功能性消化不良的病因中有精神因素一项，如焦虑、失眠等，需重视针对此类病因的治疗。

三、中医防治

本病属于中医"痞满""胃痛""呕吐"等范畴。

（一）生活调摄

保持规律作息，勿过劳，适寒温。随季节、气温变化及时增减衣物及避寒暑，选择干湿适中的生活环境。避免人体正气受损及感受外邪进而伤及脾胃。饮食有节，避免暴饮暴食，宜选清淡且富含营养的食物，忌食生冷、油腻及不洁净食物。要培养良好的业余爱好，结交正能量的朋友，使自己保持愉悦的心情。遇到不愉快的事情，及时调节心情并想办法疏解不良情绪，以免伤肝碍脾。要努力做到劳逸结合，避免过劳，避免劳心伤神。患病时应及时就医，避免疾病进一步发展加重。患病后尽量在医生指导下服药，避免长期、自行滥用药物，以防伤胃损脾。

（二）治疗

根据病人不同临床表现选择口服中成药或穴位按摩治疗。有条件者可至医院就诊，口服中药汤剂。

1. 肝胃不和证

主要表现：胃脘胀满，嗳气，恶心或呕吐。或见胸闷、善太息，常因情志因素而加重；或见攻窜作痛，痛连两胁；或见大便不爽。苔薄白，脉弦。

中成药：胃苏颗粒、达利通颗粒、气滞胃痛颗粒等。

选穴：中脘、胃俞、期门、内关、足三里、阳陵泉。

2. 脾虚气滞证

主要表现：胃脘痞闷，胸胁胀满。或见嗳气，食欲不振，每因情志不畅而发作或加重；或见腹痛即泻，泻后痛减。舌淡红，苔薄白，脉弦细。

中成药：枳术宽中胶囊、香砂六君子丸、胃乃安胶囊等。

选穴：上脘、中脘、章门、脾俞、胃俞、中封、太冲。

3. 饮食停滞证

主要表现：脘腹痞闷，嗳腐吞酸。或见恶心欲吐；或见嗳气厌食；或见矢气臭秽，大便中夹杂不消化食物，气味腐臭。舌苔白厚腻或腐腻，脉弦滑。

中成药：保和丸。

选穴：中脘、天枢、气海、足三里、里内庭。

4. 痰湿中阻证

主要表现：脘腹痞满，闷塞不舒。或见胸膈满闷，头晕目眩；或见头重如裹，身重肢倦；或见恶心呕吐，不思饮食；或见口淡不渴。舌体胖大、边有齿痕，苔白腻，脉沉滑。

中成药：枳术宽中胶囊、枫蓼肠胃康分散片。

选穴：脾俞、胃俞、中脘、丰隆、阴陵泉。

5. 脾胃湿热证

主要表现：脘腹痞满，食少纳呆。或见口干口苦；或见身重困倦；或见恶心呕吐，小便短黄。舌质红，苔黄腻，脉滑。

中成药：黄连清胃丸。

选穴：中脘、足三里、曲泉、丰隆、阴陵泉、内庭。

6. 寒热错杂证

主要表现：胃脘痞满，嘈杂反酸。或见遇冷加重；或见口干口苦；或见肢冷便溏；或见嗳气、纳呆。舌淡，苔薄白，脉弦数。

中成药：荆花胃康胶丸。

选穴：中脘、足三里、曲泉、丰隆、阴陵泉、内庭。

7. 胃阴不足证

主要表现：胃脘嘈杂，痞满。或隐痛、灼痛；或见口干舌燥，手足心热；或见纳呆干呕，形体消瘦；或见大便量少而燥。舌质瘦红，苔薄黄或舌光无苔，脉弦细而数。

中成药：养胃舒胶囊。

选穴：中脘、足三里、曲泉、丰隆、阴陵泉、内庭。

8. 脾胃虚寒证

主要表现：胃痛隐隐或痞满，绵绵不休，喜暖喜按，空腹痛甚，得食则缓，劳累或受凉后发作或加重。或见泛吐清水；或见神疲纳呆，四肢倦怠；或见手足不温，大便溏薄。舌淡苔白，脉虚弱。

中成药：附子理中丸、温胃舒颗粒、香砂养胃丸、虚寒胃痛颗粒等。

选穴：脾俞、胃俞、中脘、章门、内关、足三里。

（葛永祥）

第二节　便　秘

便秘是临床常见的消化系统症状，据统计，我国老年人中便秘者高达15%～20%，女性多于男性，随年龄增长本病患病率明显增高。便秘既可为单独的疾病，又可为某些疾病的伴发症状。

一、概述

便秘是指大便次数减少（一般每周少于3次），伴有粪便量减少、粪便干结、排便费力等。多长期持续存在，影响生活质量。具体表现为每次排便时间长，排出粪便干结如羊粪且数量少，排便后仍有粪便未排尽的感觉，可伴有下腹胀痛、食欲减退、疲乏无力、头晕、烦躁、焦虑、失眠等症状。部分病人可因用力排坚硬粪块而导致肛门疼痛、肛裂、痔疮和肛乳头炎。常可在病人左下腹乙状结肠部位触及条索状或块状物。

便秘根据有无器质性病变可分为器质性便秘和功能性便秘，按病程或起病方式可分为急性便秘和慢性便秘，一般认为便秘病程超过 6 个月者为慢性便秘。

引起便秘的原因有很多，功能性便秘的发生主要与生活习惯及精神心理因素有关，具体多见于以下几方面。

（1）不良的生活习惯：如进食量少、食物精细、食物热量过高、蔬菜水果少、饮水量少，对肠道刺激不够；运动少、久坐、卧床等导致肠动力减弱；不良的排便习惯。

（2）社会与心理因素：如工作紧张、生活节奏快、居住环境变化等因素打乱了排便习惯。

（3）肠易激综合征之便秘型。

器质性便秘的发生与机体局部或全身疾病相关，具体多见于以下几个方面。

（1）直肠与肛门病变引起肛门括约肌痉挛，如痔疮、肛裂、肛周脓肿等。

（2）局部病变导致排便无力，如大量腹水、膈肌麻痹、系统性硬化病、肠道神经/肌肉病变、先天性巨结肠等。

（3）结肠完全或不全梗阻，如结肠良性或恶性肿瘤、克罗恩病等。

（4）腹腔或盆腔肿瘤压迫。

（5）全身性疾病：如甲状腺功能减退、糖尿病等内分泌疾病，风湿免疫性疾病，淀粉样变性，脊髓损伤，帕金森病等。

另外，一些药物如阿片制剂、精神药品、抗惊厥药、钙离子拮抗剂、抗胆碱能药等均可引起便秘。

临床上可根据病人病史、排便频率、排便时间、粪便性状（包括粪便性状、数量、硬度、有无黏液和脓血等），结合常规体格检查、肛门指检、粪便和血常规检查，并借助内镜检查（电子结肠镜、小肠镜、胶囊内镜等）、胃肠道 X 线检查、结肠传输试验、排粪造影检查、肛管直肠压力测定、肛门肌电图等来区分病人所患便秘是器质性便秘还是功能性便秘，以有针对性地治疗。

二、便秘的防治

不同类型的便秘需采用不同的治疗方案。建议寻求专业医生诊治，进行相关检查以明确便秘的类型及原因。如果为器质性便秘，主要针对病因治疗，也可暂时选用泻药、灌肠等方法以缓解症状。

（一）预防调摄

（1）注意调整饮食结构，增加膳食纤维，多饮水。富含膳食纤维的食物如麦麸、蔬菜、水果等，其所含的纤维素具有亲水性，能吸收肠腔水分，增加粪便体积，刺激结肠蠕动，促进排便。勿过食辛辣厚味或饮酒无度，避免食物过于精细。

（2）建立良好的排便习惯，每日主动排便，控制排便时间，尝试每日定时排便，逐步建立直肠排便反射。排便时集中注意力，每次排便时间不能太长，摒弃临厕时读书看报的不良习惯。

（3）适当运动锻炼，尤其应注意对腹肌的锻炼。老年人的锻炼方式以轻量、适度为宜，可选择散步、打太极、做操等。

（4）保持心情舒畅，避免不良情绪的刺激，必要时可求助于心理医生，进行心理治疗或抗抑郁、抗焦虑药物治疗。

（5）避免大量或长期服用蒽醌类刺激性泻药，如比沙可啶、酚酞片及中药大黄、番泻叶、芦荟、决明子等，部分蒽醌类泻药有药物性肝损伤风险，长期服用需定期监测肝功能。

（二）药物治疗

1. 泻剂

（1）渗透性泻药：主要包括聚乙二醇、乳果糖、甘露醇及盐类制剂等。这类药物可使肠内形成高渗状态，促进水和电解质分泌，降低粪便的硬度，增加粪便的体积，同时刺激肠道蠕动，进而促进排便，主要用于轻、中度便秘者。

　　聚乙二醇可改善每周排便频率、粪便性状，缓解便秘相关症状，并增加完全自发性排便次数。不良反应少。可用于慢性便秘者的长期治疗。

　　乳果糖为不被吸收的糖类，在结肠中被代谢为乳酸和乙酸，可增加肠腔内渗透压，改善慢性便秘者的排便频率和粪便性状。此外乳果糖还是一种益生元，有助于促进肠道有益菌群的生长。不良反应为剂量依赖的腹部绞痛、胃肠胀气、腹泻。适于合并有慢性心功能不全和肾功能不全的老年便秘者。

　　盐类制剂，主要为硫酸镁，口服后起效快，仅适用于短期症状缓解。过量服用可引起电解质紊乱，如高镁血症、高磷酸盐血症、脱水等。老年人和肾功能减退者慎用。

　　（2）刺激性泻药：包括比沙可啶、酚酞片等，具有起效快的特点。这类药物通过刺激结肠黏膜中的感觉神经末梢，促进结肠收缩和蠕动，缩短结肠转运时间，同时刺激肠液分泌，增加水、电解质的交换，从而促进排便。其可增加慢性便秘者每周完全自发性排便次数，改善粪便性状和缓解便秘症状，对慢性特发性便秘（CIC）有较好的疗效。建议短期、间断使用。长期使用会影响肠道水、电解质平衡和对维生素的吸收，引起不可逆的肠肌间神经丛损害，甚至可导致大肠肌无力、药物依赖和大便失禁等。

　　（3）容积性泻药：包括聚卡波非钙片、小麦纤维素颗粒、欧车前亲水胶散剂等。此类药物通过增加滞留粪便中的水分，增加粪便含水量和粪便体积，促进肠道蠕动而通便，可缓解慢性便秘者的整体症状和排便费力症状，增加每周完全自发性排便次数，减少排便间隔天数。其起效较慢，主要用于轻、中度便秘者，且服用时须摄入足够水分，以防肠道机械性梗阻。不良反应为腹胀、食管梗阻、结肠梗阻及钙和铁吸收不良。欧车前可能引起支气管哮喘及威胁生命的过敏反应等严重不良反应，过敏体质者慎用。粪便嵌塞、疑有肠梗阻者慎用。

　　（4）润滑类泻药：如甘油栓、开塞露、多库酯钠片等，可软化大便和润滑肠壁，使粪便易于排出，适于年老体弱及伴有高血压、心功能不全等疾病的排便费力者。多库酯钠片口服基本不会被吸收，主要随肠内容物排出，可能影响肛管手术者伤口的愈合，有些病人服后可能会有腹胀、腹痛、食欲不振、恶心、腹泻、肛门胀痛、口干、失眠、头痛、皮疹等。正在发作的腹痛、恶心、呕吐或肠梗阻病人禁服多库酯钠片。

综上所述，应根据便秘的轻重，有针对性地选择泻剂。慢性便秘以乳果糖、聚乙二醇等为宜，仅在必要时选择刺激性泻剂，且不宜长期服用。急性便秘者可选择盐类制剂、刺激性泻药及润滑性泻药，但应用时间不要超过 1 周。

2. 促胃肠动力药物

常见的有伊托必利、莫沙必利等。这类药物可以增加肠道动力，促进小肠、大肠的运转，对因结肠传输延缓导致的以排便次数减少、粪便干硬、排便费力为主要症状的慢传输型便秘有较好的效果。可长期、间歇使用。常见不良反应有腹泻、腹痛、恶心和头痛等。

3. 益生菌

益生菌包括双歧杆菌三联活菌、双歧杆菌乳杆菌三联活菌、枯草杆菌二联活菌、酪酸梭菌二联活菌、布拉酵母菌、地衣芽孢杆菌等。

慢性便秘者肠道微生态失衡，研究显示其粪便中的双歧杆菌属、乳酸杆菌属、拟杆菌属、粪链球菌属、梭菌属等菌群的数量比健康人群显著减少，而潜在致病菌数量显著增加，且肠道微生态失衡程度与便秘的严重程度相关。益生菌制剂通过调节肠道菌群失衡，促进肠道蠕动，刺激肠壁神经，改善肠腔分泌功能，促进肠道动力恢复，从而改善便秘症状。益生菌可用于慢性便秘的辅助治疗。

此外，促分泌药物、氯离子通道活化剂、外周 μ 阿片受体拮抗剂、抗抑郁/焦虑药物等，可针对便秘的病因在医生指导下选择应用。

（三）灌肠治疗

长期便秘病人，尤其是有粪便嵌塞者，可使用灌肠的方法治疗，灌肠可以用盐水或者肥皂水，温盐水较肥皂水刺激性小。

（四）生物反馈治疗

生物反馈治疗是通过测压和肌电设备让病人直观地感知其排便时盆底

肌的功能状态，"意会"在排便时如何放松盆底肌，同时增加腹内压以实现排便的疗法。该疗法对部分直肠、肛门盆底肌功能紊乱病人的便秘无效。

（五）手术治疗

经上述治疗无效的便秘，可根据不同情况采用手术治疗。

（六）中医治疗

中医认为功能性便秘的病因要分虚实，根据不同情况采用中药及针灸等治疗方法均有较好疗效。

1. 口服中成药及穴位按摩治疗

（1）肠胃积热。

主要表现：大便干结，腹中胀满，口干口臭，伴有面红身热，心烦不安，多汗，时欲饮冷，小便短赤，舌质红干，苔黄燥，或焦黄起芒刺，脉数。

中成药：麻仁润肠丸。伴随心烦易怒、耳鸣者，推荐当归龙荟丸。

选穴：天枢、大肠俞、上巨虚、支沟、合谷、曲池、内庭。

（2）寒邪积滞。

主要表现：大便艰涩，腹中拘急冷痛，得温痛减，伴口淡不渴，四肢不温，舌质淡暗，苔白腻，脉弦紧。

中成药：半硫丸。

选穴：天枢、大肠俞、上巨虚、支沟、关元。

（3）气机郁滞。

主要表现：大便干结，欲便不出，腹中胀满，胸胁满闷，嗳气呃逆，食欲不振，肠鸣矢气，便后不畅，舌苔薄白或薄腻，脉弦缓或弦数。

中成药：四磨汤、厚朴排气合剂。

选穴：天枢、大肠俞、上巨虚、支沟、中脘、太冲。

（4）气虚便秘。

主要表现：虽有便意，临厕努挣乏力，难以排出，便后乏力，汗出气短，面白神疲，肢倦懒言，舌淡胖，或舌边有齿痕，苔薄白，脉细弱。

中成药：便通胶囊。

选穴：天枢、大肠俞、上巨虚、支沟、脾俞、胃俞、肺俞、气海。

（5）血虚便秘。

主要表现：大便干结，努挣难下，面色苍白，伴头晕目眩，心悸气短，失眠健忘，或口干心烦，潮热盗汗，耳鸣，腰膝酸软，舌质淡，苔白，或舌质红，少苔，脉细或细数。

中成药：润肠丸。

选穴：天枢、大肠俞、上巨虚、支沟、足三里、三阴交。

（6）阴虚便秘。

主要表现：大便干结如羊矢，口干欲饮，伴手足心热，形体消瘦，心烦少眠，舌质红、有裂纹，苔少，脉细。

中成药：苁蓉润肠口服液、滋阴润肠口服液。

选穴：天枢、大肠俞、上巨虚、支沟、足三里、三阴交。

（7）阳虚便秘。

主要表现：大便艰涩，排出困难，伴面色黄白，四肢不温，喜热怕冷，小便清长，或腹中冷痛，或腰膝酸软，舌质淡，苔白，或薄腻，脉沉迟，或沉弦。

中成药：济川丸、苁蓉润肠口服液。

选穴：天枢、大肠俞、上巨虚、支沟，配艾灸神阙、关元。

2. 耳穴压豆

选用胃、大肠、直肠、交感、皮质下、三焦等穴位。

3. 腹部按摩法及指压法

（1）中腹部运气按摩法。

取平卧位，将右手放于左手上，以脐部为中心，按顺时针方向，从右下腹开始按摩，一次行一周，约10秒，然后呼吸6次，这样为一个来回，每天2~3次。连续按摩7天，循序渐进，可以取得较好效果。

（2）指压法。

以大拇指按压内庭。在每日清晨解便前，用大拇指按压内庭3~5分钟，力度适中，每天坚持，数日后有一定疗效。

4. 穴位贴敷治疗

实证便秘选用大黄、芒硝、甘遂、冰片等，虚证便秘选用肉桂、大黄、丁香、木香、黄芪、当归等。敷于神阙，根据证候的不同可再选用相应的背部俞穴。敷贴时间及疗程：每日 1 次，每次 6～8 小时，3～5 天为 1 个疗程。

5. 中药灌肠

实证者，可选大黄、芒硝；虚证者可选当归、桃仁、火麻仁等。亦可辨证施方。

操作方法：将药物加沸水 150～200 ml，浸泡 10 分钟（含芒硝者搅拌至完全溶解），去渣，药液温度控制在 40 ℃，灌肠。病人取左侧卧位，暴露臀部，将肛管经直肠插入 10～15 cm 后徐徐注入药液，保留 30 分钟后，可排出大便。如无效，间隔 3～4 小时重复灌肠。

（崔娜娟）

第三节　尿　频

尿频是指排尿次数明显增多，即 24 小时排尿多于 8 次，夜尿多于 2 次，每次尿量 <200 ml，伴有排尿不尽感。正常成人每日排尿 4～6 次，夜尿 0～1 次，每次尿量 200～300 ml。生理情况下，排尿次数与饮水量、温度高低、出汗多少等有关，如大量饮水、吃西瓜、喝啤酒等时，进水量增加，通过肾脏的调节和滤过作用，尿量增多，排尿次数增多，为生理性尿频。病理性尿频的特点是排尿次数增加，夜尿增加，而每次尿量少。所以，单纯次数多并不等于尿频，如果每次尿量不少，可能是多尿症。对以尿频为主诉就诊的病人，大夫经常会要求病人记录排尿日记（即连续 3 天记录 24 小时内每次排尿的时间和尿量），以了解病人日常的排尿频次和尿量情况。

一、尿频的常见病因

（一）尿量增加

如部分糖尿病、尿崩症病人饮水多，尿量多，排尿次数也多，但无排尿不适感觉。

（二）炎症刺激

膀胱有炎症时，神经感受阈值降低，尿意中枢处于兴奋状态，产生尿频，并且尿量减少（成人＜300 ml/次）。因此，尿频是泌尿系统感染的一个重要症状，尤其是急性膀胱炎、结核性膀胱炎更为明显。其他如前列腺炎、尿道炎、肾盂肾炎、外阴炎等都可出现尿频。在炎症刺激下，尿频、尿急、尿痛往往同时出现，这种现象被称为尿路刺激征，俗称"三尿征"。

（三）非炎症刺激

良性前列腺增生（BPH）和尿路结石、异物，通常以尿频为主要表现。

良性前列腺增生是中老年男性常见疾病之一，其早期由于代偿作用，症状可不典型，随着下尿路梗阻加重，症状逐渐明显，其症状可分为储尿期症状、排尿期症状以及排尿后症状。

1. 储尿期症状

储尿期症状包括尿频、尿急、尿失禁以及夜尿增多等。

尿频为早期症状，夜尿次数增加，但每次尿量不多。膀胱逼尿肌失代偿后，发生慢性尿潴留，膀胱的有效容量因而减少，排尿间隔时间缩短。若伴有膀胱结石或感染，则尿频愈加明显，且伴有尿痛。下尿路梗阻时，50%~80%的病人有尿急或急迫性尿失禁。

2. 排尿期症状

排尿期症状包括排尿踌躇、排尿困难以及间断排尿等。

随着腺体增大，下尿路机械性梗阻加重，排尿困难加重。下尿路梗阻的程度与腺体大小不成正比。由于尿道阻力增加，病人排尿起始延缓，排尿时间延长，射程不远，尿线细而无力，或分叉，有排尿不尽的感觉。如梗阻进一步加重，病人必须增加腹压以帮助排尿。呼吸使腹压增减，出现尿流中断及淋漓。

3. 排尿后症状

排尿后症状包括排尿不尽、尿后滴沥等。

尿不尽、残余尿增多：残余尿是膀胱逼尿肌失代偿的结果。当残余尿量很大，膀胱过度膨胀且压力高于尿道阻力，尿便自行从尿道溢出，称充溢性尿失禁。有的病人平时残余尿不多，但在受凉、饮酒、憋尿、服用药物或其他原因引起交感神经兴奋时，可突然发生急性尿潴留。病人尿潴留的症状可时好时坏。部分病人以急性尿潴留为首发症状。

本病的诊断主要根据病史、临床表现、直肠指诊及 B 超检查。在必要时可施行膀胱镜检查。直肠指诊为简单而重要的诊断方法，需要在排空膀胱后进行。直肠指诊异常者应排除前列腺癌的可能。

（四）膀胱容量减少

膀胱占位性病变、妊娠期增大的子宫压迫、结核性膀胱挛缩或较大的膀胱结石等均可使膀胱容量减少，引起尿频。

（五）精神神经异常

尿频仅见于白昼，或夜间入睡前，常为精神紧张所致或见于癔病病人。此时亦可伴有尿急、尿痛。

二、尿频的防治

（一）生活方式的调整

1. 控制饮食结构

少吃刺激性食物和油荤比较大的食物，多吃蔬菜、水果。

2. 户外运动

长期久坐的人容易有尿频的症状，这是日常缺乏活动导致的，所以无论工作多忙，都需要抽空在阳光下进行有氧运动，在增强身体抵抗力的同时缓解尿频症状，一举两得。

3. 保持心情愉悦

经常处于紧张、抑郁状态的人，容易出现尿频。因此，平时要保持平和的心态，不要有过多的心理负担。

4. 生活规律

经常熬夜甚至通宵，机体抵抗力就会变弱，病毒容易入侵，可能引发一系列的泌尿系统问题，其中就包括尿频。所以要养成早睡早起的良好作息，提高抵抗力。

5. 远离有害食物

喜爱烟酒的人比一般人容易出现尿频，如果长期无节制地摄入，会加重尿频症状。此外，不要摄入被污染的食物或者水，多吃有机食品。

（二）病因治疗

1. 泌尿系统感染

抗感染是泌尿系统感染主要的治疗方法。抗菌治疗可选用磷霉素、左氧氟沙星、呋喃妥因、头孢菌素类等。推荐留取尿标本，行尿培养和药敏试验，选择致病菌敏感抗生素进行抗感染治疗。此外，需多饮水，注意休息。泌尿系统感染若反复发作，应积极寻找病因，采取针对性治疗，并及时去除诱发因素。

2. 尿路结石

尿路结石在输尿管梗阻可引起肾绞痛发作。

（1）肾绞痛的治疗：以镇痛和解痉为主。

镇痛药物的使用遵循三级镇痛原则。一级镇痛药物为非甾体类镇痛抗炎药物，可口服双氯芬酸钠、布洛芬，或以吲哚美辛栓纳肛等。二级镇痛药物为非吗啡类中枢镇痛药，常用药物如盐酸曲马多。如用上述药物后疼痛仍不缓解，应及时至医院就诊，应用作用较强的阿片类受体激动药，即三级镇痛药物，如盐酸哌替啶（杜冷丁）、吗啡等。

解痉药物常用的有间苯三酚、阿托品、消旋山莨菪碱（654-2）、黄体酮、硝苯地平以及α受体阻滞药（坦索罗辛、多沙唑嗪）等。

针灸解痉镇痛，常用穴位有肾俞、京门、三阴交及阿是穴等。

（2）有效去除结石。

当尿路结石直径≤6 mm，未导致尿路梗阻或感染，可选择排石治疗。治疗期间，每日饮水量超过3000 ml，保持24小时尿量在2000 ml以上，且饮水量应在24小时内均匀分配。服用上述非甾体类药物或α受体阻滞药等。中成药可选用排石颗粒、消石颗粒等。辅助针灸疗法，常用穴位有肾俞、京门、中脘、三阴交和足三里等。

溶石治疗是通过化学的方法溶解结石或结石碎片，达到完全清除结石的目的，是一种有效的治疗方式。主要用于尿酸结石和胱氨酸结石的治疗。溶石手段包括口服药物枸橼酸氢钾钠（碱化尿液）、增加尿量、经皮肾造瘘管注入药物等，对于其他结石也可以进行溶石治疗，如感染性结石可口服氯化铵（酸化尿液）。

直径>6 mm且<20 mm的肾结石，直径>6 mm且<15 mm的输尿管结石，在医生排除了禁忌证的情况下，可行体外冲击波碎石治疗。

此外，还可根据病情运用输尿管肾镜、经皮肾镜、腹腔镜等手段取石。

（3）预防复发。

对于有尿路结石病史的病人，应根据病人的病因、结石成分、生活环境制订个体化的预防复发的方案，提高无石率，减少远期并发症，保护肾功能。

3. 良性前列腺增生

良性前列腺增生的危害在于引起下尿路梗阻后所产生的病理生理改变。其病理个体差异很大，而且也不都呈进行性发展。有的病变至一定程度即不再发展，所以即便出现轻度梗阻症状也并非一定要手术。

（1）观察病情。

对症状轻微，国际前列腺症状评分表（IPSS）（见附录）评分在7分以下者可予观察，无需治疗。

（2）药物治疗。

1）5α-还原酶抑制剂：适用于治疗前列腺体积增大，质量大于35 g，同时伴中、重度下尿路症状的良性前列腺增生病人。研究发现5α-还原酶是睾酮向双氢睾酮转变的重要酶。双氢睾酮在良性前列腺增生中有一定的作用，因此采用5α-还原酶抑制剂对前列腺增生有一定的抑制作用，可以缩小前列腺体积。常用5α-还原酶抑制剂为非那雄胺。

2）α₁-受体阻滞剂：适用于有中、重度下尿路症状的良性前列腺增生病人。目前认为此类药物可以改善尿路动力性梗阻症状，使阻力下降以改善症状。常用α₁-受体阻滞剂有特拉唑嗪、坦索罗辛等。此类药的常见副作用包括头晕、头痛、乏力、困倦、体位性低血压、异常射精等。

3）其他药物：包括M受体拮抗剂、植物制剂、中药等。

需要注意的是，用药期间应长期随诊，定期行尿流动力学检查，以免延误手术时机。

（3）手术治疗。

手术是良性前列腺增生的重要治疗方法，适用于具有中、重度下尿路症状并已明显影响生活质量的良性前列腺增生病人。当出现以下情况，考虑手术治疗：①有下尿路梗阻症状，尿流动力学检查已显示明显改变，或残余尿在60 ml以上；②不稳定膀胱症状严重；③已引起上尿路梗阻及肾功能损害；④多次发作急性尿潴留、尿路感染、肉眼血尿；⑤并发膀胱结石；⑥合并腹股沟疝、严重的痔疮或脱肛，临床判断不解除下尿路梗阻难以达到治疗效果。

经尿道前列腺电切术是良性前列腺增生治疗的"金标准"。激光手术较适宜于高龄、贫血、重要脏器功能减退的病人。前列腺支架作为导尿的一种替代治疗方法，适用于伴反复尿潴留又不能接受外科手术的高危病人。药物治疗无效或不愿意长期服药而又不愿意接受手术治疗的病人，可选择微波治疗。

（三）中医调护

1. 分证论治

（1）湿热蕴结证。

主要表现：小便频数不爽，尿黄而热或涩痛，或小便不通，少腹急满胀痛，口苦口黏，或口渴，大便秘结，舌质红，苔黄腻，脉滑数或濡数。

中成药：癃清片、八正胶囊、龙金通淋胶囊。

（2）气滞血瘀证。

主要表现：小便不通或点滴而下，或尿细如线，胸胁胀满，少腹急满胀痛，舌质淡或紫黯，脉弦或涩。

中成药：前列欣胶囊、前列通瘀胶囊（片）、前列倍喜胶囊。

（3）脾肾气虚证。

主要表现：尿频，滴沥不畅，尿线细甚或夜间遗尿或尿闭不通，神疲乏力，纳谷不香，面色无华，便溏，脱肛，舌淡，苔白，脉细无力。

中成药：补中益气丸。

（4）肾阴不足证。

主要表现：小便频数不爽，淋漓不尽，头晕目眩，失眠多梦，神疲倦怠，腰膝酸软，咽干口燥，或五心烦热，尿少热赤，舌质红，苔少，脉细数。

中成药：六味地黄丸、知柏地黄丸、左归丸。

（5）肾阳亏虚证。

主要表现：小便不通或滴沥不爽，排尿费力，或尿溢失禁，神疲乏力，腰酸腿软，肢寒怕冷，面色无华，唇甲色淡，舌质淡苔白，脉沉细。

中成药：金匮肾气丸、右归丸。

（6）肾虚瘀阻证。

主要表现：尿频、尿急，夜尿增多，排尿无力，尿线细，排尿时间延长，伴腰膝酸痛，小腹部、会阴部、耻骨区或腰骶及肛周疼痛，舌暗淡或有瘀点、瘀斑，苔薄白，脉沉涩。

中成药：济生肾气丸合桂枝茯苓丸。

2. 外治疗法

（1）穴位按摩。

选穴：肾俞、膀胱俞、关元、气海、中极、三阴交、阴陵泉等。

（2）敷脐法。

急性尿潴留时可试用：艾叶 60 g、石菖蒲 30 g，炒热以布包热敷脐部（神阙），或丁桂散外敷。若无效则及时给予导尿。

（王青杰　李月廷）

附：国际前列腺症状评分表（IPSS）（见表 3 -1）

IPSS 是目前国际公认的判断良性前列腺增生病人症状严重程度的最佳手段。该体系通过对以下 6 个问题的回答确定分数，最高 35 分，目前认为总分 7 分以下者为轻度，7 ~ 18 分者为中度，18 分以上者为重度，需外科处理。

表 3 -1　国际前列腺症状评分表

在过去的一个月左右	没有	在五次中少于一次	小于半数	大约半数	多于半数	几乎每次	症状评分
1. 是否经常有尿不尽的感觉？	0	1	2	3	4	5	
2. 两次排尿间隔时间是否经常小于 2 小时？	0	1	2	3	4	5	
3. 是否经常有间断性排尿？	0	1	2	3	4	5	
4. 是否经常有憋尿困难？	0	1	2	3	4	5	
5. 是否经常有尿线变细现象？	0	1	2	3	4	5	
6. 是否经常需要用力及使劲才能开始排尿？	0	1	2	3	4	5	
	没有	一次	二次	三次	四次	≥五次	
7. 从入睡到早起一般需要起来排尿几次？	0	1	2	3	4	5	
症状积分的总评分							

第四节 睡眠障碍

人的一生中，睡眠占了近1/3的时间，其质量好坏与人体健康与否密切相关，正如俗话所讲，"每天睡得好，疾病不来找""能吃能睡，长命百岁"。然而调查显示，我国半数以上的人群存在睡眠障碍，超过40%的65岁以上老年人被至少一种睡眠问题所困扰。

常见的睡眠障碍包括失眠、嗜睡、睡眠－觉醒节律障碍（醒睡倒错），也包括在睡眠中出现异常行为，如梦呓（说梦话）、梦魇（做噩梦）、有活动肢体的强烈欲望、睡眠打鼾甚至憋醒等。睡眠障碍可由多种因素引起，常与精神疾病或躯体疾病有关。

一、失眠

（一）概述

失眠是最常见的一种睡眠障碍，主要表现为入睡困难（超过30分钟）、睡眠维持困难（整夜觉醒次数≥2次）、早醒、睡眠质量下降、总睡眠时间减少（通常少于6.5小时），同时可伴有白天疲劳、思睡、情绪低落或易激动、全身不适、注意力不集中、记忆力下降等。

如失眠每周出现不足3次，和（或）病程不足3个月，称为短期失眠；每周出现至少3次，持续至少3个月，称为慢性失眠。

失眠是一种主观体验，部分人群虽然睡眠时间较短，但没有主观睡眠质量下降，也不存在日间功能受损，其表现不能视为失眠。

（二）失眠的防治

1. 睡眠卫生教育

保持良好的睡眠卫生是保证睡眠健康的前提。例如，睡前4~6小时内避免接触咖啡、浓茶或烟等兴奋性物质；睡前不要饮酒，特别是不能用酒精帮助入睡；每日安排规律、适度的体育锻炼，睡前3~4小时内应避免剧烈运动，通过睡前运动造成疲劳状态的做法是不可取的；睡前不宜暴饮暴食或进食不易消化的饮食；睡前1小时内不做容易引起兴奋的脑力劳动或观看容易引起兴奋的书刊和影视节目；卧室环境应安静、舒适，保持适宜的光线及温度；保持规律的作息时间；服用药物治疗者应消除对药物治疗的顾虑等。

2. 积极治疗原发病

由于失眠与许多因素相关，失眠病人尤其短期失眠者应积极寻找并消除可能的诱发因素。如过饥、过饱、过度疲劳等生理因素可导致失眠；躯体疾病导致的皮肤瘙痒、慢性疼痛、呼吸困难、心悸胸闷等可严重影响睡眠；80%~90%的精神心理疾病（如焦虑、抑郁）以失眠为首发症状；抗抑郁药、中枢兴奋性药物、激素类药物、茶碱类等药物也可能会对睡眠造成影响。因此，应注意仔细识别，及时向专业医疗人员寻求帮助，避免失眠发展成慢性疾病，引发更严重的健康问题。

3. 非药物治疗

非药物治疗内容除前面所述的睡眠卫生教育外，还包括认知疗法、刺激控制疗法、放松疗法等。针对失眠症状，首选自我调适，可进行心理治疗，在此基础上可早期配合药物治疗。即使是长期服用镇静催眠药物的慢性失眠病人，除无法依从者之外，也应当同时给予其心理治疗。

（1）认知疗法。

失眠病人常对失眠本身感到恐惧，过分关注失眠的不良后果，常在临近睡眠时感到紧张，担心睡不好。这些负面情绪使失眠症状进一步恶化，失眠的加重又反过来影响病人的情绪，形成恶性循环。认知疗法就是帮助病人合理看待失眠，保持合理的睡眠期望，不要把所有的问题都归咎于失眠；保持自然入睡，避免强行要求自己入睡；不要过分关注睡眠，不因为一晚没睡好就产生挫败感，培养对失眠影响的耐受性。

在病人对失眠有了正确认识并树立信心的基础上，可以采用刺激控制疗法、放松疗法等帮助其形成一套能促进良好睡眠的行为准则。

（2）刺激控制疗法。

训练病人把入睡与床、卧室建立联系，缩短与睡眠无关的时间，强制执行一个睡眠－觉醒时间表。①控制入睡时间。只在有睡意时才上床，无睡意时不上床，如果卧床20分钟还不能入睡，应起床离开卧室，可从事一些简单活动，等有睡意时再返回卧室睡觉。②控制起床时间。不管夜间睡得如何，均按时起床，固定起床时间。③不要在床上做与睡眠无关的活动，如进食、看电视、听收音机及思考复杂问题等。④控制或避免白天午睡或打盹，可以有不超过半小时的规律的午睡，避免其他时间的日间小睡。

（3）放松疗法。

应激、紧张和焦虑是诱发失眠的常见因素，放松治疗可以缓解这些因素带来的不良效应，已经成为治疗失眠常用的非药物疗法。放松治疗主要包括渐进性肌肉放松、注意力集中练习、腹式呼吸训练等。

4. 药物治疗

当病人无法依从非药物治疗，或非药物治疗无效时，应考虑药物治疗。因担心成瘾而拒不用药，长期忍受失眠痛苦，甚至出现焦虑、轻生行为的做法是不正确的。对于此类病人，需纠正其错误观念。

目前治疗失眠的药物，主要包括非苯二氮䓬类药物和苯二氮䓬类药物，以及具有催眠效应的抗抑郁药。

常用的非苯二氮䓬类药物有唑吡坦、佐匹克隆。这类药物无严重不良反应，一般不引起次日困倦，药物成瘾风险相对较低。苯二氮䓬类药物包括艾司唑仑、阿普唑仑、劳拉西泮、地西泮等，具有镇静、催眠、抗焦虑的作用。由于该类药物尚能够松弛肌肉、使骨骼肌张力降低从而导致肢体无力，而老年人又常有频繁起夜的现象，故起夜时应加强防护，切勿发生跌倒。苯二氮䓬类药物还具有呼吸抑制的作用，有呼吸系统疾病的病人应谨慎使用。

对于服药1个月以上的病人，应避免突然停药，否则可能导致"反弹"现象，即停药后失眠情况比用药前更加严重，还可能伴有常人无法理解的各种"戒断症状"。当感觉能够自我控制睡眠时，可在医生的指导下，逐渐减量,有时减量过程需要数周至数个月。如服药过程中发生共济失调、意识模糊、幻觉、呼吸抑制时,则须立即停药并及时处理。

此外,为了避免药物成瘾,临床上可以采用通过调整用药种类,避免长时间服用同一种药物的方法来减小成瘾的可能性。

抗组胺药〔如氯苯那敏(扑尔敏)、氯雷他定〕等具有使服用者嗜睡的不良反应,被有些病人用于失眠的自我治疗,但是现有的应用抗组胺药治疗失眠的临床研究证据有限,因此并不作为治疗失眠常规推荐。

酒精不能用于治疗失眠。

5. 中医调护

失眠在中医学中称"不寐"。用中药或针灸、穴位按摩等治疗失眠可取得较好的疗效,可根据失眠伴随症状酌情选用。

(1)心胆气虚证。

主要表现:心悸胆怯,不易入睡,寐后易惊,伴遇事善惊,气短倦怠,自汗,乏力,舌淡,苔白。

中成药:枣仁安神胶囊。

选穴:神庭、四神聪、神门、三阴交,配合心俞、胆俞、膈俞、气海。

(2)肝火扰心证。

主要表现:突发失眠,性情急躁易怒,不易入睡或入睡后多梦惊醒,伴胸胁胀闷,善太息,口苦咽干,头晕头涨,目赤耳鸣,便秘溲赤,舌红,苔黄。

中成药:龙胆泻肝丸。

选穴:四神聪、神门,配合肝俞、行间、太冲、内关。

(3)痰热扰心证。

主要表现:噩梦纷纭,易惊易醒,伴头目昏沉,脘腹痞闷,口苦心烦,纳差,口黏痰多,舌红,苔黄腻。

中成药:珍珠末。

选穴:四神聪、神门,配合太冲、丰隆。

（4）胃气失和证。

主要表现：失眠多发生在饮食后，脘腹痞闷，伴食滞不化，嗳腐酸臭，大便臭秽，纳呆食少，舌苔腻。

中成药：归脾丸。

选穴：四神聪、神门，配合中脘、足三里、阴陵泉。

（5）瘀血内阻证。

主要表现：失眠日久，躁扰不宁，伴面色晦暗，胸痛、头痛日久不愈，痛如针刺而有定处，舌质紫暗。

中成药：血府逐瘀胶囊、七十味珍珠丸。

选穴：四神聪、神门，配合肝俞、膈俞、血海。

（6）心脾两虚证。

主要表现：不易入睡，睡而不实，多眠易醒，醒后难以复寐，伴心悸健忘，神疲乏力，四肢倦怠，纳食不香，面色萎黄，口淡无味，腹胀便溏，舌淡苔白。

中成药：归脾丸、柏子养心丸。

选穴：四神聪、神门，配合心俞、脾俞、中脘、足三里。

（7）心肾不交证。

主要表现：夜难入寐，甚则彻夜不眠，伴头晕耳鸣，潮热盗汗，男子梦遗阳痿，女子月经不调，健忘，口舌生疮，大便干结。

中成药：朱砂安神丸、酸枣仁合剂。

选穴：四神聪、神门，配合心俞、肾俞、照海、太溪。

二、阻塞性睡眠呼吸暂停

对于睡眠打鼾、常因憋气从睡眠中醒来的人来讲，应警惕阻塞性睡眠呼吸暂停。这类人群多体型偏胖，颈粗短或下颌后缩，夜间睡眠打鼾、鼾声大且不规律，同寝室或照料者可发现其睡眠存在呼吸中断，病人晨起后觉疲乏，即使白天看电视、阅读报刊或长时间坐立时也昏昏欲睡。

多导睡眠图监测是诊断该病的标准手段。由于病人常同时伴有高血压、冠心病、脑血管病、糖尿病等，而机体长期处于慢性缺氧的状态又可使上述疾病进一步加重，因此一旦确诊阻塞性睡眠呼吸暂停，应进行长期、多学科的治疗管理。平时病人应注意控制体重，加强锻炼，戒烟、戒酒、慎用镇静催眠药物，尤其应注意，睡眠宜采用侧卧位，并在专业医生的指导下评估是否需应用呼吸机治疗。

三、不宁腿综合征

不宁腿综合征主要表现为病人有活动双下肢的强烈愿望，从而不停地活动双腿或下床行走，常伴有双下肢的极度不适感（如撕裂感、蠕动感、烧灼感、瘙痒感甚至疼痛），尤以小腿显著，通常呈对称性，少数病人的不适感也可出现于上肢或身体其他部位。病程早期具有傍晚或夜间症状加重的特点，经活动或药物治疗可减轻，至疾病晚期上述特点可均不明显。体内铁缺乏、肾功能不全者不宁腿综合征的患病率较高。

对于症状较轻的病人，腿部按摩、热水浴、腿部使用加热垫或冰袋、夜间使用振动垫等非药物治疗可以缓解症状；对于症状较重的病人，应在专业医生的指导下进行药物治疗。

四、快速眼动期行为障碍（RBD）

我们的睡眠结构分为两个部分：非快速眼动睡眠和快速眼动睡眠。非快速眼动睡眠与快速眼动睡眠交替出现，交替 1 次称为 1 个睡眠周期，一次正常的睡眠通常经历4～5个睡眠周期，每个周期90～110分钟。

在睡眠的快速眼动期，人们可以做生动的梦，同时由于骨骼肌张力受到广泛抑制，人们的身体保持静止。RBD 则是由于睡眠期间肌张力持续或间歇性增高，导致病人将梦里的行为通过肢体运动表达出来，肌肉抽动以至各种复杂剧烈的行为动作均可出现，如讲话、唱歌、喊叫、挥拳、抓取、踢腿、从床上跌落等。RBD 不仅给病人带来危险，病人伴侣也可因此受到伤害。

RBD 在一般人群中的患病率约为 0.5%，而 60 岁以上人群的患病率则明显升高。以往人们认为，RBD 仅是一种独立的睡眠障碍，但越来越多的研究显示，RBD 与多种神经科疾病有着千丝万缕的联系。例如，过去十年间，几乎所有的特发性 RBD 病人最终会发展为帕金森病或路易体痴呆。因此，尽早识别和治疗 RBD，是预防这些疾病的重要措施。

对于有可能导致受伤的运动行为的 RBD 病人，睡眠环境的改变是将病人及其伴侣的受伤风险降至最低的重要措施。可行的方法包括将床垫放置在地板上、与伴侣分室居住、睡前移走可能导致危险的物品等。此外，在医生的指导下，将任何可能加重 RBD 的有害药物（如抗抑郁药等）尽可能安全地撤除，并酌情选用氯硝西泮、褪黑素等药物进行治疗。对于伴有睡眠呼吸暂停的病人，呼吸机辅助通气可能具有减少其梦境演绎行为的作用。

五、老年嗜睡

老年人生活比较孤独、单调，再加上疾病较多、腿脚不便、体力欠佳，往往不爱活动，白天犯困或打盹是很常见的。

当困倦思睡时，可采用各种感官刺激振奋其精神，如应用有芳香气味的牙膏刷牙，漱口，采用冷水洗脸；吃点苦、酸、甜、辣的食品，或适当饮茶或咖啡；走出室外，举目眺望，适当运动，如果长期在室内，也可添置一些色彩艳丽并富有生机的饰物以及花草，以给人赏心悦目之感；闻闻清凉油、花露水以及点燃的卫生香的味道等；聆听一些曲调优美明快的音乐或歌曲，或者欣赏相声、小品、喜剧影视等；也可轻柔地进行头部按摩。上述措施均有助于恢复元气，醒脑提神。

当发现老年人睡眠较平时明显增多时，应高度重视。脑部病变如脑梗死、脑出血、脑瘤等，可以表现为嗜睡状态。某些疾病如肺部感染或甲状腺功能低下等，早期症状也往往是精神萎靡和嗜睡。如老年性肺炎，有时主要的临床表现是倦怠嗜睡，而其他症状如发热、咳嗽等反而不甚明显。因此，发现老年人嗜睡，应及时送至医院就诊，以免贻误病情。

（张文砚）

第五节 痴 呆

痴呆是一种以获得性认知功能损害为核心，可导致病人日常生活能力、学习能力、工作能力和社会交往能力明显减退的综合征。病人的认知功能损害涉及记忆、学习、定向、理解、判断、计算、语言、视空间功能、分析及解决问题等能力，在病程某一阶段常伴有精神、行为和人格异常。

临床上引起痴呆的疾病种类繁多，其中最常见的是阿尔茨海默病，占所有痴呆的50%～70%，其他常见的痴呆类型还包括血管性痴呆、路易体痴呆、帕金森病性痴呆和额颞叶痴呆。随着我国迈入老龄化社会，痴呆的患病人数呈不断增长趋势。目前我国老年性痴呆病人已超600万，预计2050年将达到2000万。遗憾的是，约2/3的痴呆病人确诊时病情已呈中重度，错过了最佳干预时期，且现有药物均只能延缓疾病的发展，而无法治愈本病。因此，早发现、早诊断、早治疗是痴呆防治的重要策略。

一、痴呆的预防

有研究提出，在中国，约40%的痴呆可以通过以下途径避免。

（1）积极控制血压、血糖。高血压、糖尿病是脑血管病的危险因素，控制血压、血糖对预防阿尔茨海默病、血管性痴呆等均具有重要意义。

（2）改善听力障碍，及时佩戴助听器。

（3）活到老，学到老。坚持学习新鲜事物，可刺激大脑细胞，使其不断处于活跃状态，从而避免老化。

（4）戒烟。

（5）积极治疗抑郁症。

（6）坚持体育锻炼。坚持体育锻炼可以减少心脑血管病的发生，促进与记忆相关的神经细胞的生长。

（7）参加社交活动：老年期社交每月少于1次会增加痴呆的风险。社交对象可包括朋友、亲戚、邻居和聚会成员。

（8）控制体重：研究显示，45～54岁时，肥胖与痴呆风险增加相关。

当病人发现自身记忆力减退，或家属发现病人有"忘性大"、反复找东西等表现时，家属应及时陪病人到正规医疗机构的记忆门诊进行认知功能评估，做到早发现、早干预，避免病人病情由轻度认知功能障碍向痴呆发展。

二、痴呆的临床表现

（一）阿尔茨海默病

阿尔茨海默病，俗称老年性痴呆，其最初症状轻微，主要表现为记忆力减退，但数年后逐渐加重，病人主要有以下表现。

（1）记忆减退。常表现为话说过就忘，却对十几年甚至几十年前的事情记忆犹新；丢三落四、反复找东西；忘记关掉水龙头和煤气灶等。

（2）语言功能障碍。熟悉的东西叫不上名字，知道这个东西是什么，但就是找不出合适的词来表达。

（3）书写功能障碍。出现"镜像"书写，即反向字体。

（4）计算力障碍。早期计算速度变慢，逐渐出现计算错误；不能独立处理财务问题，比如买东西时算简单的账时看起来很费力，甚至根本不会算。

（5）执行能力减退。不会握笔；忘记常用的工具如何使用；稍微复杂的工具学习使用变得困难等。

（6）定向障碍、判断力下降。分辨不出方向或具体位置，熟悉的地方也迷路，找不到家；分不清上下午，不知当下所处的具体时间。

（7）性格及精神行为异常。淡漠，变得不再关心亲人、朋友，兴趣减少，不爱参与社交活动；妄想、幻觉，总觉得有人在和自己说话，怀疑有人偷自己的东西，或者有人想要害自己；变得抑郁、焦虑，性情暴躁，会因小事而暴怒，甚至打人、毁物；失眠，夜间不睡，来回走动，白天却精神萎靡等。

随着痴呆病情的加重，病人常认不出亲近的家人、朋友；忘记怎样穿衣服、洗漱、做饭等；丧失使用词语和理解词语的能力；吃饭和吞咽困难；日常生活不能自理，大小便失禁，长期卧床。

（二）血管性痴呆

血管性痴呆指由脑梗死、脑出血等脑血管病及其危险因素等引起的严重的认知功能障碍综合征。血管性痴呆常呈阶段性发展，症状可突然恶化但随后有部分症状恶化停滞或减轻。数月或数年后再一次发生脑卒中时，症状随即再恶化。血管性痴呆常见的危险因素有高血压、糖尿病、动脉粥样硬化、心房颤动、高脂血症、吸烟史和卒中史等。

血管性痴呆症状取决于脑卒中的发病部位。初始症状多为判断力差或计划、组织和决策困难。其他症状可能包括以下几个方面。

（1）记忆障碍。与阿尔茨海默病相似，但血管性痴呆的记忆力丧失出现较晚，且判断力和人格改变较小。主要为思维缓慢，计划和行动困难。

（2）言语或理解语言困难。语言上多出现赘述，表达不清，或者找不到可以替代的词汇。

（3）难以识别既往熟悉的景物或声音。

（4）学习新知识、新事物困难，注意力不能集中。

（5）性格和情绪变化。抑郁；持续的情绪不稳定，易伤感、易激惹、易怒，并难以克制；变得自私、吝啬，喜欢收集废物，无目的地徘徊。

（6）精神行为异常。有幻觉、偏执、妄想、自言自语等；缄默，或出现不言不语、不吃不喝、不动，言语活动和动作行为处于完全抑制状态的木僵；常由早期的情感脆弱、焦虑、抑郁等情感障碍，逐渐发展为情感冷淡、无所谓、迟钝、欣快，也可以发生情感失控、强制性哭笑等。

（三）路易体痴呆

路易体痴呆以波动性认知功能障碍、视幻觉和具有类似帕金森病的运动症状为临床特点，且认知障碍常在运动症状之前出现。该病占老年性痴呆的15%～20%，仅次于阿尔茨海默病。典型的临床表现包括以下几方面。

（1）难以清晰思考、做出决策、推理或集中注意力。

（2）记忆力下降，严重程度低于阿尔茨海默病。

（3）精神症状。视幻觉、妄想。幻觉形象往往鲜明生动，幻觉对象多为病人熟悉的人物或动物，这些视觉形象常常是活动的、会说话或发出声音的，偶尔幻觉形象有扭曲变形。

（4）一天至数天之内有多次意识模糊和清醒状态的交替。如在有充足的夜间睡眠的条件下，白天过度嗜睡，或者是白天的睡眠时间在 2 小时以上，长时间凝视远方。

（5）约 50% 的病人出现类似帕金森病的运动症状，如躯干的弓形姿势、肌肉强直、平衡障碍，行动迟缓和行走困难，经常跌倒，甚至晕厥。

（6）快速动眼期行为障碍。睡梦中躯体活动，包括伸拳、踢腿等。

（7）对抗精神病药物敏感。

（四）帕金森病性痴呆

帕金森病病人中，有 50%～80% 会发展为帕金森病性痴呆。该类型痴呆症状与路易体痴呆极为相似。目前多采用"1 年原则"作为两者的鉴别诊断标准。如果痴呆在帕金森症状出现后 1 年以上才发生，则倾向于诊断为帕金森病性痴呆；如果痴呆先于帕金森症状出现，或者痴呆在帕金森症状出现后 1 年以内即发生，则倾向于诊断为路易体痴呆。

（五）额颞叶痴呆

额颞叶痴呆是一种与基因突变有关的因大脑额叶和（或）颞叶的退行性变导致的一组临床综合征，以进行性精神行为异常、执行功能障碍、语言损害为主要表现，最终可发展为全面的痴呆，同时可合并其他运动障碍，疾病晚期时与阿尔茨海默病相似，预后不佳。临床表现如下。

（1）个性和行为改变。淡漠；以自我为中心；言语增多、急促、刻板言语、模仿言语；暴食；注意力涣散；可出现强握，吸吮反射，大小便失禁。

（2）个人和社会情境中突然缺乏抑制。出现不合时宜的冒犯性言论和行为，在不合适的地方大小便，而无明显顾虑。

（3）原发性进行性失语。说话时想不起来正确的用词，逐渐加重的语言生成、命名、语句组织或词语理解障碍。

（4）运动异常。如颤抖、平衡障碍和肌肉痉挛。

三、痴呆的西医治疗

（一）改善认知功能

常用药物有以下几类。

（1）胆碱酯酶抑制剂。代表药物如盐酸多奈哌齐（安理申）、利斯的明（艾斯能）、石杉碱甲（哈伯因）。

（2）银杏叶制剂。对认知功能有一定的改善作用。

（3）谷氨酸受体拮抗剂。如美金刚。

（4）钙离子拮抗剂。尼莫地平等。

（5）促智药物。尼麦角林、茴拉西坦、奥拉西坦及胞磷胆碱钠等。

（6）神经肽。如脑活素、神经节苷脂等。

（二）精神行为症状的治疗

有入睡困难、易醒等表现的睡眠障碍，而不伴幻觉、妄想等精神症状者，可在医生指导下使用苯二氮䓬类药物镇静催眠，常用药物如佐匹克隆、艾司唑仑等。

对于中重度痴呆病人精神症状严重者，可选用第2代抗精神病药，如利培酮、奥氮平、喹硫平等。

痴呆合并抑郁、焦虑者应去精神科专科就诊，改善抑郁、焦虑等症状。

（三）康复治疗

（1）认知功能训练。如注意力训练、物品归类训练、思维训练等，每天 20～30 分钟。

（2）肢体功能康复训练。每天为伴有肢体功能障碍的病人按摩 3～5 次。指导病人进行被动的患肢运动，病情得到改善后可进行自主运动，每天运动 2～3 次，30 分钟/次。嘱病人避免过度劳累。

（3）语言功能康复训练。要以由简到难的原则对病人进行指导，如每天指导其进行模仿口型训练；选择简单易懂的短句或文章，每天陪病人朗读；制作一些简单的阅读卡片，让病人自行选择进行朗读，语言训练时间以每天 20 分钟为宜。

四、痴呆病人的护理

（1）安排病人合理规律地生活，要求他们按时起床、就寝与进餐，对不能进食或进食困难者给予协助或鼻饲。要为病人创造入睡条件，周围环境要安静，保证其有足够的休息和睡眠时间。

（2）加强病人的功能训练。督促、检查和指导病人日常生活行为，训练其生活自理能力，延缓其智能衰退的过程。

（3）注意安全护理，防止病人跌倒、噎食、自伤、自杀等意外发生。

（4）改善家庭环境。居室宜明亮温馨，地板须防滑。

（5）预防肺部感染及泌尿系感染。定时开窗通风，保持室温恒定。让病人进食后保持半卧位 30～60 分钟，之后恢复体位。对于长期卧床病人，嘱其多侧卧，每 2 小时为其翻身、叩背 1 次，叩背时同时鼓励其咳嗽。注意对其私处的清洁护理。防压疮。

（6）加强饮食护理，预防便秘。

五、中医调护

（一）髓海不足证

主要表现：智能减退，思维迟钝，表情呆板，善惊易恐，脑转耳鸣，腰膝酸软，倦怠思卧，步履沉重，行走艰难，或有幻听，面颊潮红，小便失禁，大便自遗。偏肾阴虚者，舌红苔少，脉细数；偏肾阳虚者，舌淡，苔薄，脉沉细。

茶饮：枸杞子、桑椹、山药、益智仁。

穴位按摩：可选百会、四神聪、印堂、悬钟、肾俞、太溪。

（二）脾肾两虚证

主要表现：智能减退，倦怠思卧，头重如裹，肢体困重，手足不温，脘闷不饥，表情呆板，兼见头晕，耳鸣，神疲困倦，动则气促，腰膝酸软无力，夜晚尿频，大便溏泻或干结，舌淡，脉沉弱。

茶饮：莲子肉、酸枣仁、核桃仁、茯苓。

穴位按摩：可选百会、四神聪、印堂、悬钟、脾俞、肾俞、太溪、足三里。

（三）痰浊蒙窍证

主要表现：智能减退，头重如裹，纳呆脘胀，痰多吐涎，兼见神情呆板，沉默少言，形体肥胖，动作迟缓，肢体困重，脘闷不饥，泛恶欲呕，舌暗红，苔白腻，脉沉滑。

茶饮：茯苓、石菖蒲、陈皮。

穴位按摩：可选百会、四神聪、印堂、悬钟、足三里、中脘、丰隆。

（四）瘀血内阻证

主要表现：智能减退，头晕、头痛，甚至不识人，神情默默，少欢寡言，或躁动不安，语言错乱，口齿不清，面色晦暗，肌肤干燥，不寐，舌质紫暗或有瘀斑瘀点，舌下脉络紫暗，脉沉迟或涩。

茶饮：当归、川芎、赤芍、玫瑰花。

穴位按摩：可选百会、四神聪、印堂、悬钟、内关、膈俞。

另附：

足浴方：临床上有一些用中药泡脚以缓解老年痴呆症状的办法。因为脚上有很多反射区，通过热水的刺激，加上活血通络、提神醒脑的中药，如刺五加、丹参、五味子、当归等，能够在一定程度上增进血液循环，开窍醒脑。足浴时家属对水温的控制要格外留心，以免烫伤病人。

常用足浴方如下。

痴呆伴失眠：制首乌35 g，夜交藤、熟地黄各30 g，刺五加25 g。

痴呆伴高血压：丹参、山药各50 g，远志、五味子各10 g，菊花15 g。

痴呆伴肢体活动不利：川芎、独活各10 g，鸡血藤、木瓜各20 g。

用法：将上述药加清水适量，煎煮30分钟，去渣取汁，与2000 ml开水一起倒入盆中，先熏蒸，待温度适宜时再泡洗双脚，每天1次，每次30分钟。

（吴佳慧）

第六节　老年常见精神障碍

老年人常见的精神障碍包括抑郁障碍、焦虑障碍、躯体症状障碍、睡眠觉醒障碍、神经认知障碍等。病因多与大脑的老年性退行性改变有关，也与老年期频繁遭受的精神挫折或者经历有关。这里我们着重讲述抑郁障碍和焦虑障碍两个疾病。关于神经认知障碍（如痴呆）以及睡眠觉醒障碍的内容详见相关章节。

一、抑郁障碍

抑郁障碍是以情绪或心境低落为主要表现的一组疾病的总称。其病因目前尚不明确，与生物因素、心理因素、社会因素均有着密切的关系。据统计，我国抑郁障碍的患病率约4.4%，女性高于男性，复发率高。社会调查表明，普通人群对抑郁障碍的相关知识了解甚少，从而使得该病的未治率居高不下。抑郁障碍的发生会不同程度地影响人们的工作、学习、生活和社交，严重时病人可出现自伤、自杀行为。如何能够做到对抑郁障碍早发现、早治疗、及时避免风险并且减少疾病复发就显得尤为重要。

抑郁障碍不是单独的一个病，它是一个谱系障碍。和老年人密切相关的是重性抑郁障碍、持续性抑郁障碍以及物质和药物所致抑郁、躯体疾病所致抑郁等。它们的共同特点是病人存在悲哀、空虚或易激惹心境，并伴随躯体和认知改变，显著影响个体功能。其中重性抑郁障碍为抑郁障碍的典型疾病，以下做详细讲述。

（一）临床表现

重性抑郁障碍的核心症状包括心境低落、兴趣缺乏和精力减退或活动减少，且至少持续2周。还常伴有认知症状、躯体症状和行为症状，严重者可出现幻觉、妄想等精神病性症状。

1. 典型症状

（1）心境低落。病人经常主诉生活没兴趣，提不起精神，高兴不起来，整日忧心忡忡，郁郁寡欢。轻者闷闷不乐，愁眉苦脸；重者痛不欲生，悲观绝望，有度日如年、生不如死之感。老年病人对忧伤的情绪往往不能很好地表达，经常说"活着没意思""心里难受"等话语，或者表现出对外界事物的无动于衷，有的甚至强装笑颜。即便是他的亲属或者是家人和照料者，都可能意识不到病人病情的严重性，只是认为他是躯体不舒服才有如此表现。典型病人的病情常有晨重夜轻的节律变化，即情绪低落在早晨较为严重，而傍晚时可有所减轻。

（2）兴趣减退和愉快感缺乏。病人对以前喜爱的活动，如下棋、打牌、遛鸟等的兴趣下降，或完全丧失兴趣，或体会不到愉悦感。

（3）精力减退和活动减少。病人精力不足，时常感到疲乏无力，有的老人会有"像散了架一样"的描述。行为缓慢，生活被动，不想做事，不愿与周围人交往，常独坐一旁或整日卧床，少出门或不出门，回避社交。严重时连吃、喝和个人卫生都不理不顾。

2. 认知症状

认知症状主要表现为一定程度的认知功能减退。病人记忆力下降，注意力不集中，思维迟缓，言语减少，语速明显减慢，声音低沉，反应迟钝，思考问题困难，自觉"脑子好像是生了锈的机器"，严重者对答困难，交流无法顺利进行。有类似痴呆表现者，被称为"抑郁性假性痴呆"。在心境低落的影响下，病人表现出"三无"症状，即无望、无助、无用，感到前途渺茫、悲观失望、孤立无援，或觉得自己连累了家庭和社会，一无是处。

3. 躯体症状

睡眠障碍的主要表现为早醒，一般比平时早醒 2~3 小时，醒后不能再入睡。有的表现为食欲减退、体重下降。慢性疼痛很常见，包括头痛、腰痛、腹痛、背痛、胸口痛，却没有可以解释的器质性原因。躯体不适症状也很常见，可涉及各个脏器，如头痛、头昏、恶心、呕吐、心慌、胸闷、出汗、尿频、尿急、便秘等。这类病人长期在综合医院各科就诊，抑郁障碍症状常被躯体症状所掩盖。

4. 其他症状

抑郁与焦虑常常伴发，表现为紧张、担心甚至恐惧等。伴有幻觉或妄想等精神病性症状者，被称为"伴有精神病性症状的抑郁症"。

（二）抑郁障碍的治疗

1. 治疗目标

（1）彻底消除临床症状，提高临床治愈率，最大限度地减少病残率和自杀率。

（2）提高病人生存质量，恢复其社会功能。

（3）预防复发。

2. 治疗原则

（1）对病人进行个体化治疗。老年人躯体状况不同，合并用药也不同，应寻求专业人士的帮助和指导，具体情况具体分析。

（2）用药剂量应逐步递增，尽可能采用最小有效量，将不良反应减至最少，以提高病人服药的依从性。

（3）足量、足疗程治疗。很多老人情绪一缓解就马上停药，这是导致疾病反复的主要原因，其原因不排除病耻感。抗抑郁药的使用需要遵循足剂量和足疗程的原则，否则会引起其他的躯体疾病的加重。例如出现血压波动、血糖不稳定、睡眠障碍等，严重的可出现幻觉等精神病性症状。

（4）尽可能单一用药，如疗效不佳可在专科医生的指导下考虑转换治疗、增效治疗或联合治疗。很多老年人抑郁障碍合并有其他躯体疾病，需要服用其他药物，此时需要注意药物之间的相互作用；病人要准确全面地汇报病史，以便于专科医生做出正确的评估和治疗。

（5）治疗期间密切观察病人的病情变化和药物的不良反应并及时处理；积极治疗与抑郁障碍合并的其他躯体疾病、物质依赖、焦虑障碍等。

3. 西医治疗

（1）药物治疗。

中度及重度抑郁障碍发作的病人应在医生指导下服用抗抑郁药。常用的新型抗抑郁药有舍曲林、西酞普兰、草酸艾司西酞普兰、度洛西汀、文拉法辛等。此外还包括三环类抗抑郁药（如阿米替林）、四环类抗抑郁药（如马普替林等），但此二类药物因不良反应多且严重目前较少应用。

（2）心理治疗。

药物治疗的同时常结合心理治疗，尤其是对于有明显心理社会因素作用的老年抑郁障碍病人。常用的心理治疗方法包括支持性心理治疗、认知行为治疗等，其中认知行为治疗对抑郁障碍的疗效已经得到国内外的公认。

（3）物理治疗。

有严重消极自杀企图的病人及使用抗抑郁药治疗无效的抑郁障碍病人可采用改良电痉挛疗法（MECT）治疗。电抽搐治疗后仍需用药物维持治疗。近年来又出现了物理治疗手段——重复经颅磁刺激（rTMS）治疗，该法主要适用于轻、中度的抑郁发作。国外常应用光照治疗。光照治疗可以缓解情绪，增加注意力，在发达国家已使用了近40年，被广泛用于学校、医院工作人群以及老人院等，是一种经济实惠的方法。

（4）社会治疗。

社会治疗需要结合老年人的兴趣和爱好，使其享受自己的晚年生活。

（三）抑郁障碍复发的预防

（1）经医生确诊后，要坚持遵循医嘱，服用药物要足量、足疗程，这是预防复发的重要措施之一。

（2）避免精神刺激，学会自我调节，例如通过正念减压等缓解心理压力，或通过光照治疗缓解情绪。

（3）保持生活环境舒适、生活规律，适当运动，如散步、慢跑等，还可以登山、游泳、打球、练太极等，建立广泛的兴趣爱好。

（4）特殊情况下，如遇到困难时，及时与身边的人沟通或寻求帮助，不要独自承受。必要时寻求专业的心理咨询或治疗。

（5）多次复发的病人需要进行预防性治疗，甚至终身服药，以防止复发。

二、焦虑障碍

焦虑是一种常见情绪，人们在不同的场合会体验不同的焦虑，积极减轻焦虑是一种保护性反应。当焦虑的严重程度与客观的事件或处境不相称或持续时间过长时称为病理性焦虑，也叫焦虑症状。焦虑症状主要包括精神症状和躯体症状。精神症状指一组提心吊胆、恐惧和忧虑的内心体验。躯体症状是指伴发的自主神经系统亢进的症状，例如胸闷、心悸、气短、口干、出汗、颤抖、紧张性震颤、颜面潮红、苍白等。值得注意的是，首发在老年期的焦虑症状需先排除器质性疾病。

（一）老年常见焦虑障碍的临床特点

老年期躯体状况改变和心理压力常常成为老年焦虑障碍的诱因，例如，某种躯体疾病后对躯体过分关注，躯体疾病成为"扳机点"，诱发焦虑；亲友的生病或故去、退休后生活状态的改变等对老人来说都会诱发失落感、无助感，使其产生焦虑情绪。年龄的增长，器官退行性改变，经历衰老的过程，社会活动的减少使老人出现"回避"心理，不愿意接触外界，类似的负面情绪通过轻微的、多变的躯体症状表达，和高焦虑水平有关。

同抑郁障碍类似，焦虑障碍也是一个谱系疾病，可以理解为是一组以焦虑症状为主的精神障碍。该病包括两种情况，一种是青少年时期发病延续至老年，另一种是老年期初发。在老年人群中，以广泛性焦虑障碍最为常见。

老年期广泛性焦虑障碍起病缓慢，病程可迁延数年，有 1/3 的病人病程在半年至 2 年，2/3 的病人病程在 2 年以上，女性较男性病程短。41%～59% 的病人最终痊愈或好转。病前性格良好者预后较好，伴躯体疾病、社会关系不良、经济窘迫者则预后不良。需警惕老年病人的自杀观念和行为。

（二）广泛性焦虑障碍的诊断

该病的主要表现是对诸多事件或活动持续过度的、难以控制的焦虑和担心（焦虑性期待），紧张程度、持续时间或焦虑和担心出现的频率与现实可能性或预期事件的冲击不成比例。很多老人很难控制担心的情绪，无法专注于手头的事，经常担心常规的生活情况被打破，例如，不幸的事会发生在孩子身上等。如上述情况至少持续 6 个月，并至少伴有下列症状中的 3 种，即可诊断。

（1）坐立不安，感到激动或紧张。

（2）容易疲劳。

（3）注意力难以集中或头脑一片空白。

（4）易激惹。

（5）肌肉紧张，睡眠障碍。

（6）这种焦虑担心或躯体症状引起的有临床意义的痛苦，不能归因于某种药物、其他躯体疾病等。

（三）西医治疗

1. 药物治疗

药物治疗对老年焦虑障碍病人是有效的也是必要的。应在精神科医生的指导下应用抗焦虑药、抗抑郁药。此外，还可酌情选用 β 受体阻滞剂、非典型抗精神病药物等。

2. 心理治疗

寻求专业的心理治疗帮助，如支持性心理治疗、认知行为治疗、正念等可以帮助老年焦虑障碍病人减轻精神负担，提高治疗信心，增强对治疗的依从性，调节身体肌肉紧张状态以及放松自主神经功能。需要注意的是，认知行为治疗对年轻人肯定是有效的，但对于老年人群则效果不显著，应当积极寻求适合老年人群的认知行为治疗。

3. 物理治疗

生物反馈和光照治疗对伴有诸多躯体症状的老年病人较为实用。尤其是光照治疗，可通过调节身体的褪黑素，达到缓解情绪、调整睡眠的作用，此疗法在欧美国家使用普遍。

4. 社会治疗

根据老年人特点进行健康教育，养成健康的生活方式。

（四）老年焦虑障碍的预防

老年焦虑障碍的预防重点在于老年人群的积极参与、精神卫生工作者的专业干预、病人家属的配合协作以及必要的社会支持。主要途径包括以下几个方面。

（1）健康教育。提供、宣传疾病的信息，使老年人认识疾病，了解自我，主动配合治疗。

（2）医疗团队的介入。医疗团队提供专业的疾病预防、干预、随访、生活指导服务，通过开展门诊、随诊、互联网医疗等形式，定期召开病人家属座谈会，开展集体家庭心理治疗、督促就诊、指导服药等，及时了解病人的病情波动，提供必要的生活指导，帮助其提高应对生活事件的能力，减少应激反应。

（3）将病人家属纳入预防全程管理之中，嘱家属积极参与观察病人的病情变化，督促病人就医，有效地缓和病人情绪。

（4）提供心理支持等，协助医疗机构的全程治疗，对疾病减少歧视，避免给病人不恰当的评判及不公正的待遇，减轻疾病对病人造成的经济和心理负担，提供一定的社会资源和支持服务系统。

三、中医调护

抑郁障碍和（或）焦虑障碍，属于中医"郁证"的范畴。治疗宜从解郁调神入手，可采用中药、针灸或穴位按摩、音乐疗法等的综合治疗措施。

（一）肝郁气滞证

主要表现：精神抑郁，胸胁作胀或脘痞，面色晦暗，嗳气频作，善太息，夜寐不安，月经不调，舌质淡，苔薄白。

中成药：舒肝颗粒。

选穴：百会、印堂、神门、内关、太冲、肝俞。

五行音乐疗法：角调式乐曲构成了大地回春，万物萌生，生机盎然的旋律，曲调亲切爽朗，具有"木"之特性，可入肝疏肝。每日治疗1次，每次30分钟，共治疗20次。

（二）肝郁脾虚证

主要表现：精神抑郁，胸胁胀满，多疑善虑，喜太息，纳呆，消瘦，稍事活动便觉倦怠，脘痞嗳气，大便时溏时干，或咽中不适，舌苔薄白，脉弦细或弦滑。

中成药：舒肝解郁胶囊或逍遥丸。

选穴：期门、太冲、丰隆、脾俞、足三里。胸胁痞闷者，加内关；腹胀、便溏者，加中脘、天枢。

五行音乐疗法：角调式乐曲，有疏肝之功；配合宫调式乐曲，可入脾，以健脾气，助运化，两者合用以达到疏肝健脾、理气化痰之功。每日治疗1次，每次30分钟，共治疗20次。

（三）心脾两虚证

主要表现：善思多虑不解，胸闷心悸，神疲，失眠，健忘，面色萎黄，头晕，倦怠，易自汗，纳谷不化，便溏，舌质淡苔白，脉细。

中成药：归脾丸。

选穴：神门、心俞、脾俞、三阴交、足三里、中脘。郁闷不舒者，加内关、太冲。

五行音乐疗法：宫调式乐曲，风格悠扬沉静，淳厚庄重，有如"土"般宽厚质实，可入脾以健脾养血；徵调式乐曲，可入心养心。每日治疗1次，每次30分钟，共治疗20次。

（四）肾虚肝郁证

主要表现：情绪低落，烦躁兼兴趣索然，神思不聚，善忘，忧愁善感，胁肋胀痛，时有太息，腰酸背痛，性欲低下，舌红，苔薄黄，脉弦细或沉弦。

中成药：金匮肾气丸、舒肝解郁胶囊。

选穴：太冲、期门、内关、关元、肾俞。

五行音乐疗法：羽调式乐曲，可入肾；角调式乐曲，具有"木"之特性，可入肝疏肝。两者合用以滋肾阴，疏肝郁。每日治疗1次，每次30分钟，共治疗20次。

（五）肝胆湿热证

主要表现：烦躁易怒，胸胁胀满，多梦，耳中轰鸣，头晕头涨，腹胀，口苦，咽有异物感，恶心，小便短赤，舌质红，舌苔黄腻，脉弦数或滑数。

中成药：龙胆泻肝丸。

选穴：行间、侠溪、三阴交、中极。

五行音乐疗法：角调式乐曲，曲调亲切爽朗，有疏肝之功，可清热疏肝，祛湿解郁。每日治疗1次，每次30分钟，共治疗20次。

（李高飞）

第七节　吞咽障碍

民以食为天，食物是人类生存的基础，而食物要进入人体发挥作用就需要通过吞咽来完成。吞咽是人体最重要，也是最复杂的躯体反射之一，人体每天平均要进行的有效吞咽约 600 次。同时，咀嚼与味蕾的作用也满足了人类饮食的心理需求。

吞咽障碍可引起呛咳与误吸，导致窒息，或并发肺部感染；也可引起进食困难，导致机体营养不良，抵抗力下降，也会阻碍疾病康复的进程，影响病人生活质量，甚至缩短其生存寿命。

一、正常的吞咽

正常的吞咽是一个感觉、运动事件顺序发生的过程，完成将食物从口腔到胃内的转移，同时保护气道。这一复杂动作可以人为地按照吞咽的时期与解剖部位分为感知阶段、口阶段、咽阶段、食管阶段等数个阶段，实际上这些阶段是一个整体，在中枢神经系统的控制与调节下，吞咽器官之间密切、精确地相互配合，共同完成一次有效的吞咽。

（一）感知阶段

在此阶段，机体通过眼、鼻、口等感觉器官对食物的形态、颜色、气味等进行感知，使中枢神经系统发出进食和吞咽的指令，并做出前期准备，如分泌唾液、增加胃肠蠕动及分泌消化液等。同时，对食物的硬度、一口量、温度、味道等进行感知，从而决定进食的速度和食量，并对口腔所要采取的动作、摄食的程序进行决策和编辑。

（二）口阶段

口阶段即人体摄入食物、完成咀嚼，由舌推进食团向后运动到咽部的阶段，是食物由口腔至咽的阶段。

（三）咽阶段

咽阶段即食团从口咽部通过食管上括约肌进入食管的阶段，是食物由咽至食管上段的阶段。咽阶段的起始标志着吞咽反射的开始，这是吞咽的非自主阶段，即一旦开始，必须完成，个体无法在吞咽过程中随时终止。咽阶段必须有两个基本的生理条件：首先，咽腔是吞咽和呼吸共用的通道，因此咽期必须快速、有效，使呼吸仅有短暂的中断；其次，必须保护气道，防止食团进入肺中。

（四）食管阶段

食管阶段即通过食管平滑肌和横纹肌的运动将食团送到胃的阶段，是食物由食管至胃的阶段。

吞咽是一个连续的过程，同时是非常迅速的，从吞咽开始至食物到达胃的入口所需要的时间，与食物的性状及人体的体位有关。吞咽液体食物一般需 3~4 秒，糊状食物约需 5 秒，固体食物较慢，一般需 6~8 秒，很少超过 15 秒。

二、什么是吞咽障碍

吞咽过程中任何环节的功能性或器质性障碍均可引起吞咽障碍。机体可因吞咽障碍引起误吸、误咽甚至窒息，也可因进食困难导致水、电解质及营养物质摄入不足，进而导致内环境紊乱，影响人体健康与疾病康复。

三、吞咽障碍的常见表现

对于老年人来说，如果出现以下表现，常提示吞咽障碍，一定不要忽视，要请专业人员进行进一步评估与确定。

（1）食物或液体经常从口中漏出，或者填充于颊部，或者吞咽之前咳嗽。

（2）咀嚼或吞咽明显费力。

（3）吞咽食物或液体时口中黏液增多，填塞口腔；或者唾液平时易在口咽部聚集，必须定期吐出。

（4）进食、喝水过程中颈胸部明显充血或出现呼吸困难、气短。

（5）进食、喝水过程中或之后很快发生呛咳。

（6）进食速度慢，一口食物分几次吞咽；随着进食过程的减慢和食量的减少，体重逐渐下降。

（7）吞咽食物或液体后嗓音"湿"或发出"咕咕"音；吞咽后食物或液体仍在口中滞留；食物或液体哽在喉咙；吞咽时喉部疼痛；进餐后痰量增多或者无明显诱因出现发热；反复发作的肺炎。

患有帕金森病、脑血管病等疾病者可出现吞咽障碍，某些药物也会影响老年人的吞咽功能，如经常服用镇静催眠药物的病人，药物作用使吞咽肌群肌力减退，反应能力降低，也可出现吞咽障碍。

四、经口进食病人的注意事项

经过专业人员评估，可以经口进食的轻度吞咽障碍病人以及老年人进食时均需要注意以下内容。

六步洗手法

（一）做好就餐准备

（1）进餐之前检查意识状态，避免在意识不完全清醒和注意力不集中的状态下进食；判断力下降、缺乏自我监督能力的病人不可单独进食。

（2）进餐前至少要有30分钟的休息时间，帮助病人做好就餐准备，如排便、吸痰、洗手、清洁口腔等。

（3）保持进餐最佳体位。每个人的进餐适用体位并非完全一致，在实际操作中应因人而异予以调整。进食可自理者，病情允许时可在协助下下床进食，且要坐直进食；不便下床或不能自理者，应将床头抬高至少45°，颈微屈，使气道入口狭窄，以降低误吸风险、减少餐后胃食管反流的可能。

（二）营造就餐环境

宜在一个轻松愉快、安静整洁的就餐环境里就餐。进餐时应不受干扰，勿讲话、勿急躁，要循序渐进。

（三）选择合适的食物

稠的液体及软、黏的固体（如蛋羹、糊状食物及软烂的米饭等）通常是最安全的食物。尽量使食物的温度和味道达到最佳。要确保进食稠厚液体病人的水的摄入量，必要时经静脉或鼻胃管补充。

（四）注意喂食方法

1. 摄食一口量及速度

从少（约 5 ml）到多（不超过 20 ml），最好用勺，循序进行，根据病人进食、咀嚼、吞咽的速度调整进食速度，必须吞完一口才可进行下一口进食，每口之间间隔至少 30 秒，鼓励病人每一次将食团咽下之后空吞咽。如一口量过多，则食物很难通过咽喉，食物残留会加大误咽的风险。一口量过少则难以诱发吞咽反射，也容易发生误咽。照看者要观察病人每一次吞咽是否真正咽下去（观察和感觉喉部提升）。

2. 食团在口中位置

进食时应把食物放在口腔中最能感觉到食物，且最适宜食物在口腔中保持及输送的位置。最好把食物放在健侧舌后部或健侧颊部，这样有利于食物的吞咽。这种做法不仅适合部分或全部舌、颊、口、面部有感觉障碍的病人，也适合所有面、舌肌肉力量弱的病人。

（五）保证口腔卫生

维持口腔卫生在最佳状态，减少误吸。用棉签刺激唾液分泌，维持口腔湿润，提供湿化空气；餐后清洁牙齿和黏膜，清除残留食物。

（六）加强基础护理和进食监护

进餐前后协助病人清洁口腔，必要时协助漱口，防止食物残渣遗留口腔引起细菌性感染和误咽。如在进食过程中病人出现剧烈呛咳、呼吸加速，应马上予侧卧位、叩背，观察病人临床表现，严重者予吸氧、吸痰。

五、鼻饲饮食与鼻饲护理

（一）常用鼻饲饮食的种类与配制

安全进食——老年及轻度
吞咽障碍患者的喂食

1. 营养成品

安素、肠内营养乳剂（瑞高）、肠内营养乳剂（瑞代）、肠内营养混悬液（百普力）、肠内营养混悬液（能全力）等营养成分全面，易消化吸收，能及时全面地补充营养，但价格较高，长期应用不易被病人和家属接受。

2. 混合奶

制作混合奶可用食物包括牛奶、豆浆、熟鸡蛋、浓米汤、肉汤、蔗糖、植物油、食盐等。

（1）一般混合奶的配方：牛奶 800 ml，藕粉 20 g，鸡蛋 4 个，白糖 100 g，香油 15 ml，食盐 5 g，奶粉 25 g，米汁 100 ml，温开水适量。配成约 1000 ml 混合奶。此方含蛋白质约 50 g、糖 182 g、脂肪 69 g。每 100 ml 所供热量可达 648 kJ（155 kcal）。应用此方，须先计算出病人每日出入量和需要的总热量，按 4~6 次/日给予鼻饲。

（2）因消化不良引起腹泻者，可酌情选择以下配方。

配方 1：米汁 400 ml，牛奶 400 ml，熟鸡蛋黄 4 个，白糖 100 g，食盐、酵母各 5 g，藕粉 20 g，维生素 B_1 100 mg，配制成 1000 ml 混合奶。每 100 ml 可供热量 556.5 kJ（133 kcal）。

配方 2：米汁 500 ml，熟鸡蛋黄 4 个，葡萄糖 100 g，食盐 5~6 g。每 100 ml 可供热量 368.2 kJ（88 kcal）。

3. 匀浆膳

匀浆膳是将混合食物（类似正常膳食内容）装进电动绞碎机进行搅拌磨成均匀的混合浆液，然后将浆液装入容器内消毒后管饲。优点是所用食物近似正常膳食，易达到营养平衡；含有膳食纤维，可预防便秘；经济、方便。

（1）可用于制作匀浆膳的食物有：米饭、米粥、面条、馒头、鸡蛋、鱼、虾、鸡肉、瘦肉、猪肝、蔬菜、油、盐等。配方举例：每 1000 ml 中牛奶 400 g，豆浆 200 g，稠粥 200 g，煮鸡蛋 1 个，瘦肉末 50 g，胡萝卜 100 g，白糖 100 g，植物油 10 g，盐 2 g。此方含蛋白质 40 g，热量 1100 kcal。

（2）制作方法：①将食物搅碎机（如豆浆机）清洗干净；②将各种备用食物清洗干净，去除不可食用的部分，如肉类（包括鸡、鱼、猪、牛肉等）去骨、刺，鸡蛋去壳，红枣去核，根茎、瓜果类蔬菜去皮，叶菜类选嫩叶等；③将准备好的食物切成小块煮熟，主食用米饭或馒头，然后将每餐所需要的食物混合，加适量的水一起放入搅碎机中（叶菜类洗净后切碎可直接放入），启动机器，待食物全部被搅成无颗粒的糊状后倒出，装在干净的锅内；④将锅置火上烧煮，边烧边搅动锅内食物，并可加入食盐及食用油，煮沸 3~5 分钟后倒入已消毒好的容器中备用。

4. 鼻饲饮食的配制要求

（1）鼻饲营养液要细软无渣滓，配制好后可用铜丝箩过箩，以避免堵塞鼻饲管。

（2）严格注意操作卫生，所有用具（量杯、漏斗、锅、盆和瓶），必须洗净再用，并注意手的清洁，防止细菌感染。

（3）各种含奶制品配制后，不得直接在火上加热，以免凝结成块。

（4）如加酸性果汁或维生素 C 粉剂，必须临灌时再加，以免使混合奶沉淀。

（5）最好现配现用，器具严格消毒，如一次制作量较多，可装入干净的容器中放在 4 ℃左右的冰箱内保存，下次食用前再重新煮沸消毒，但存放不要超过 24 小时，避免引起肠道感染。

（二）鼻饲饮食的日常护理

（1）灌注营养液前后要注意观察鼻胃管刻度有无变化、是否有脱出，每次鼻饲前应先回抽。每注完一针筒流质，就要用手折起鼻胃管，以免将空气注入胃中。灌注完毕将鼻胃管末端反折并用纱布包好。回抽有胃液时，观察有无消化道出血或胃潴留，若残留量大于 150 ml 提示有胃潴留，应通知医师减量或暂停鼻饲。

安全进食——鼻饲管路护理

（2）掌握好速度、温度。灌注速度以每次 20~30 分钟为宜，温度最

好在 38 ~ 40 ℃，放于前臂内侧而不觉烫方可注入。

（3）喂食前后、注入药物前后应冲洗胃管。持续灌注者常规每 4 小时以 20 ~ 30 ml 温水冲洗导管。

（4）营养液浓度应从低到高，量应从少到多，灌注速度应从慢到快。选用混合奶和匀浆膳鼻饲时，第一、二天以混合奶为主，每次 50 ~ 100 ml，4 小时一次，如无特殊不适，从第三天开始即可进食匀浆膳。长期进食匀浆膳的病人，每次灌注量包括水在内一般应在 200 ~ 400 ml，每日 4 ~ 6 次，灌注水数次，每日灌注总量在 1500 ~ 2500 ml 之间。

（5）输注过程中及输注后半小时使病人保持后倾 30° ~ 45° 体位，并做好病人口腔护理，防误吸、反流。

（6）聚氨酯胃管每月更换 1 次，于晚间末次喂食后，将胃管拔除，拔除时夹紧管口，以免液体流入气管。次日晨换管，新管由另一侧鼻孔插入。

（7）需吸痰的病人应在鼻饲前操作吸痰，在鼻饲中及鼻饲后 30 分钟之内尽量不吸痰、翻身。

（8）注意观察病人的反应，经常评估病人的营养状况，做好心理护理。对长期鼻饲饮食者应注意补充维生素及微量元素。

六、吞咽障碍并发症的预防

（一）预防吸入性肺炎

（1）床头一直保持抬高 25°，以降低误吸的风险。

（2）进食时病人宜保持 90° 坐位，吞咽时避免头后仰。其他人不要分散其注意力。

（3）进食或饮水后应将床头抬高至少 45° 或保持坐位至少 30 分钟，以降低误吸或反流的风险。

（4）仔细听呼吸或说话时是否有黏液阻塞所致的"湿"的嗓音或"咕咕"声。

（5）如果怀疑病人已经发生误吸，嘱其咳嗽或清嗓，直到听起来气道畅通，并在接下来的 24～72 小时监测其体温。

（6）如果黏液阻塞一直存在，就有必要吸痰，清理气道。

（7）不要让病人使用吸管，因为这会使液体进入口腔的速度增快。

（二）预防窒息

（1）进食或饮水时，务必保持 90° 坐位。

（2）给病人喂液体或食物时要缓慢，要对其说"一次只喝（吃）一口"这样的话。

（3）一次进入病人口中的液体或食物的量不可过多，以降低窒息的风险。

（4）进食及吞咽时须集中注意力，不要问病人问题。

（5）进食时不要催病人，让其有更充裕的时间进食，同时避免其吞咽时头后仰。

（6）不要让病人咀嚼粗糙、坚硬的食物，如果食物较干，可加入肉汁或酱汁使食物成团块状，以利于病人吞咽。

（7）如果病人看起来很恐慌、不能说话，或者吞咽过程中食物哽在喉咙里，应立即呼叫人员采取吸痰或海姆立克急救法进行急救。

海姆立克急救法：急救者从背后环抱病人，双手一手握拳，另一手握紧握拳的手，从腰部突然向其上腹部施压，迫使其上腹部下陷，造成膈肌突然上升，这样就会使病人的胸腔压力骤然增加，由于胸腔是密闭的，只有气管一个开口，故肺内的气体就会在压力的作用下自然地涌向气管，每次冲击将产生 450～500 ml 的气体，一次不行可反复多次，直到异物排出，气道恢复通畅。

七、老年人防止误咽训练方法

（1）颈部活动度的训练。活动颈部，可增强颈部肌力、呼吸控制，促进舌的运动和喉头运动；利用颈部屈伸活动帮助病人引起咽下反射，抬高喉头，防止误咽。

（2）呼吸道的训练。进行深吸气 – 憋气 – 咳嗽的练习，可锻炼呼吸肌，提高呼吸的控制能力，并通过努力咳嗽建立排除气管异物的各种防御反射。

（3）吞咽体操。病人端坐在椅子或床上，双手放在腹前，鼻子吸气、口呼气各 3 次；鼓腮、缩腮各 3 次；舌外伸左、右活动各 3 次；舌前伸及后退运动各 3 次；发"啪啪"声；向两侧转颈及左右倾斜各 3 次；双肩上提、下垂各 3 次；双上肢上举提升躯干及向两侧弯曲各 3 次。动作应轻柔。

（杨红艳）

第八节　压　疮

压疮，也称压力性损伤，是指发生在皮肤和（或）潜在皮下软组织的局限性损伤，通常发生在骨隆突处或皮肤与医疗设备接触处。可表现为局部组织受损但表皮完整或开放性溃疡，可能伴有疼痛。剧烈和（或）长期的压力或压力联合剪切力可导致压疮出现。皮下软组织对压力和剪切力的耐受性受环境、营养、灌注、并发症和软组织条件的影响。

一、压疮的分期

（一）压疮共分为 6 期，与 2007 版压疮分期判断标准（下文简称"2017 版"）相对应分别为：

1 期压疮　　[2007 版为Ⅰ期：红斑期（瘀血红润期）]

2 期压疮　　[2007 版为Ⅱ期：水疱期（炎性浸润期）]

3 期压疮　　[2007 版为Ⅲ期：溃疡期（浅度溃疡期）]

4 期压疮　　[2007 版为Ⅳ期：坏死期（坏死溃疡期）]

深部组织损伤　　（2007 版为可疑深部组织损伤的压疮）

不可分期的压疮　　（2007 版为不明确分期压疮）

1. 1 期压疮

（1）局部皮肤完好，出现压之不变白的红斑，常位于骨隆突处。肤色深区域可能见不到指压变白现象，但其颜色可能与周围皮肤不同。

（2）与邻近组织相比，这一区域可能会疼痛、发硬、发亮或发热。肤色较深的人的 1 期压疮迹象可能难以识别，需加强观察，增加护理的频次。

（3）出现 1 期压疮时，需要采取措施防止损伤程度继续加重、加深，并注意预防其他部位发生压疮。

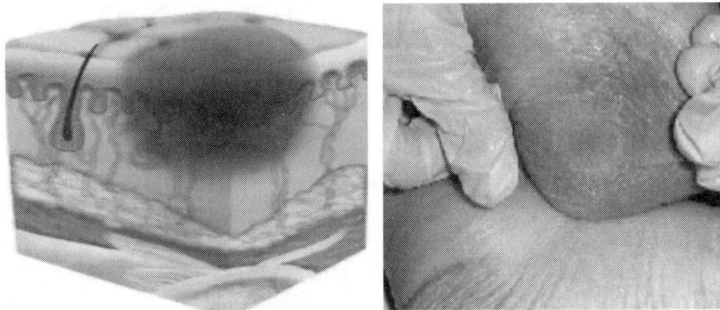

图 3 - 1　1 期压疮

2. 2 期压疮

（1）部分皮层缺失，表现为浅表的开放性溃疡，创面呈粉红色，无腐肉；也可表现为完整的或开放、破损的浆液性水疱。

（2）外观呈透亮或干燥的浅表溃疡，无腐肉及瘀伤。

皮肤撕裂、黏胶相关性皮肤损伤、大小便失禁相关性皮炎或表皮脱落不应使用 2 期压疮来描述。

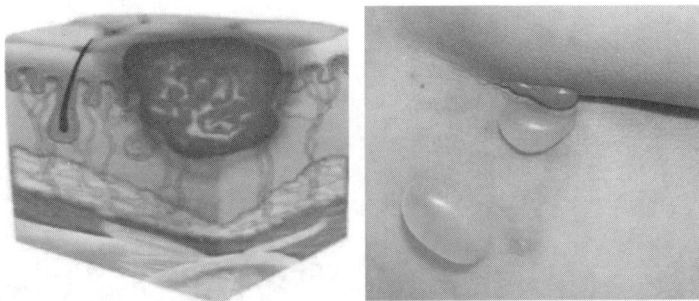

图 3 - 2　2 期压疮

3. 3 期压疮

（1）全层皮肤组织缺失，可见皮下脂肪，但骨、肌腱、肌肉并未外露。可有腐肉，但并未掩盖组织缺失的深度；可见潜行或窦道。

（2）此期压疮的深度根据解剖学位置的不同而不同。鼻、耳、枕部、足踝等部位因缺乏皮下组织，发生的 3 期压疮可呈浅表状；脂肪多的区域，可以发展成非常深的 3 期压疮。骨骼和肌腱不可见或无法直接触及。

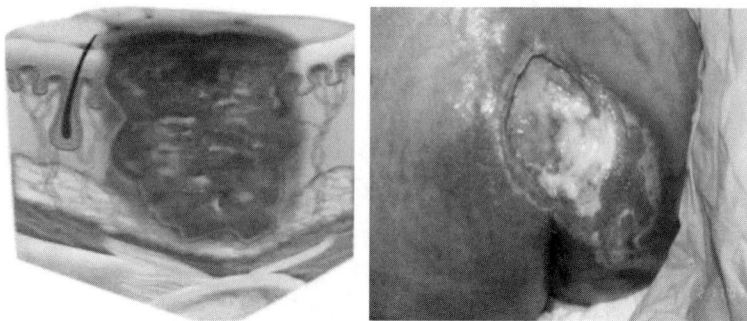

图 3 - 3　3 期压疮

4. 4 期压疮

（1）全层皮肤组织缺失，伴骨骼、肌腱或肌肉的暴露。在创面基底某些区域可有腐肉或焦痂覆盖，通常会有潜行和窦道。

（2）此期压疮的深度根据解剖学位置的不同而不同。鼻、耳、枕部、足踝部因缺乏皮下组织，发生的压疮可为浅表型。

（3）此期压疮可扩展至肌肉和（或）支撑结构（如筋膜、肌腱或关节囊），有可能引发骨髓炎。暴露的骨骼或肌腱肉眼可见或可直接触及。

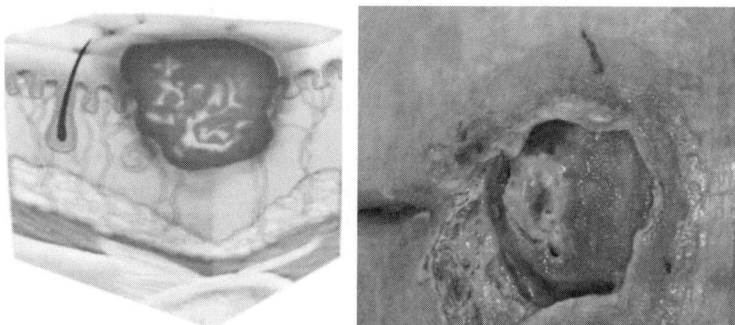

图 3 - 4　4 期压疮

5. 深部组织损伤

（1）在皮肤完整且褪色的局部区域出现紫色或栗色，或形成充血的水疱，是由压力和（或）剪切力导致的皮下软组织损伤。

（2）此部位与邻近组织相比，先出现痛感、发硬、糜烂、松软、发热或发凉。深肤色的个体很难辨识出深层组织损伤。

（3）进一步发展可能会在深色创面上出现扁薄（细小）的水疱；创面进一步演变，可覆有一薄层焦痂。此时即使辅以最佳治疗，也会迅速出现深部组织的暴露。

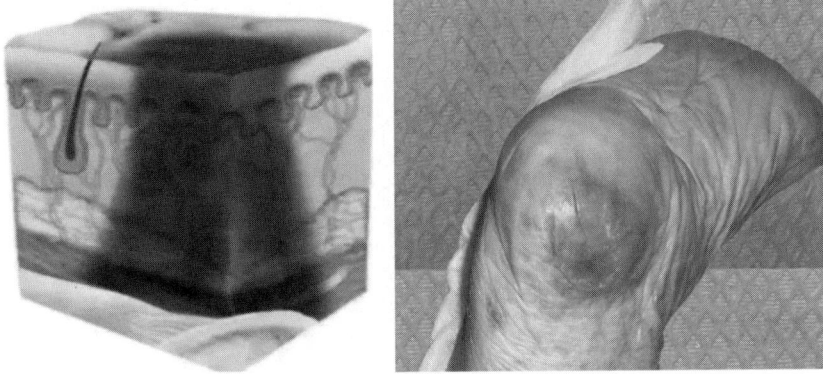

图3-5 深部组织损伤

6. 不可分期的压疮

（1）全层皮肤组织缺失，创面基底部覆盖有腐肉（呈黄色、棕褐色、灰色、绿色或棕色）和（或）焦痂（呈棕褐色、棕色或黑色）。

（2）除非去除足够多的腐肉和（或）焦痂，来暴露伤口基底部，否则无法判断压疮的实际深度，也无法分期。

（3）足跟处的稳定型焦痂（干燥、紧密附着、完整而无红斑或波动感）可起到机体自然屏障的作用，不应去除。

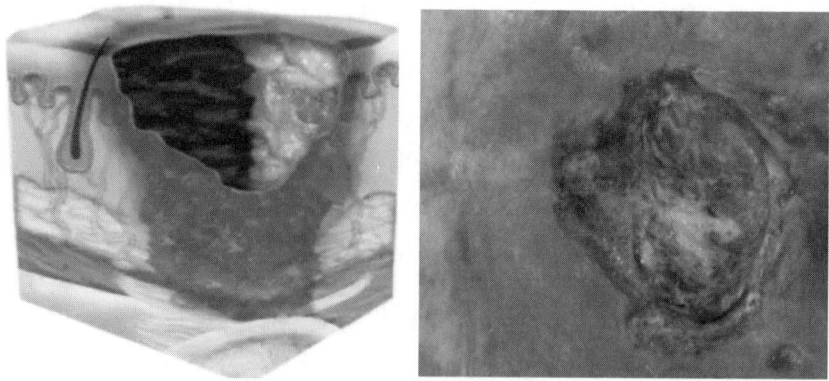

图 3-6　不可分期的压疮

（二）两个附加定义

1. 黏膜压疮

黏膜压疮指使用医疗设备时在黏膜局部所造成的损伤。由于这些组织损伤在解剖结构上无法进行分期，所以将其统称为黏膜压疮。

2. 设备相关压疮

设备相关压疮指医疗设备在使用过程中为达到治疗效果对局部组织所造成的损伤。从临床上所做的医疗器械相关性压疮预防的实验结果看，采用集束化干预护理有利于器械相关性压疮的预防。

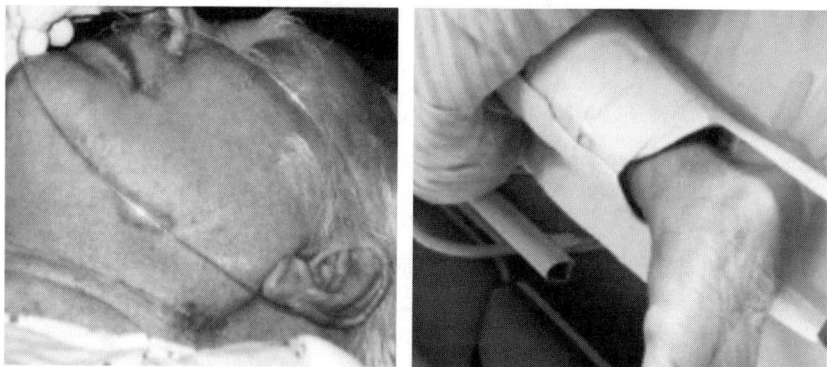

图 3-7　设备相关压疮

二、压疮的好发人群及部位

（一）好发人群

好发人群包括脊髓损伤病人、老年人、ICU 病人、手术病人、营养不良者、肥胖病人、严重认知功能障碍者等。

（二）好发部位

压疮尤其易发生在骨头突出或软骨部位，例如骶骨和脚踝。

此外，很多危险因素可以促进和加速压疮的发病，如长期未被缓解的压力（长期受压）、大小便失禁、摩擦、潮湿、药物副作用等。

三、压疮的严重危害

研究显示，发生压疮的老年人与无压疮者相比，死亡率可增加 4 倍。压疮虽在 3 小时内即可形成，但治愈需要花费 3~5 个月的时间，假如压疮不能愈合，死亡率将增加 6 倍。压疮可明显加重护理人员的工作负担，也会导致病人因局部疼痛产生不良情绪而影响进一步治疗，压疮本身亦可加重病情，影响疾病恢复的进程，使病人住院时间延长，治疗费用显著增加。

四、压疮的预防

（一）预防性皮肤护理

压疮预防及护理操作规程

（1）调整病人体位时，尽量避免使红斑区域受压。

（2）使用酸碱度平衡的皮肤清洗剂，保持皮肤清洁干燥。

（3）不可按摩或用力擦洗有压疮风险的皮肤。

（4）制定并执行个体化大小便管理计划，失禁病人排便后应及时清洗皮肤。

（5）使用皮肤保护用品，避免皮肤暴露于过度潮湿环境中（因潮湿所致的皮损并非压疮,但潮湿所致皮损的存在可增加压疮发生的风险)。

(6) 使用润肤剂来滋润干燥的皮肤以降低压疮发生的风险。

(二) 微环境控制

不要将热装置(如热水瓶、加热毯等)直接放在皮肤表面上或压疮创面上。

(三) 预防性敷料

(1) 在经常受摩擦力与剪切力影响的骨隆突处使用聚氨酯泡沫敷料预防压疮。

(2) 选择预防性敷料时,应考虑以下因素:控制微环境的能力、是否易于贴敷及去除、是否可定期打开以检查和评估皮肤、形态是否符合贴敷的解剖部位、尺寸是否合适等。

(3) 使用预防性敷料时,应继续使用其他所有预防措施。

(4) 至少每天一次,评估皮肤有无压疮形成的迹象,并判断目前的预防性敷料应用策略是否合适。

(5) 若预防性敷料破损、移位、松动或过湿,应予以更换。

(四) 营养支持

(1) 对有压疮风险的病人或压疮病人进行营养评估,筛查有无营养不良风险。

(2) 评估病人体重、独立进食的能力,以及总营养摄取量是否充足等。

(五) 具体方法

1. 改变姿势,缓解压力

(1) 根据风险评估分度值和病人耐受压力的情况,每2~3小时改变1次病人的姿势。

(2) 使病人尽量仰卧。

（3）改变病人位置时，应当避免拖拉或硬拽病人，病人仰卧时可在腿下垫以软枕，侧卧时背部以及两腿间垫以软枕或楔形枕。

（4）使病人依靠枕头向左或向右侧身30°（见图3-8）。

（5）让病人保持半坐姿势（床头抬高小于30°）（见图3-9）。

图3-8　侧卧30°体位

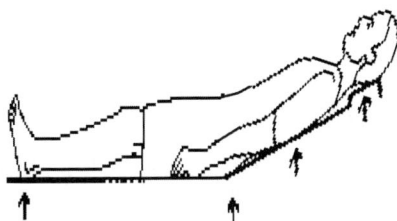

图3-9　半坐体位

（6）使用优质的支具。

（7）注意事项：①不要使病人向外侧身90°，因为这样会压迫股骨，并在原来的基础上加速压疮的进展；②上抬病人时不要拖、拉、拽。

2. 使用合适的支具

（1）如病人的姿势可以改变，则使用静力性支具，如泡沫垫、充气垫、充水垫以及纤维垫。

（2）对于不能改变姿势的高危病人，使用动力性支具，如动态床垫、流动床及流动枕头。

（3）在小腿下面垫一个枕头，提升脚踝高度，避免脚踝与病床接触。

（4）使用抗压疮的支具（如图3-10中的气垫床）可以通过在大面积上分散压力减轻压疮的程度，并减小不同支点上的压力强度、摩擦力和剪切力。

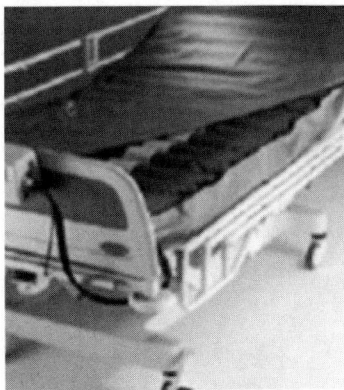

图3-10　气垫床

3. 保持卫生

（1）梳洗以及每天更换衣物，保持病人身体干净。

（2）建议所有的床褥都要每天更换，床单每天更换两次。如环境潮湿，则每天更换次数应增多。

（3）无论老人何时大小便，都要及时进行会阴部清洗，且注意以下几点：①以温水清洗，不要用力摩擦；②彻底清洗；③轻轻拍干，不要摩擦皮肤，并避免使用粗糙的毛巾；④保持病人皮肤的干燥和清洁。

更换卧床患者床单
技术操作规程

4. 保证营养均衡

确保给病人喂食的方式正确，根据病人是否感染等情况提供足够的能量及蛋白质、维生素等营养物质，避免其营养不良。

5. 高氧化油轻抚法

（1）以高氧化油轻揉易患皮肤区域。手部的运动可增加毛细血管血流量，加速皮肤的微循环。

（2）轻抚法也用于易患部位的检查。

（3）每次改变姿势时涂覆高氧化油，可增加细胞更新代谢，改善局部微循环，增强皮肤功能，防止脱水。

五、预防压疮的误区

（一）对水肿及肥胖病人使用气垫圈

气垫圈会造成局部血循环受阻，导致静脉充血与水肿，同时妨碍汗液蒸发，使汗液在皮肤表面积存，进而刺激皮肤，因此，水肿及肥胖病人不宜使用气垫圈。

（二）对易患部位进行按摩

不要按摩、揉捏易患部位，因为按摩和揉捏是剪切力的来源，易导致损伤。

（三）过度清洁皮肤

不要使用热水或酒精擦拭皮肤，它们会加速皮肤干燥；不要将电吹风和冰块直接用于皮肤，它们会刺激皮肤。

（四）不正确护理皮肤

（1）使用烤灯——会加速皮肤干燥，加速组织细胞代谢，造成细胞缺血甚至坏死。

（2）使用凡士林、氧化锌膏——会堵塞毛孔，影响正常皮肤代谢，导致皮肤浸渍。

（武一彦）

第九节　口腔问题

口腔疾病是老年人群中的常见病和多发病。由于口腔保健意识不足，日常口腔卫生清洁方式不规范，定期口腔检查率低，导致口腔疾病逐渐累积、加重，再加上"小病"不易发现，"有病"忍着不治，大多数去口腔科就诊的老年人，其口腔疾病都已经拖得很严重了，治疗起来也很复杂。如果再合并全身其他系统性疾病，比如心血管系统、呼吸系统，肾脏或肝脏的疾病，甚至伴有肢体运动障碍或认知功能障碍等时，口腔疾病就会增加身体负担，治疗的风险也会显著增加。比如口腔疾病导致的疼痛和治疗过程中紧张的情绪会使身体产生大量的内源性肾上腺素和去甲肾上腺素，这两种物质会导致心率加速、血压升高，严重者可能出现心肌缺血、心律失常甚至心脏骤停。因此，维护口腔健康，提高生存质量，对于老年人来讲是极其重要的。老年人群的口腔保健目标为：①预防和治疗口腔疾病；②恢复或维持口腔功能和生活质量；③预防由口腔疾病导致的全身并发症。

一、老年人口腔相关健康情况评估

老年人视力和听力下降，认知功能下降，与周围人的沟通渐渐出现障碍，有的性格发生改变，如变得顽固、执拗、焦虑、抑郁等，这些都会影响老人对照料者倾诉口腔疾病的态度，或夸大症状以获得他人关注，或隐忍不发，严重的认知障碍病人甚至无法觉察疼痛和不适，不知道应该寻求帮助。脑血管疾病遗留的肢体运动障碍及吞咽障碍，或骨关节病、外伤等导致的老人活动能力和生活自理能力下降等，均对老年人就医和口腔健康的维护很不利，所以应随时对老年人身体和认知情况以及社会家庭支持能力的变化进行评估，并依据评估结果，为其制定个性化的口腔治疗预防方案，指导家属和养老机构的照料者。

下图为根据病人身体和认知情况以及支持水平制定的个性化治疗方案的示意图。即将病人的功能状态分为完全自理、可自理需监督、部分自理需帮助和完全不能自理四类。对于后三个级别的老年人应进一步进行口腔疾病风险评估、功能状态评估、家庭护理和就医能力评估。对于完全能够自我进行口腔卫生保健或可自理但需监督的轻度功能障碍者，需要进行康复训练提高上肢的力量和灵活性，同时进行口腔卫生维护指导。对于不能完全自理或完全不能自理的中重度功能障碍病人，需要对其家属和照料者进行培训，使家属和照料者能够协助或完全帮助病人进行口腔卫生护理。

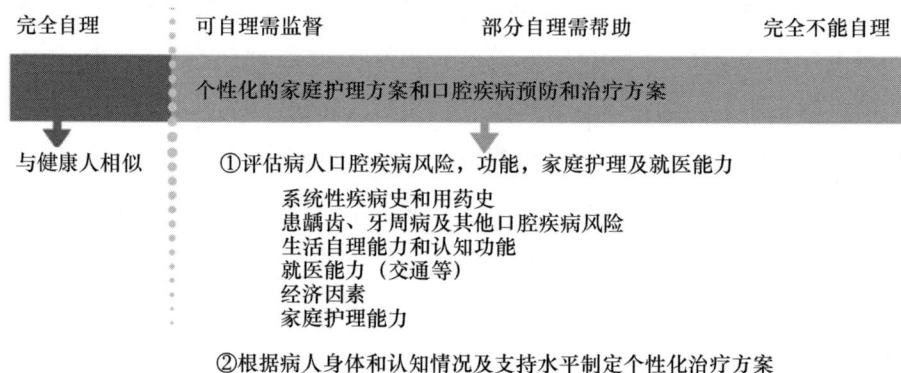

图 3－11　根据病人身体和认知情况以及支持水平制定个性化治疗方案

二、口腔常见疾病及处理

（一）口腔颌面部感染

老年人常见的口腔颌面部的感染往往是由牙齿疾病导致的，比如冠周炎、牙周脓肿、颌骨骨髓炎等。细菌在残根、龋洞、牙石上大量聚集，通常情况下为慢性炎症状态，老人不易察觉到不适。在急性期发展为化脓性炎症的时候，表现为患牙周围牙龈发红、肿胀、隆起一个脓包，严重的可能出现同侧面部肿胀，左右不对称，有胀痛感、跳动的疼痛感，周围淋巴结肿大疼痛，炎症影响到咀嚼肌时会出现张口受限、舌根、口底区域水肿，影响呼吸。可伴有发热、畏寒怕冷、头痛、乏力、白细胞总数升高等表现，延误治疗可能导致败血症或脓毒血症、颅内感染。

感染初期，可服用抗生素，可选用阿莫西林或头孢呋辛酯片，联合甲硝唑，对青霉素过敏者可用克拉霉素缓释片，必要时可输液。如脓肿范围大，不适感加重，要及时到医院，切开脓包，排出脓液。记录老人血压、心率、呼吸频率、体温、意识、尿量等变化。保持局部清洁，及时清除滞留的食物残渣，可用复方氯己定含漱液、西吡氯铵含漱液等饭后一天三次含漱，生活不能自理的老人需照料者对之进行口腔冲洗。给予充足的水、维生素、蛋白质等，维持水电解质平衡。

（二）口腔颌面部疼痛

1. 牙源性疼痛

口腔颌面部的疼痛主要是由牙齿疾病引起的。若龋洞没能早发现、早治疗，变得更深更大，直至接近或穿通牙髓时，就会出现牙髓炎。急性牙髓炎时病人进食冷、热食物会感到牙齿剧烈疼痛，甚至不进食时亦疼痛，无法确定哪一颗牙疼，疼痛感可延伸至太阳穴处，夜晚睡觉的时候也会痛，但是由于牙齿的增龄性改变，对外界刺激的反应差，老人的痛觉不明显，容易被忽视。急性牙髓炎阶段若没有进行治疗，会转变为慢性牙髓炎，这时牙齿疼痛时好时坏，病人会有不定时的轻微疼痛。

慢性牙髓炎的状态会持续很久，直到炎症突破牙根根尖的孔隙，蔓延至周围的牙周膜和牙槽骨，成为急性根尖周炎，这时会有牙根浮出发涨感，紧咬牙舒服一些，能够明确是哪一颗牙齿疼痛；敲击牙齿的时候会有疼痛感，一些牙齿还会有松动感。同牙髓炎一样，根尖周炎也会由急性转变为慢性，病人很难察觉到，大多数病人是在口腔检查拍 X 线片看到牙槽骨有阴影时才发现患有本病。这时牙髓已经完全坏死，对冷热刺激已没有反应。残留物颜色变深，牙齿失去光泽，透出灰黄、灰红色。继续发展下去，可转变为急性化脓性根尖周炎，也称为急性牙槽脓肿，脓液不断增多，对周围的牙槽骨和牙龈形成压力，在患牙不被触碰的时候就可能出现持续性的跳痛及牙齿"长"出来的感觉，上下牙咬在一起的瞬间会出现剧烈的疼痛，病人难以忍受。随着脓液向外流动，牙龈上会出现脓包，触碰脓包的时候不仅疼痛还会像触碰装水的气球一样有波动感。到达极点的时候，脓包破溃，脓液流出，这时压力减轻，疼痛感也明显下降。

由于疼痛可诱发高血压、心脏病、脑出血等，及时控制疼痛、消除炎症十分重要。止痛药分为解热镇痛药和阿片类镇痛药，若合理、安全、短期使用是不必担心成瘾性的。轻度疼痛使用解热镇痛药即可，如布洛芬、对乙酰氨基酚、洛索洛芬钠。此类药物有恶心、呕吐、消化道出血等不良反应，年老体弱者服用后可能会大量出汗甚至虚脱。同常用的阿司匹林一样，这类药物具有抗凝血作用，如果有凝血功能异常，在服用抗凝药物需注意剂量。对于老年人，建议小剂量、短期、餐后服用，有胃溃疡者谨慎使用。如药品为肠溶性片剂或胶囊，切勿将药片掰开，因上述剂型可延长用药间隔时间。中重度疼痛者可使用弱阿片类或复合型镇痛药，如盐酸曲马多片、氨酚双氢可待因片。此类药物服用过量会导致呼吸抑制，老年人药物代谢速率减慢，需注意减量使用。

在疾病急性期，疼痛明显持续时，可规律服用止痛药，而不是疼的时候才吃。药物需要达到有效浓度才能起到作用，在上一次药物作用完全消失前服药，产生的持续镇痛效果可给老人带来舒适感，减少焦虑情绪，但照料者需随时观察老人症状和身体状态的变化。

药物治疗除了可止痛，还可抗炎，抗生素的服用可参考口腔颌面部感染中的建议。需强调的是，止痛只是缓解疼痛的感觉，抗生素也只是短期控制炎症的进展，牙源性疾病尚需要由口腔医生清除感染物质，才可以从根本上治疗本病，即便服药后老人不适的症状消失，已存在的疾病根源依然是隐患，会悄无声息地扩大、发展直至下一次爆发，所以尽早就医、彻底治疗很重要。

2. 灼口综合征

灼口综合征是指多发生在舌部、上腭、唇和颊部的，表现为烧灼样疼痛感的一组症状，而非疾病。症状多早起时轻，随时间推移逐渐加重，到傍晚时最严重，进食或做事情的时候症状减轻或无症状，空闲的时候加重。还会伴有口干、刺痛、瘙痒、味觉障碍和异物感，但没有任何器质性病变，唾液量充足，不影响进食。持续时间为 4~6 个月甚至更久。由于口腔内的不适感，病人开始反复照镜子观察口腔，将正常的组织结构误认为是肿物，出现"恐癌"心理。灼口综合征病因不确切，心理因素影响较大，有 50% 的病人有焦虑或抑郁，更年期女性与男性同样常见。此病也与维生素 B 族缺乏、感染口腔念珠菌有关。病人常有睡眠不佳、情绪浮动大、疲劳、胃肠道不适的症状，还可能伴有胃食管反流、高血压、糖尿病、甲状腺疾病和干燥综合征等。

长期不能缓解的慢性疼痛需由医生检查是否存在病变，如果没有任何异常，结合情绪、睡眠状态就可以诊断本病。治疗以对症处理和精神心理科治疗为主。可以含化西吡氯铵含片，含漱复方氯己定溶液、4% 碳酸氢钠溶液，服用谷维素、甲钴胺、复合维生素等。口腔局部药物可用于辅助维持口腔卫生，其味道和口感也可产生"安慰剂"的效果。口服药物也可作为辅助药来使用。建议病人到精神心理科排查焦虑、抑郁倾向，更年期妇女可到妇科或内分泌科检查激素水平。日常生活中可尝试在口腔不适的时候转移注意力，含化无糖清口含片等，找适当难度的、可以集中注意力的事做。如果怀疑口腔内结构有异常，可参照图 3-12 中的正常组织结构进行对比观察，然后停止照镜子的习惯。

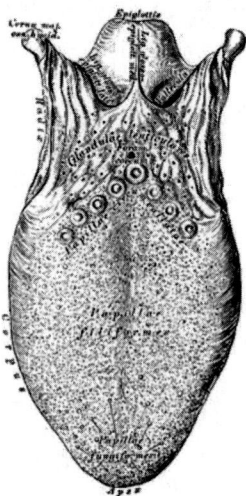

图3-12　舌正常解剖形态

（三）口腔颌面部肿瘤

口腔颌面部肿瘤良性的比恶性的多，但老年人口腔颌面部恶性肿瘤的发生率比年轻人高，常见于舌、颊黏膜、牙龈及腭部，唇及口底也可发生。危险因素包括吸烟、饮酒、长期慢性刺激如不良假体、尖锐牙尖、热或辛辣食物、咀嚼槟榔等。有一系列黏膜疾病可发展为口腔癌，被称为"癌前病变"，包括白斑、红斑；而低一危险级别但比正常组织有更高的癌变危险的疾病状态叫作"癌前状态"，包括口腔扁平苔藓、黏膜下纤维性变、盘状红斑狼疮、梅毒等。良性肿瘤生长缓慢，大多数向外膨胀生长，可看见凸起的球形或椭圆形的肿物，边界清晰，触碰时可移动，大多无疼痛，感染时疼痛；而恶性肿瘤发展快，表面多坏死，有恶臭、疼痛感，其可向外周浸润转移，会破坏邻近部位的功能，触摸时不可移动，边界不清晰，表面粗糙，质地硬，外形像菜花或火山口。

发现口腔内有溃疡或肿物，经治疗后2周未好转的，需由医生检查，必要时进行活体组织检查。如为良性肿瘤，在全身状态稳定的情况下切除即可；如怀疑恶性肿瘤，须根据疾病特点结合化学药物、放射治疗。

具有上述癌前病变或癌前状态的病人，应定期复诊，遵照医嘱服用药物，去除刺激因素，但也不要过度担心，因为恐癌心理会影响疾病的转归。

很多老年人口腔内遗留大量残根残冠，最开始尖锐牙尖刺破舌侧缘形成"创伤性溃疡"，但由于拒绝拔除这些没有功能且有害于口腔健康的牙齿，溃疡被长期刺激，且舌侧缘为肿瘤高危区，溃疡有转变为舌癌的可能。

（四）口腔颌面部外伤

1. 骨折

老年人由于肌肉含量和力量下降、听力下降、注意力不集中、眩晕、应激反应能力差、生活环境未配置无障碍设施等综合原因，容易摔倒或发生意外，因颌面部较为突出，老年人摔倒或发生意外时容易受伤，下颌骨折多于上颌。面部的血运丰富，颌面部骨折时容易舌体抬高，导致口底肿胀，影响呼吸和进食。判断骨折的指标有以下几点：①咬合错乱，上下牙不能咬在一起或咬合后向一侧偏斜；②骨折部位有异常活动，移动时有骨摩擦感；③骨折部位肿胀、瘀青、麻木、疼痛；④面部畸形、错位。

外伤时以抢救生命、维持生命体征为首要目标。呼叫急救车送医前，照料者应密切关注病人意识、呼吸频率、脉搏、瞳孔大小，家有血压计者应监测血压。取出口腔内的活动假牙和折断的假牙，避免误吸、窒息。检查头颅、躯干和四肢的受伤情况，对出血处进行压迫止血。拨打急救电话时应告知医生病人的意识状态、出血情况、严重的疾病（心脏病、高血压、糖尿病等）。如有条件可以参照图3-13进行包扎，有助于止血和防止移位。在转移病人的时候要时刻注意保持病人呼吸道通畅，采用侧卧姿势或将头偏向一侧，避免血凝块和呕吐物堵塞咽部。

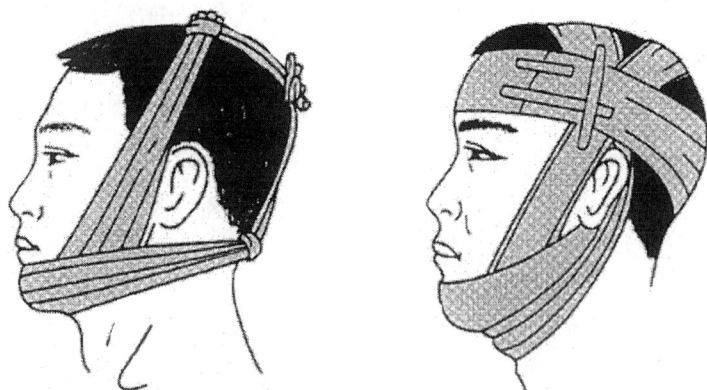

图 3 - 13　颌部及耳部包扎法

2. 牙折

口腔内的残根、残冠，以及经过根管治疗但没有进行冠部修复的牙，进食时或外伤时容易折断。因受到外力的大小和方向不同，牙齿折断的形态和大小也不同，根据折断部位分为冠折、冠根折和根折。牙髓、牙龈和牙槽骨均会有疼痛感，牙齿会松动或脱离。

如果牙齿部分或完全脱落，应放在冷藏牛奶中保存，尽快到医院进行处理。如果面部肿胀疼痛明显，可用毛巾包裹冰袋冰敷。老年人的牙髓和牙槽骨修复能力弱，如果牙髓暴露，一般不保留牙髓，进行根管治疗，避免发炎。如果牙齿一部分松动，剩下的大部分不松动，医生会先拔除松动部分，并根据折裂部位的深浅判断剩余部分能否保留。

三、口腔卫生护理

应对疾病最好的办法是预防疾病。建议老年人每日至少刷牙两次，使用牙间隙刷、牙线或冲牙器，每年进行 1 ~ 2 次口腔检查和牙周洁治（洗牙）。这是因为牙齿表面一直会有细菌生长繁殖，滞留在牙齿周围的食物残渣就是它们最喜欢的营养物质。一般我们早晚各刷牙 1 次，就可以及时将食物残渣和成团的细菌清除掉。如果不刷牙，食物残渣一直留在那里，就会为细菌提供充足的营养。有两个部位最容易龋坏：①靠近牙龈的部位；②两颗牙齿相邻的部位。这是细菌和食物残渣最容易停留的位置，且简单漱口是不能冲掉此二处的细菌和食物残渣的。

每天坚持清洁牙齿是护牙秘籍，选择得力的工具也很重要。

选择一个合适的牙刷。选择牙刷有以下几个要求。①刷毛柔软：刷毛应选择软毛或中等硬度的，且刷毛的尖端应圆钝。可以想象一下，如果用硬如钢丝的刷毛刷牙，牙齿表面会形成细小的划痕，时间长了会累积成一道道沟，就更容易滞留食物残渣了。②刷头大小合适：根据不同人口腔的大小选择不同大小的刷头，比如孩子的嘴很小，如果使用特别大的牙刷，放到嘴里不但不容易摆动、变换位置，而且还容易引起恶心。总是使用这样的牙刷，孩子就容易排斥刷牙。另外，如果有手部灵活性受限的问题，比如患有脑卒中后遗症、肢体残疾、智力障碍等的人群，不能很好地控制牙刷头的运动，就可以使用电动牙刷，因为使用电动牙刷仅需要握住手柄，将刷头放在牙齿表面就可以利用电动牙刷刷头高频率的震动来清洁牙齿表面。当然，大家都可以选择电动牙刷来"偷懒"，只要每个部位都清洁到即可。每个部位简单来说就是用舌头可以舔到的所有地方，包括靠近脸颊和嘴唇的那一面、靠近舌头的那一面、咬东西的那一面。如果每个面都刷5下的话，总体时间至少需要3分钟。

刷牙的要点是：①将刷头放于牙颈部，刷毛与牙面成45°角，毛端向着根尖方向，轻轻加压，使刷毛末端一部分进入龈沟，一部分在沟外并进入邻面；②牙刷在原位做近、远、中方向水平颤动4~5次，颤动时牙刷移动仅约1 mm，这样可将龈缘附近及邻面的菌斑揉碎并从牙齿表面除去；③刷上下前牙的表面时，可将牙刷头竖起，以刷头的后部接触近龈缘处的牙齿表面，做上下方向的颤动。

选择一种合适的牙膏。牙膏的主要成分应包括摩擦剂、胶黏剂、洁净剂、润湿剂、防腐剂、芳香剂和水。实际上很多款牙膏都可以起到清洁作用。有些人群可以酌情选择特殊牙膏：①有牙齿敏感症状的人（进食酸冷食物时牙齿酸痛）可以选择含有脱敏成分的牙膏；②老年人可以选择抗龋牙膏，其有效成分主要是氟化物和精氨酸盐类；③有牙菌斑、牙龈出血、口臭的人可以选择包装上有抑菌、止血及减轻口臭等字样的牙膏，但这些牙膏即便里面有药物成分，刷牙过程中，由于药物的有效浓度低和有效作用时间短，仅能起一定的辅助作用，主要还是靠规范的刷牙动作对牙齿进行清洁。

两颗牙齿之间的位置容易残留食物残渣，有的人能感觉出来，但大多数人感觉不出来。牙刷的刷毛很难到达这个位置，大家的第一反应可能是用牙签剔牙，这个方式应急用可以，但是牙签尖端硬且尖锐，容易误伤牙龈。我们推荐每日用牙线、牙间隙刷和冲牙器对这个部位进行清洁。①牙线：牙线可用于清洁牙间隙的菌斑和食物残渣。使用牙线时，一般取 20 ～ 25 cm 长的牙线，用食指和拇指缓慢将其压入牙缝内，紧贴两个相邻面做上下提拉动作以清除牙菌斑。为了使用方便，有些牙线加上了手柄，称为牙线棒。②牙间隙刷：牙间隙刷主要用于清除因牙龈萎缩而较宽的牙缝中的食物残渣。牙间隙刷有不同型号，应根据牙间隙宽窄选用合适的型号。③冲牙器：冲牙器可以运用较强的水流冲刷功能帮助去除牙间隙部位的食物残渣和软垢，在用餐后只要冲洗 1 ～ 3 分钟就可以冲掉牙缝里的食物残渣，但切记冲牙器替代不了牙刷和牙间隙刷。牙线和牙间隙刷主要是靠刮蹭牙齿表面将细菌团块和食物残渣带出来达到清洁牙齿的效果的，所以不能进到牙间隙再出来就完事了，要注意刮蹭牙齿表面，并且要注意依次清洁每颗牙齿，避免遗漏。

（宋丹丹）

第四章

不良事件防控

第一节 跌 倒

世界卫生组织将跌倒定义为"突发的、不自主的、非故意的体位改变，倒在地面或更低的平面上，但不包括由于暴力、意识丧失、突发的瘫痪以及癫痫发作等原因所导致的跌倒"。在我国，跌倒已成为 65 岁以上老年人伤害死亡的首要因素。老年人跌倒的发生，不单纯是一种意外，往往是多种内外因素交互作用的结果。因此，应积极开展对老年人跌倒的预防和干预，将伤害控制到最低。

一、跌倒发生的危险因素

（一）内在危险因素

1. 生理因素

视力、听力、触觉等感知能力下降，骨骼肌肉系统功能损害和退化等因素，均可导致老年人平衡能力降低，而容易发生跌倒。

2. 疾病因素

脑卒中、帕金森病等神经系统疾病导致的运动功能障碍，白内障、青光眼等眼科疾病导致的视力减退，前列腺肥大导致病人尿频、尿急、尿不尽而频繁去厕所等，均会增加发生跌倒的风险。

3. 药物因素

服用降压药导致血压过低，服用利尿药使小便次数增多，服用降糖药导致血糖过低，服用安眠药使肌张力下降等，均会增加老年人发生跌倒的风险。

4. 心理因素

许多老人因不愿麻烦别人，有时又高估了自己的能力，在进行一些对其而言难度较高的活动时易发生跌倒。还有一些人因抑郁不愿与外界交往，在进行超出自身能力范围的活动时不愿意寻求帮助，也容易发生跌倒。

（二）外在危险因素

1. 环境因素

如地板不平，地面湿滑，楼梯不平或台阶过高、无扶手等，易导致老年人跌倒。

2. 室内布局

如光线不足，床旁有桌椅、电器、电源线等障碍物，床和桌椅过高或过低，床头柜距床较远，卫生间地面光滑，浴室无扶手等，易导致老年人跌倒。

3. 辅助用具

如轮椅或床制动不好或未制动，约束带使用不当，床护栏等防护设施不到位，缺乏助行器或助行器使用方法不正确等，易导致老年人跌倒。

二、跌倒的预防措施

采用老年人跌倒风险评估表（见本章附录1）和老年人平衡能力测试表（见本章附录2），协助老年人进行自我跌倒风险评估，根据评估结果，帮助老年人了解自己跌倒的风险级别，以便纠正其不健康的生活方式和行为，规避或消除环境中的危险因素，防止跌倒的发生。

（一）个人预防措施

（1）增强防跌倒意识，加强防跌倒知识和技能学习。

（2）坚持参加规律的体育锻炼，从最简单的开始（如

腕踝操

散步、太极拳等），循序渐进，以增强肌肉力量，提高平衡能力及步态稳定性和灵活性。

（3）按医嘱正确服药，了解药物的副作用。用药后动作宜缓慢，以避免跌倒。

（4）选择适当的辅助工具，使用长度合适、顶部面积较大的拐杖。将拐杖、助行器及经常使用的物件放在触手可及的位置。

图 4 - 1　助行器　　　图 4 - 2　拐杖

（5）衣服要舒适，尽量穿合身或稍宽松的衣服。鞋子要合适，避免穿高跟鞋、拖鞋及鞋底过于柔软或不防滑的鞋。

（6）有视、听及其他感知障碍的老年人应佩戴眼镜、助听器及其他辅助工具。

（7）调整生活方式：避免走过陡的楼梯或台阶；上下楼梯、如厕时尽可能使用扶手；转身、转头时动作一定要慢；走路保持步态平稳，尽量慢走，避免携带重物；避免去人多及地面湿滑的地方；使用交通工具时，应等车辆停稳后再上下；放慢起身、下床的速度；避免睡前饮水过多以防夜间多次起床小便；晚上床旁尽量放置小便器；避免在他人看不见的地方独自活动。

（二）机构预防措施

（1）帮助老人识别可能存在的危险因素和发病的前驱症状，掌握发病规律。床头放置跌倒警示标识牌，提示工作人员此老人具有跌倒高危因素，注意防范。

图4-3　床旁警示牌

（2）环境布局合理、简洁，光线充足。室内不得拉电源线，床旁物品摆放位置固定，夜间启用小夜灯。

（3）地面平坦、无水、不滑，卫生间铺设防滑垫，安装扶手、紧急呼叫系统。

（4）老人穿跟脚防滑鞋，裤脚不得低于鞋底上缘。

（5）将经常使用的物品放在伸手可拿到的位置，避免老人登高取物。

（6）避免过度劳累，告知老人改变姿势时动作要缓慢，变化体位时（由卧位坐起）先在床上休息1~2分钟，之后再下床活动。

（7）规律作息、饮食，做到营养均衡，进食七分饱。根据老年人的年龄、活动能力和个人兴趣选择合适的运动方式，适当锻炼，适当娱乐。

三、跌倒后的处理

一旦发现有老人跌倒，工作人员应第一时间赶到老人身边，不要急于扶起，而要先观察情况再进行处理。

（1）观察老人神志、生命体征、言语等情况。

（2）查看老人皮肤有无擦伤、挫伤及破损现象。

（3）查看老人有无肢体疼痛、畸形，若有关节异常、肢体位置异常，多提示骨折发生，此时不要随意搬动老人。

（4）查看老人有无腰、背部疼痛，若有双腿活动或感觉异常及大小便失禁等，提示腰椎损伤，不要随意搬动。

（5）对于意识清楚的老人，询问其跌倒情况及经过及是否有剧烈头痛、手脚无力等症状，观察其有无口角歪斜、言语不利等情况。

（6）对于意识不清的老人，若有外伤、出血等情况，简单处理后立即送医院治疗。呕吐者，将其头偏向一侧；抽搐者，将其移至平整软地面或身体下垫软垫，防止磕碰伤。

四、床椅安全转移法

很多家属或者护理员把老人从床到轮椅转移时采取抱背或用力拉扯老人患侧上肢的错误方法，不仅自己吃力，而且很有可能在转移过程中造成老人的二次损伤。现将正确的床、轮椅转移方法介绍如下。

床椅转移

（一）独立床椅安全转移法（由床至轮椅）

（1）将轮椅推至老人健侧，靠近床边，在与床边成30°～45°角的斜前方刹车，竖起脚踏板。

（2）老人双足全脚掌着地，双侧膝关节屈曲不得超过90°角，身体重心前移，健侧手扶住轮椅扶手站立。

（3）健侧腿向前方迈出一步，以健侧腿为轴，身体旋转，重心前移，用健侧手支撑，弯腰慢慢坐下。

（二）协助床椅安全转移法（由床至轮椅）

（1）护理员将轮椅推至床边老人健侧，并与床边呈30°～45°角，轮椅踩刹车，竖起脚踏板。

（2）协助老人坐于床边，为老人穿防滑鞋，使老人双足全脚掌着地，躯干前倾。

（3）护理员面向老人站立，双下肢分开，位于老人患腿两侧，双膝夹紧老人患膝并固定，让老人双臂抱住护理员的颈部，护理员双手抱住老人臀部，挺直后背并后仰，顺势将老人带起呈站立位。

（4）待老人站稳后，护理员以足为轴慢慢旋转躯干，使老人背部转向轮椅，臀部正对轮椅正面，慢慢弯腰，协助老人缓慢坐至轮椅上。

（5）协助老人坐好，翻下轮椅脚踏板，将老人双脚放于脚踏板上。

（三）安全转移注意事项

（1）安全转移的关键是轮椅与床之间的相对位置是否合适；转移前检查轮椅脚刹是否刹牢，以免老人在转移过程中因轮椅移动而摔倒；脚踏板要竖起来；动作要规范，并且养成习惯。

（2）偏瘫老人进行转移动作时，患侧骨盆容易撤向后方，护理员必须协助老人把骨盆拉向前方再行转移。

（3）转移过程中应密切观察老人生命体征，询问其有无不适感。

（四）轮椅的正确使用方法

（1）偏瘫病人使用轮椅时一般座位应稍低，靠背要直立。病人保持正确坐姿，可用健侧的手和脚独立完成操作轮椅的动作。如在平地可利用健侧的手和脚进行前进、后退、转弯等操作；在上斜坡和较低的台阶时应把轮椅前后倒过来进行操作。

（2）老人在轮椅上取坐位时应在老人前面放一枕头来支撑其上肢；在老人背后放置靠垫促使其躯干挺直。

（3）上下斜坡、较低的台阶时，协助者要注意轮椅的方向和用力的方向。

图4-4 上坡：老人上半身前倾，协助者 　　图4-5 下坡：老人面向坡上，协助者
　　　　向前上方推轮椅 　　　　　　　　　　　　 握紧轮椅把手，慢慢后退

五、提高平衡能力的"五点小招式"

(一)"不倒翁"练习

挺直站立,前后晃动身体,脚尖与脚跟循环着地以锻炼下肢肌肉,达到控制重心的目的。

(二)坐立练习

站在椅子前反复练习缓慢起立、坐下,练习时可以将一个纸盘放在头顶上,尽量保持纸盘不掉下,以增强平衡性。

(三)沿直线行走

画一条直线,向前迈步时,使前脚的脚后跟紧贴后脚的脚尖,步行的轨迹尽量和直线重合。在向前行走 10～20 步后,把身子转过来按照同样的方式走回去。行走时,可以将一个纸盘放在头顶上,尽量保持纸盘不掉下,以增强平衡性。

(四)侧身走

侧身走俗称"蟹步",就是像螃蟹一样横着走。

(五)倒着走

找一块平坦的空地,倒着走并尽量保持直线。

（孙瑛凝）

附录1

老年人跌倒风险评估表

运动	权重	得分	睡眠状况	权重	得分
步态异常/假肢	3		多醒	1	
行走需要辅助设施	3		失眠	1	
行走需要旁人帮助	3		夜游症	1	
跌倒史			用药史		
有跌倒史	2		新使用的药	1	
因跌倒住院	3		心血管药物	1	
精神不稳定状态			降压药	1	
谵妄	3		镇静、催眠药	1	
痴呆	3		戒断治疗	1	
兴奋/行为异常	2		糖尿病用药	1	
意识恍惚	3		抗癫痫药	1	
自控能力			麻醉药	1	
大便/小便失禁	1		其他	1	
大小便频率增加	1		相关病史		
保留尿管	1		神经科疾病	1	
感觉障碍			骨质疏松	1	
视觉受损	1		有骨折史	1	
听觉受损	1		低血压	1	
感觉性失语	1		药物/乙醇戒断	1	
其他情况	1		缺氧症	1	
			年龄80岁以上	1	

备注：上述每一项累计分值，1~2分为低度危险性，3~9分为中度危险性，>10分为高度危险性。

附录 2

老年人平衡能力测试表

老年人平衡能力测试表用来评估老年人的平衡能力和跌倒的风险，测定后将各个测试项目的得分相加得到总分，根据总分来判断老年人平衡能力和跌倒的风险大小。

一、静态平衡能力

说明：原地站立，按照描述内容做动作，尽可能保持姿势，根据姿势保持的时间长短进行评分。

老年人静态平衡能力测试表

测试项目	描述	评分标准	得分
双脚并拢站立	双脚同一水平并列靠拢站立，双手自然下垂，保持姿势尽可能超过 10 秒	0 分：≥10 秒 1 分：5~9 秒 2 分：0~4 秒	
双脚前后位站立	双脚呈直线一前一后站立，前脚的后跟紧贴后脚的脚尖，双手自然下垂，保持姿势尽可能超过 10 秒		
闭眼，双脚并拢站立	闭上双眼，双脚同一水平并列靠拢站立，双手自然下垂，保持姿势尽可能超过 10 秒		
不闭眼，单腿站立	双手叉腰，单腿站立，抬起脚离地 5 cm 以上，保持姿势尽可能超过 10 秒		

提示：在做闭眼练习时应确保周围环境安全，最好有人保护，防止发生意外。

二、姿势控制能力

说明：选择一把带扶手的椅子，站在椅子前，坐下后起立，按动作完成质量评分；找一处空地，完成下蹲和起立的动作，按动作完成质量评分。

老年人姿势控制能力测试表

测试项目	描述	评分标准	得分
由站立位坐下	站在椅子前面，膝关节屈曲，轻轻坐下	0分：能够轻松坐下、起立，不需要扶手	
由坐姿到站立	坐在椅子上，靠腿部力量站起	1分：能够自己坐下、起立，但略感吃力，需尝试数次或扶住扶手才能完成 2分：不能独立完成动作	
由站立位蹲下	双脚分开站立与肩同宽，膝关节屈曲下蹲	0分：能够轻松坐下、蹲下、起立，而不需要扶手	
由下蹲姿势到站立	由下蹲姿势，靠腿部力量站起	1分：能够自己蹲下、起立，但略感吃力，需尝试数次或扶住旁边的物体才能完成 2分：不能独立完成动作	

三、动态平衡能力

说明：设定一个起点，往前直线行走10步左右转身再走回到起点，根据动作完成的质量评分。

老年人动态平衡能力测试表

测试项目	描述	评分标准	得分
起步	能立即迈出，不犹豫	＝0	
	需要想一想或尝试几次才能迈出	＝1	
步高	脚抬离地面，干净利落	＝0	
	脚拖着地面走	＝1	
步长	每步跨度长于脚长	＝0	
	不敢大步走，走小碎步	＝1	
脚步的均匀性	步子均匀，每步的长度和高度一致	＝0	
	步子不均匀，时长时短，一脚深一脚浅	＝1	
步行的连续性	连续迈步，中间没有停顿	＝0	
	步子不连贯，有时需要停顿	＝1	
步行的直线性	能沿直线行走	＝0	
	不能走直线，偏向一边	＝1	
走动时躯干的平稳性	躯干平稳不左右摇晃	＝0	
	摇晃或手需向两边伸开来保持平衡	＝1	
走动时转身	躯干平稳，转身连续，转身时步行连续	＝0	
	摇晃，转身前需停步或转身时脚步有停顿	＝1	

老年人平衡能力评分标准

得分	评 价
0 分	平衡能力很好,建议做稍微复杂的全身练习并增加一些力量性练习,增强体力,提高身体综合素质
1~4 分	平衡能力尚可,但已经开始降低,跌倒风险增大。建议在日常锻炼的基础上增加一些提高平衡能力的练习,如单腿跳跃、倒走、太极拳和太极剑等
5~16 分	平衡能力受到较大削弱,跌倒风险较大,高于一般老年人群。建议开始针对平衡能力做一些专门的练习,如"不倒翁"练习、沿直线行走、侧身行走等,适当增加一些力量性练习
17~24 分	平衡能力较差,很容易跌倒造成伤害。建议不要因为平衡能力的降低就刻意限制自己的活动。刻意做一些力所能及的简单运动如走楼梯、散步、坐立练习、沿直线行走等,有意识地提高自己的平衡能力,也可以在指导下做一些康复锻炼。运动时最好有人在旁边看护以确保安全。同时还应该补充钙质,选择合适的拐杖

第二节 窒 息

窒息是指人体的呼吸过程由于某种原因受阻或异常,导致全身各组织器官缺氧、二氧化碳潴留,进而引起组织器官代谢障碍、功能紊乱和形态结构损伤的病理状态。当人体严重缺氧时,器官和组织会因为缺氧而广泛损伤和坏死,尤其是大脑。窒息是老年人死亡的重要原因之一。

根据窒息发生的原因,可将其分为以下三类。①机械性窒息。因机械作用引起呼吸障碍,如缢、绞、扼颈项部,或用物阻塞呼吸孔道、压迫胸腹部,以及患喉头水肿,或食物吸入气道造成的窒息。②中毒性窒息。如一氧化碳中毒导致组织缺氧造成的窒息。③病理性窒息。如溺水、肺炎导致气体交换面积丧失,或脑循环障碍引起的中枢性呼吸停止等。

在健康养老机构中,以噎食、误吸引起的机械性窒息较为常见。根据《养老护理员国家职业技能标准》要求,养老护理员应"能对发生噎食、误吸情况的老年人采取应急措施,报告、寻求帮助"。

一、噎食、误吸的常见病因

老年人由于常合并吞咽反射障碍、咳嗽无力、反应迟钝，易发生痰液或食物等阻塞气道，引起窒息的情况。在吞咽过程中，部分食物、口腔内分泌物或胃内容物进入气道内，由此导致的误吸、吸入性肺炎等并发症是常见的老年病人致死原因。

（一）自主进食者噎食、误吸的常见原因

自主进食者的噎食、误吸多数由吞咽障碍所引起。常见于患有脑血管病的老年人。有精神疾患的老年人发生噎食窒息者亦较多，其原因是服用抗精神病药发生锥体外系的不良反应时，会出现吞咽肌肉运动不协调，从而使食物误入气管。此外，进食速度过快、食物过干也是造成老年病人噎食的常见原因。对于戴假牙的病人来讲，进食时误将假牙咽下，或由于戴假牙不容易感觉食物的大小而将较大的食物咽下，均可造成意外。

（二）鼻饲者噎食、误吸的常见原因

每次鼻饲前，养老护理员应通过抽吸胃液、听气过水声、进行水试验观察有无气泡这三种方法中的一种，来确认鼻胃管是否置于胃内，确认后方可通过鼻胃管注入鼻饲液。鼻胃管滑脱，且护理员未确认鼻胃管位置即进行鼻饲操作，是造成鼻饲者窒息的主要原因。

二、噎食、误吸的风险评估与识别

（一）一般评估

（1）询问老年人的年龄、性别、既往慢性病史及有无噎食、误吸史。

（2）根据国家卫健委下发的《老年人日常生活活动能力评分表》《护理需求等级评定表》，将老年人护理需求分为以下 5 个等级。护理 0 级：能力完好；护理 1 级：轻度失能；护理 2 级：中度失能；护理 3 级：重度失能；护理 4 级：极重度失能。观察老年人饮食经过，包括表情、面色、态度和行动的变化，对其进行整体评估。

（3）充分了解老年人的生活习惯及自理能力，了解其难咽食物的种类，假牙是否合适及口腔卫生情况，以判断其发生误吸和噎食的可能性。

（4）对养老护理员的能力进行评估。

（5）其他因素。如长时间保持水平卧位是胃食管反流后老年人误吸的高危因素；长期口服安眠药的老年人易发生慢性误吸；鼻饲因素如依赖非专业人员做鼻饲操作等。

（二）及时识别

噎食引起的窒息一般发生突然，表现为面色苍白或发绀、不能言语、呼吸困难、双眼目光恐惧发直、双手乱抓或抽搐，重者意识丧失、全身瘫软、四肢发凉、二便失禁、呼吸停止、心率快而弱进而停止。

误吸分为伴有咳嗽的显性误吸与不伴有咳嗽的隐性误吸。研究表明，包括隐性误吸在内，有45%的正常人可能在睡眠中发生误吸，有意识障碍者发生误吸的概率高达70%。

三、救治措施

遇到老人窒息时，要争分夺秒，就地抢救。当食物阻塞在咽喉部时，可试用汤勺柄或筷子刺激病人的舌根部，引起呕吐，促使食物排出体外。如果食物阻塞在气管内，老人的意识仍清醒，可采用立位的腹部冲击法将食物排出；如果病人不清醒，可采用卧位的腹部冲击法将食物排出。解除食管梗阻后，对于有呼吸、心搏骤停的老人要迅速做心肺复苏。在实施过程中请他人及时联系急救120，请专业人员进行救护。

就地抢救过程如下。

第一步：疏通呼吸道。

迅速用筷子、牙刷、压舌板等物打开口腔，清除口腔内残留物。对于清醒的老年人，用上述物品刺激咽部催吐，同时轻拍老人背部，协助吐出食物；对于不清醒的或催吐无效的老年人，要立即用食、中二指伸向口腔深部，将食物一点一点掏出，措施实施分秒必争，越快越好。

第二步：排出气道异物。

1. 如老人意识清晰，但不能说话或咳嗽，也没有呼吸运动，采用立位的海姆立克救助法。

（1）观察老人的面色，让老人知道有人在身边帮助他。

（2）不要急于拍打老人背部。

（3）取立位或坐位，术者站于老人身后，双臂环抱老人腰部，一只手握成拳，大拇指侧放在老人腹部中脐部上方剑突下，再用另一只手握住此拳，迅速向内上方连续冲击，直至气道通畅。

（4）在实施过程中请他人及时联系急救 120，请专业人员进行救护。

2. 如老人意识丧失，采用卧位的海姆立克救助法。

（1）使老人仰卧，头转向一侧并后仰，开放气道。

（2）在口腔内寻找阻塞气道的异物。若能找到，将其取出，若看不到异物，用两指在老人口内搜寻，以便将看不到的异物取出。

（3）术者骑跨于老人髋部或跪于老人一侧，一手掌跟置于老人腹部，位于脐与剑突之间，另一手置于其上，迅速有力向内上方冲击。

（4）试着捏住老人的鼻子同时向口内吹气，帮助其通气。

（5）必要时冲击可重复 7~8 次，或重复上述动作直至气道通畅。一旦实现气道的畅通，查看病人口腔有无异物排出，若有异物用手指抠出，立刻检查脉搏，若没有脉搏继续进行心肺复苏。

第三步：如果心跳停搏，立即进行胸外心脏按压。

第四步：协助“120”急救人员对病人进行救护，并通知家属。

四、预防

对于吞咽困难及鼻饲者，应采用安全进食法以有效预防噎食或误吸所致的窒息。安全进食法是以保证轻度吞咽障碍病人、高龄老年病人的安全为目的而采取的有效进食方法，现介绍如下。

（1）为老年人创造安静的就餐环境，并帮助病人做好就餐准备，如排便、洗手、清洁口腔等，嘱老年人取舒适体位，进食勿急躁。

（2）进餐体位：因人、因情况而异。

1）尽可能选择坐位：头稍前屈，有肢体障碍的老年人，须将颈部向患侧旋转，躯干直立，患侧手放于桌上。

2）侧卧位：不能坐起的老人采用健侧卧位。

3）仰卧位使老年人上半身抬高，手水平面呈 $30°\sim60°$ 夹角，偏瘫侧肩部以枕垫起，陪同人员位于病人健侧。

（3）食物的选择：有吞咽障碍的老人应选择密度均匀、有适当黏性而不易松散、不易变形、不易在黏膜上残留、黏附的食物。尽量避免进食饼干、蛋糕、烤馒头片等松散易掉渣的食物。不能进食汤圆、丸子、果冻等易引起窒息的食物。

（4）喂食工具的选择：宜用薄而小的勺子，对于有肢体障碍者，从健侧喂食；对于有吞咽障碍者，尽量把食物放在其舌根部。

（5）注意控制老人进食速度及每一口进食的量，最好选用容积较小的勺子作为餐具。有吞咽障碍者每次进食后，嘱其反复空吞咽数次，以使食物全部咽下。

（6）有噎食或误吸隐患的老年人进食时应全程有人陪同。同时，其他人应避免在进食过程中与其谈话、说笑，以免分散其的注意力，造成噎食或误吸。

（7）注意事项

1）嘱咐老人不准将吃剩的食物带回房间，尤其是馒头、鸡蛋等。

2）若老人在进食过程中出现呛咳、哽噎、面色异常等情况，应正确评估，并立即采取急救措施，必要时由医护人员进行救治。

3）对于吞咽困难者，应有专人守护其进食或为其喂食，必要时给予鼻饲流质饮食，待症状缓解后，再让其自行摄食。

4）如必须进食馒头、鸡蛋等食物，须将干食浸泡后再食用。

5）进食鱼或带骨头的食物时，对于有噎食或误吸隐患的人群要将鱼刺或骨头去掉再进食。要求工作人员在开饭时间尽量在食堂观察老人进食情况。

6）对抢食和不知饥饿的老人，应安排其单独进食，分量分次进食，或专人喂饭。对暴饮暴食者，应适当控制其食量，逐步改进其不良的进食习惯。

（8）进餐后协助病人漱口，保持其口腔清洁，确保无食物残留，让其尽可能采取坐位或半卧位半小时。

（9）正确的鼻饲方法如下。

1）接喂食器于鼻胃管末端，先回抽，见有胃内容物抽出，再缓慢注入 30 ml 温开水冲管，保持管道通畅。

2）缓慢灌注流质饮食或药物，温度 38～40 ℃。每次鼻饲量应根据老人情况适当给予，间隔不少于 2 小时。

3）鼻饲过程中应密切观察病人情况，使病人感觉舒适。

4）鼻饲完毕，应再次注入少量温开水，冲净管内残留食物，以避免食物积存于管腔中干结变质，阻塞管腔或引发胃肠炎。将鼻胃管末端闭合，用安全别针固定于病人衣领、大单或枕旁，防止鼻胃管脱落。

5）洗净喂食器，放入清洁袋内备用。

6）协助病人清洁口腔、鼻腔，整理床单位，嘱病人保持半卧位 30 分钟，避免搬动病人或进行其他可能引起误吸的操作。洗手，记录喂食量。

7）注意事项：①每次用喂食器抽吸鼻饲液时，鼻胃管末端及时闭合，防止导管内容物反流或空气进入造成腹胀；②当老年人用力打喷嚏、咳嗽或呕吐后应及时清洁口腔及检查鼻胃管长度，以确认管路是否滑脱；③协助病人做好口腔护理，保持口腔清洁。

（张立霞）

第五章

用药安全

第一节　中药用药安全

药物天然具有治疗作用及不良反应的属性，中药也不例外。近年来，公众对于中药的安全性的关注逐渐提升。

一、近年来中药不良反应情况概述

2018 年国家食品药品监督管理局发布的药物不良反应报告显示，中药不良反应占比约 14.6%，其中中药严重不良反应占比 8.7%；在出现中药不良反应的人群中，65 岁以上老年病人占比为 27.1%；中药注射液所致不良反应占比约为 49.3%，口服中药所致不良反应占比为 43.6% 左右。近年来，在所有中药严重不良反应中，中药注射液所致者占比在 80% 以上，按药物功效分，以活血化瘀类中药所致者为最多，占比为 29.7%，其次为清热解毒药，占比为 10.2%。最常见的中药不良反应为胃肠道不良反应、皮肤及附件不良反应、全身性不良反应、神经系统不良反应等。

二、中药不良反应相关因素

（一）用药剂量过大

有研究显示，用药剂量过大是导致中药不良反应的最主要原因。任何药物均有一定的剂量范围，剂量过大，药效过于强烈，容易出现不良反应。一些较为温和的中药,如果剂量过大也可导致不良反应,更遑论毒性药材了。人参具有大补元气、补脾益肺、生津安神的作用,一般用量在3~9 g;用到40 g时,就会出现严重的不良反应。

(二)病人自行配药、采药

有研究发现,约73%的中药不良反应是病人自行采药或配药所致的,27%的不良反应是在医生指导下获得和使用药物所致的,说明病人自行采药、配药更容易导致不良反应。

(三)炮制不当

合理的炮制具有减毒增效、改变药性等作用。对于中药的炮制,国家《药典》、地方炮制规范等均制定了详细的要求和标准,但目前依旧存在部分饮片炮制不当的情况,或炮制品使用不当的情况。以何首乌为例,生何首乌具有润肠通便、解毒消痈的功效,但应用后容易导致不良反应的发生,炮制后的制何首乌不但在功能、主治方面发生了变化,具备了补肝肾、益精血、乌须发、强筋骨的作用,其不良反应发生率也明显下降。未在医师指导下自行用药,或将生首乌、制首乌混淆使用,或药材炮制不规范等,这些不合理的用药方式,是导致何首乌及制剂造成肝损伤的重要风险因素。又如川乌、草乌,其药物中含有双酯类乌头碱,毒性较强,经炮制后,双酯类乌头碱可逐步水解为乌头胺,毒性明显降低。川乌、草乌中毒的原因多为病人自行使用生品。

(四)药材品种、产地混淆

中药的不同品种、产地对其毒性有较大影响。由于历史原因,中药同名异物、同物异名现象较为普遍,同一种中药来源不同,其所含化学成分及药效有差异,毒性强弱方面也不尽相同。如木通,可分为关木通和川木通,关木通为马兜铃科,川木通为毛茛科,关木通毒性远大于川木通。又如乌头,乌头含有乌头碱等毒性成分,而该成分的含量可因药物的产地不同有较大差异,有研究显示四川所产的乌头中乌头碱的含量是北京所产乌头的 2 倍、甘肃所产乌头的 3 倍。

（五）中药及中西药配伍不当

中药配伍不当可导致疗效降低甚至出现毒副作用，如传统的"十八反"理论即认为附子、半夏等配伍可增强毒性。中西药联用时配伍不当也可出现不良反应。

（六）药证不符

辨证论治是中医药治疗疾病的灵魂，药证相符方可起到治疗作用。《伤寒论》中提到"病皆与方相应者，乃服之"，即强调了药证相符的重要性。一些现代研究也表明，药证相符则疗效好，且不良反应少；药证不符则疗效差，且容易出现不良反应。

（七）毒性药材使用不当

对于附子、马钱子等有毒中药材，其有效成分同时也是毒性成分，有效剂量与中毒剂量接近，如合理应用可收奇效，应用不当则容易导致中毒反应的发生。

三、中药不良反应的预防

（一）在中医师指导下用药

在正确辨证基础上使用中药可减少中药的不良反应，错误的辨证及用药则容易诱发不良反应。部分中药材虽药性峻猛，但只要药证相符、剂量适当，就可以应用，不会出现危险。正确的辨证及用药不仅可以治疗疾病，还能减少药物不良反应的发生。一些现代研究也验证了这个观点。如何首乌可导致正常动物出现肝损伤，但对于慢性肝损伤模型动物则具有肝脏保护和治疗作用。同样，对于毒性药材附子来说，当药（病）证相符时，附子及其复方对机体的毒性作用呈现降低趋势，而药效呈现升高趋势；当药（病）证不符时，毒性作用呈升高趋势，而药效则降低，甚至无效。

（二）长期用药的病人应定期调整处方，或避免长期服用同一种中成药

中医讲究效不更方，慢性病病人可能会长期使用固定组方的中药汤剂或固定的中成药，通过守方巩固疗效。定期适当调整部分组方中药可改变药物代谢途径，有助于减少中药的不良反应。比如健脾时可使用的组合如党参、茯苓、炒白术，调整处方时，可易为黄芪、山药、薏苡仁等。长期使用同一种中成药可出现蓄积中毒，如长期服用含有朱砂的朱砂安神丸等中成药可造成慢性汞中毒，应注意避免。

（三）慎重使用中药注射液

根据历年国家不良反应报告，中药注射液所致不良反应占所有中药不良反应的一半左右，慎重使用中药注射液可有效减少不良反应的发生。应严格按照说明书规定的适应证、用法用量、调配方法及疗程使用，对于过敏体质者应慎重使用中药注射液；用药后前 30 分钟为中药注射液不良反应高发时间，宜加强监护。

（四）避免自行配药、采药

病人自行采药、配药容易出现品种混淆、炮制不当等情况。例如，曾有病人因过敏就诊于公立医院，医生开具处方后，病人因图方便，用公立医院处方在外面药店自行购药，而该药店误将土三七当作三七使用，病人在连续用药 2 个月后出现黄疸、水肿等现象，被诊断为肝衰竭。

（五）慎重使用毒性药材

毒性药材药性强烈，有效剂量与中毒剂量接近，使用时应当慎重，注意控制疗程及剂量，病情一旦缓解应立即停药。不同中成药可能含有同样或相似成分的毒性药材，同时使用时可能增加不良反应发生率，如风湿骨痛胶囊中含有川乌、草乌，伸筋活络丸中同样含有川乌、草乌，不宜联合使用。

第二节　西药用药安全

据统计，在我国老年人中，同时患有两种以上疾病者占42%，以高血压、糖尿病、冠心病、脑卒中及呼吸系统疾病等多种慢性疾病的组合为常见，且患病率逐年增长。因此，多病共存的老年人多重用药的情况不可避免且非常普遍。多种药物联合使用可增加药物之间相互作用的机会，潜在的药物不良作用发生率将增加，有时甚至会导致严重的后果。

安全用药需注意以下几点。

一、遵循5R（right）原则

1. 正确的病人

老年人就诊时，应向医生细致地描述发病过程和不适症状，并详尽告知其用药史，使医生尽可能全面地了解老人病情，综合分析，做出正确的诊断，从而选择合适的药物。

2. 正确的药品

吃药前应仔细看好说明书，做到明明白白服药。对于眼神不好、看不清楚说明书的老年人，其儿女或看护人应将说明书的内容跟老人说清楚。对于说明书上"慎用"和"禁用"的相关内容应多加留心。注意说明书中对药物不良反应的叙述，这样发生不良反应时自己也可以意识到原因。谨慎使用会对肝、肾带来较大负担的药物或者副作用较大的药物。

3. 正确的剂量

随着年龄增长，一方面，身体脂肪相对于骨骼肌的比例逐渐增大，脂肪比例增加可能导致脂溶性药物在体内蓄积，导致药物表观分布容积增加；另一方面，即使老年人没有肾脏疾病，其肾脏功能亦有所下降，可导致药物清除率降低、半衰期延长，血浆药物浓度升高。因此，老年人用药须特别注意药物剂量。提倡通过改变生活习惯来改善疾病，在此基础上，力求用最少的药物和最低的药物剂量来解决问题。

4. 正确的时间

不同的药物有各自的最佳吸收和作用时间，按规律给药可以事半功倍。如地高辛、胰岛素在凌晨4：00~6：00给药，其效果明显；糖皮质激素在上午6：00~8：00给药，可以提高疗效，减少激素的不良反应；有些铁剂、抗生素、抗肿瘤药对胃肠道刺激较大，饭后服用可以减轻胃肠不适；健胃药、收敛药、抗酸药、胃肠解痉止痛药、降糖药、利胆药等要在饭前服用才能收到良好疗效。

5. 正确的用法

老年人慢性病的稳定期，如高血压、高脂血症、冠心病、糖尿病、慢性阻塞性肺疾病等病情平稳时，一般选择口服药物治疗。如上述疾病出现急性加重时，则需要静脉途径给药。应尽量减少肌内注射给药，因为老年人的肌肉对药物的吸收能力较差，且注射后疼痛较著或易形成硬结。

二、老年人用药的注意事项

1. 遵循能少用就不多用、能口服就不输液的原则

老年人常常同时患有多种疾病，需要接受多种药物治疗，即多重用药。用于定义"多重药物"的药物数量是可变的，但通常定义为5种及以上。虽然多重药物最常指处方药物，但是非处方药和草药、保健药品的数量也需要考虑在内。在中国，老年人多重用药的问题非常普遍。因主诉多、并发症多，老年人习惯于多医院、多科室就诊，取得多张处方，此外，有些老年人凭广告、经验选服一些非处方药、保健药品、中草药及民间偏方等，也容易造成用药重复。老年人肝肾功能减退，因此，药物在体内代谢减慢，排泄过程延迟，从而导致药物在体内的浓度增加，增加发生药物不良反应的风险。多种药物合用，药物在体内的吸收、输布、代谢和排泄各环节均可能相互作用，最终影响血药浓度，改变药理作用和毒性强度。多重用药会增加出现"处方瀑布（prescribing cascade）"的可能性，即将一种药物的不良事件误认为一种新的疾病，并开具新的药物对其进行治疗。另外，多重用药还可增加失眠、便秘、衰弱、疼痛等老年综合征相关症状的发生风险。

因此，要针对病情优化治疗方案，包括药品品种选择和剂量调整，联合用药时要注意规避药物的相互作用。尽量选择安全的给药方式，用药期间注意观察用药后身体的反应，及时和家人沟通，让家人了解自己的用药情况，以确保用药安全有效。

2. 购买药品要到合法的医疗机构和药店

购买药品要到合法的医疗机构和具有《药品经营许可证》及《营业执照》的药店。处方药是指必须凭执业医师处方才可调配、购买和使用的药物。非处方药是指不需要凭执业医师处方即可自行判断、购买和使用的药物，这些药物在临床应用时间较长，药效明确，不良反应较少。

非处方药根据其安全性又分为甲类和乙类两种。甲类非处方药包装盒上"OTC"标志的底色为红色，只能在具有《药品经营许可证》并配有执业药师或药师以上药学专业人员的社会药店、医疗机构药房出售。乙类非处方药包装盒上"OTC"标志的底色为绿色，除社会药店和医疗机构药房外，还可以在经过批准的普通商业企业零售。

3. 遵循医嘱

严格按医嘱用药，切勿擅自改变治疗方案，特别是抗菌药物，不能自行调整用量或停用。

老年人的疾病以慢性病为主，只有遵照医嘱使用药物才能达到预期的治疗效果，不可擅自使用、停用处方药物或增减剂量，否则可能引发严重后果。一旦开始使用药物，必须按时、按量、按疗程服药，以维持药物在体内的有效浓度，更好地发挥其治疗作用。抗菌药物在体内达到稳定浓度才能杀菌、抑菌，不规律的服药不仅达不到治疗效果，还会给细菌带来喘息和繁殖的机会。此外，抗菌药物完全杀灭或抑制细菌需要一定的时间，如果没有按疗程服用，易导致细菌产生耐药性，使疾病难以治愈，因此，一定要按照处方规定的疗程服用。

4. 不能用茶水及饮料送服药物

口服用药应该用白开水送服。用茶水、饮料送服药物，可能会影响药物疗效甚至对健康造成影响。茶水、饮料中的物质，可能与某些药物结合而影响药物的吸收，因此不建议与药物同服。除非是明确说明可以用特定液体送服的药物，如胃黏膜保护药磷酸铝凝胶用牛奶送服等，否则，不建议用白开水以外的液体送服药物。

5. 正确对待减少药品不良反应

任何药物都有不良反应，如发生不良反应要及时咨询医师、药师，不能因忌惮不良反应而减量用药。药品不良反应是指合格药品在正常用法、用量下，出现的与用药目的无关的有害反应。药品不良反应既不是药品质量问题，也不属于医疗事故。针对如何避免或减少不良反应的问题，建议做到以下几点。

（1）服药前要仔细阅读药品说明书，了解其不良反应和禁忌证。有些病人用药前没有阅读药品说明书的习惯，更有甚者，为了减少麻烦，将外包装盒连同药品说明书一起丢掉。作为病人或其监护人，在使用药品前，应依次阅读药品说明书的适应证、禁忌、慎用、注意事项、不良反应等内容。对没有记载上述内容的药品说明书如有疑问，可以咨询医生或药师。使用会导致肝肾功能、造血系统、神经系统、血糖产生不良反应的药品，要向医生咨询是否需要定期做化验检查及监测血中药物浓度。比如服用华法林需要监测凝血功能，服用地高辛需要监测血药浓度，服用他汀类降脂药需要定期复查肝功能及肌酶。

（2）请医生看病、开处方时，应详述自己有无药物过敏史、病情（如糖尿病、肝功能不全、肾功能障碍、有溶血反应、红斑狼疮等重要疾病），并说明目前使用的药物及药物过敏史。

（3）不得自行加减药品剂量或停药。有些药品如激素类药、降压药、抗癫痫药、抗抑郁药等不能随意停药，如需停药应遵医嘱逐渐减量，避免病情反复或加重。

（4）发生不良反应时，轻者可停药观察，严重者应及时就诊。

常见的可引起机体各系统不良反应的药品如下。

可能引起消化道不良反应的药品。①诱发消化道溃疡及出血的药物。如非甾体抗炎药（如阿司匹林、布洛芬等）及呋塞米、依他尼酸、利血平。②引起恶心、呕吐的药品。如硫酸亚铁、吡喹酮、丙戊酸钠、氨茶碱及抗肿瘤药（如氮芥、氟尿嘧啶、氨甲蝶呤等）、抗酸药。③引起肠蠕动减慢甚至肠麻痹的药品。如抗精神病药（如氯丙嗪、丙米嗪、阿米替林、氯氮平、多塞平等）、抗组胺药，阿托品、东莨菪碱。

可能引起肝脏不良反应的药品。①唑类抗真菌药。如酮康唑、氟康唑、伊曲康唑。②非甾体抗炎药、解热镇痛药。如对乙酰氨基酚、吡罗昔康、双氯芬酸钠、舒林酸。③抗菌药。如异烟肼、利福平，磺胺类药。④他汀类药。洛伐他汀、辛伐他汀、普伐他汀、氟伐他汀和阿托伐他汀都可能导致肝酶升高或肝炎。⑤抗癫痫、抗惊厥药。如苯妥英钠、丙戊酸钠、卡马西平。⑥麻醉药。如氟烷、异氟烷。

可能引起肾脏不良反应的药品。①氨基糖苷类。按肾毒性大小排序为新霉素 > 阿米卡星 > 庆大霉素 > 妥布霉素 > 奈替米星 > 链霉素。②非甾体抗炎药。③含有马兜铃酸的中药。

可能引起血液系统不良反应的药品。①可引起再生障碍性贫血的药物。如氯霉素、保泰松、吲哚美辛、环磷酰胺、氨甲蝶呤。②可引起溶血性贫血的药物。如苯妥英钠、氯丙嗪、保泰松、维生素 K、异烟肼、磺胺类。③可引起粒细胞减少症的药物。如磺胺类，氯霉素、丙硫氧嘧啶、氯氮平、吲哚美辛。④可引起血小板减少症的药品。抗肿瘤药，如阿糖胞苷、环磷酰胺、白消安、氨甲蝶呤、巯嘌呤。

可能引起神经系统不良反应的药品。①可引起锥体外系反应的药品。如氯丙嗪、利血平、甲基多巴、左旋多巴、甲氧氯普胺。②可引起癫痫发作的药品。如抗精神病药、抗抑郁药、抗心律失常药、碳青霉烯类、抗疟药。③可引起听神经障碍（主要为耳聋）的药品。如氨基糖苷类、水杨酸类、氯喹、依他尼酸。

可能引起高血压等不良反应的药品。①抗肿瘤药。如紫杉醇、顺铂、舒尼替尼、贝伐珠单抗。②通过收缩血管平滑肌使血压升高的药品，如盐酸曲马多、芬太尼、萘甲唑啉、麻黄碱、伪麻黄碱、去氧肾上腺素、垂体后叶素、麦角碱、麦角新碱。③可使血液黏度增加、血压升高的药物，如重组人红细胞生成素。

6. 药品存放要科学、妥善，防止因存放不当导致药品变质或失效

药品若保管不当会变质失效，甚至增加毒性，故应严格按照药品说明书的要求妥善存放。如在空气中易变质的药品应装在干燥密闭容器中保存；易氧化的药品应密闭在棕色玻璃瓶中并置阴凉避光处；易吸潮的药品应装在密封容器中然后储于干燥处；易风化的药品应装在封口的容器内并置阴凉处；外用药与内服药分开储存。

由于药品的理化性质和外界因素的影响，药品质量在运输存放过程中会发生变化。因此，药师在配发有特殊储存要求的药品时，应告知病人存放药品的要求。

要认真阅读药品说明书中"贮藏"一栏的内容。为方便理解，我们作出如下提示。

（1）一般生物制品、血液制品和微生物制剂应存放于 2 ~ 8 ℃的冰箱中。

（2）遇光不稳定的药品，如氨茶碱、维生素 C、硝酸甘油等，需要避光贮藏。

（3）未开封的胰岛素需要放置于冰箱 2 ~ 8 ℃环境中，而开封后的胰岛素放置于阴凉处保存即可，一般使用时间不应超过 4 周。胰岛素冷冻后不能继续使用。

（4）栓剂在夏季最好置于冰箱冷藏，否则温度过高时易变形。

（5）药品说明书中"贮藏"项说明：阴凉处是指温度为 0 ~ 20 ℃；凉暗处是指避光并且温度为 0 ~ 20 ℃；冷处是指温度为 2 ~ 10 ℃（冰箱冷藏室）；常温是指温度为 0 ~ 30 ℃；没有特殊要求，药品不应冷冻储存。贮藏项下未规定温度的一般是指常温。

（6）密封是指容器密封以防止药品风化、吸潮、挥发或异物进入；密闭是指容器密闭，以防止尘土或异物进入。

7. 保健食品不等于药物

保健食品是适宜于特定人群食用、具有调节机体功能而不以治疗疾病为目的的食品。保健食品虽有调节人体某种功能的作用，但它不是人类赖以治疗疾病的物质。保健食品不能替代药物，不具有治疗作用。老年人尤其是慢性病病人应在医生指导下选择合适的药物进行治疗，不要盲目相信保健食品能控制疾病的宣传，以免耽误治疗，加重病情，或造成严重的急、慢性并发症。

8. 与中药联合使用的注意事项

中药和西药能否同时服用？药师的回答是：没有配伍禁忌的可以同时服用。但需注意的是，服用中药与西药的间隔时间以 1~2 小时为好，因部分西药易与中药所含的鞣质发生化学反应而失去药效。有些中药与西药不宜合用，如含有中药石膏、珍珠母的药物或牛黄清心丸等含有金属离子的药物，与西药四环素类合用时，会在肠道形成不溶性盐类和配位化合物而失效。

中、西药联合应用时，可以增强也可降低疗效，有时会形成新的毒副作用，严重时可引起药源性疾病，甚至危及生命，因此，务必要遵从医嘱服药。

9. 家人监护

抗心律失常药物、降压药、降糖药、利尿药、抗凝药、抗肿瘤药、抗精神病药、抗生素、镇静催眠药等，它们的治疗剂量与中毒剂量比较接近，服用不当容易发生危险。特别是对于生活不能自理的老年人、记忆力差的老年人，家人要特别关心他们的用药情况，防止漏服、重服等现象的发生。

总之，合理用药始终与合理治疗伴行。无病不随便用药，有病要合理用药，正确对待药物的不良反应，正确地服用药物和保管药物，从而真正做到安全、有效、经济、适当地用药。

（金　敏　张文涛　徐　佳）

第六章

合理营养

第一节　营养基本策略

随着我国经济的快速发展，人民的生活水平不断提高，饮食情况也得到极大改善。由于营养知识普遍缺乏，有诸如"吃大鱼、大肉就有营养""价格越贵的食品营养价值越高""食物加工越精越好"等错误认知的大有人在。

合理营养是指通过平衡膳食和科学的烹调加工，为机体提供种类齐全、数量充足、比例合适的能量和各种营养素，并使之与机体的需要保持平衡。自古以来，我国就有关于科学膳食的论述。如《黄帝内经》中就提到了"五谷为养，五畜为益，五果为助，五菜为充"的膳食理念，即以粮食供给能量、碳水化合物和蛋白质，以动物性食品补充蛋白质和脂肪，以水果和蔬菜补充维生素和矿物质。有关记载中还有"饮食有节，饮食以时，饥饱得中"的观点，亦与现代营养学的要求相一致。只有讲求科学的营养策略，才能真正做到营养均衡，避免营养过剩、营养缺乏以及多种相关的代谢疾病的发生。

一、食物多样，谷类为主，粗细搭配

各种食物所含的营养成分各不相同，平衡膳食必须要由多种食物组成，才能满足人体合理营养的需要。谷类包括米、面、杂粮，是人体能量的主要来源，可以提供碳水化合物、蛋白质、膳食纤维及 B 族维生素。坚

持谷类为主，不仅是长久以来我国的膳食特点，还避免了高能量、高脂肪和低碳水化合物膳食的弊端。

一般成年人以每天摄入 250 ~ 400 g 谷类食物为宜。每天最好摄入 50 ~ 100 g 的粗粮、杂粮和全谷类食物。稻米、小麦不要研磨得太精，以免损失维生素、矿物质和膳食纤维。

二、多吃蔬菜、水果和薯类

蔬菜、水果水分大、能量低，是维生素、矿物质、膳食纤维等的重要来源。薯类含有丰富的淀粉、膳食纤维及多种维生素和矿物质。富含蔬菜、水果和薯类的膳食对保持肠道正常功能、提高免疫力，以及降低患肥胖、糖尿病、高血压等慢性疾病的风险具有重要作用。我国成年人宜每天吃 300 ~ 500 g 蔬菜和 200 ~ 400 g 水果，并注意增加薯类的摄入。

三、每天吃奶类、大豆或豆制品

奶类除含丰富的优质蛋白质和维生素外，含钙量也较高，且吸收率很高，各年龄人群适当饮奶都有利于骨骼健康。建议平均每天饮奶 300 ml。有高血脂和肥胖倾向者应选择低脂奶或脱脂奶。大豆含丰富的优质蛋白质、必需脂肪酸，多种维生素和膳食纤维，且含有磷脂、低聚糖，以及异黄酮、植物固醇等多种植物化学物，建议每天摄入 30 ~ 50 g 大豆或豆制品。

四、适量进食鱼、禽、蛋和瘦肉

鱼、禽、蛋和瘦肉均属于动物性食物，是优质蛋白质、脂类、脂溶性维生素、B 族维生素和矿物质的良好来源。畜瘦肉的铁含量高，且吸收率高；鱼类和禽类脂肪含量较低，并含有较高的多不饱和脂肪酸；蛋类富含优质蛋白质，各种营养成分比较齐全，是很经济的优质蛋白质来源。动物性食品含有一定量的饱和脂肪酸和胆固醇，摄入过多可能会增加患心血管病的危险。推荐成人每日摄入鱼虾类 50 ~ 100 g，畜禽肉类 50 ~ 75 g，蛋类 25 ~ 50 g。

五、减少烹调油用量，吃清淡少盐膳食

脂肪摄入过多可引起肥胖、高血脂、动脉粥样硬化等多种慢性病。盐的摄入量过高与高血压的患病密切相关。食用油和食盐摄入过多是我国城乡居民共同存在的营养问题。为此，建议我国居民应养成吃清淡少盐膳食的习惯，即膳食不要太油腻，不要太咸，不要摄入过多的动物性食物和油炸、烟熏、腌制食物。建议每人每天的烹调油用量不超过 30 g。食盐摄入量（包括酱油、酱菜、酱中的食盐）不超过 6 g。

六、食不过量，天天运动，保持健康体重

进食量和运动量平衡才能保持健康的体重。如果进食量过大而运动量不足，多余的能量就会在体内以脂肪的形式储存下来，造成超重或肥胖；而食量不足，则可引起体重过低或消瘦。健康体重是指体重指数（BMI）为 18.5 ~ 23.9。我国大多数成年人运动量不足或缺乏体育锻炼，应改变久坐少动的不良生活方式，每天坚持做一些消耗能量的运动。建议成人每天累计进行相当于步行 6000 步以上的运动量。

七、三餐分配要合理，零食要适当

合理安排一日三餐的时间及食量，进餐应定时定量。早餐提供的能量占全天总能量的 30% ~ 40%，午餐占 30% ~ 40%，晚餐占 25% ~ 30%，可根据职业、劳动强度和生活习惯进行适当调整。一般情况下，早餐安排在 6：30 ~ 8：30，午餐在 11：30 ~ 13：30，晚餐在 18：00 ~ 20：00 为宜。要天天吃早餐并保证营养充足，午餐要吃好，晚餐要适量。不暴饮暴食，不经常在外就餐。零食作为一日三餐之外的营养补充，可以适当选用。

八、每天足量饮水，合理选择饮料

进入体内的水和排出的水应处于平衡状态，饮水不足或过多都会对人体健康带来危害。在温和气候条件下生活的轻体力活动的成人，每天最少饮水 1200 ml。饮水的方法为少量多次，不要感到口渴才主动喝水。最好选

择白开水和淡茶水。乳饮料和纯果汁饮料含有一定量的营养素和有益膳食成分，可适量饮用。有些饮料添加了一定的矿物质和维生素，适合炎热天气户外活动和运动后饮用。有些饮料只含糖和香精香料，营养价值不高。

九、饮酒应限量

白酒基本上是纯能量食物，不含其他营养素。无节制地饮酒，会使人食欲下降，从而导致多种营养素缺乏、急慢性酒精中毒、酒精性脂肪肝，严重时甚至造成酒精性肝硬化。过量饮酒还会增加患高血压、脑卒中等疾病的风险，并可引发事故及暴力，对个人健康和社会安定都是有害的。饮酒还会增加罹患某些癌症的风险。若饮酒，应尽可能饮用低度酒，并控制饮用量，建议成年男性一天饮用酒的酒精量不超过 25 g，成年女性一天饮用酒的酒精量不超过 15 g。

十、吃新鲜卫生的食物

食物放置时间过长会变质，产生对人体有毒有害的物质。另外，放置过久的食物中还可能含有或混入各种有害因素，如致病微生物、寄生虫和有毒化学物质等。吃新鲜卫生的食物是防止食源性疾病、实现食品安全的根本措施，因此，应采购正规厂家生产、在保质期内、外观正常的食物。烟熏食品及有些加入色素的食品可能含有苯并芘或亚硝酸盐等有害成分，不宜多吃。使用高温、冷藏和冻藏的方法合理储藏食物。保持良好的个人卫生，注意食物加工环境和用具的洁净，避免食物烹调时交叉污染。腌制食物时要加足食盐，并避免存放于高温环境。避免误食含有天然毒素的动物或植物。

（郑丽平）

第二节　老年人常见营养误区及策略

随着年龄的增长，老年人生理功能和代谢功能发生明显变化，特别是胃肠道功能及机体调节适应能力明显减弱，出现牙齿脱落、咀嚼能力下降、消化液分泌减少、胃肠道蠕动缓慢、味觉及嗅觉减退等。这些改变会导致机体营养不均衡、代谢失衡、免疫力低下，也会增加多种慢性病如老年肥胖症、贫血、肌少症、高血压、高脂血症、动脉硬化、骨质疏松和各种代谢障碍性疾病的发病风险，严重影响老年人晚年的生活质量。

我国老年人营养不良和营养风险的发生率较高。据文献报道，居家老年人、敬老院老年人及住院老年人中营养不良的发生率为15%～60%。受传统生活观念的影响，加上老年人生理功能下降，且常常患有多种慢性病，老年人营养不良多被认为是正常现象，一直没有得到足够的重视。营养问题已经成为影响我国老年人健康的主要因素之一。

一、老年人常见的营养误区

营养是人体健康的基石。许多老年人坚持几十年的高盐、高油、精米精面的饮食习惯，是导致多种慢性疾病的因素之一。另有部分老年人十分重视养生，却又得不到正确的营养指导，只能靠自己看一些养生节目获得营养知识，又因为理解错误而在观念上出现偏差，从而容易走极端，甚至因为坚持自己所谓"正确"的健康理念而增加患病风险。了解老年人常见的营养误区，提供合理的营养支持，才能保障机体良好的功能状态，从而为健康生活加分。

误区一：长期喝粥。

老年人牙口不好，消化能力也有所下降，所以很多老年人长期喝粥。也有一些老年人自称会"养生"，会吃一些偏方药膳粥。长期喝粥会增加老年人便秘及患慢性病的风险，还可能导致营养不良。越是煮得软烂可口的白米粥，B族维生素含量就越低。有些老人喜欢在煮粥过程中加入碱，一旦加入，B族维生素将被完全破坏。对于糖尿病病人来讲，食用粥可致餐后血糖快速升高，不利于血糖的控制。

对于适宜喝粥的老年人，可以在煮粥时添加多种谷物和一些根茎类、杂豆类食物，这样可以摄取更多营养物质，有利于肠胃的蠕动，还能够延长饱腹感。喝粥的同时最好搭配蔬菜和肉类等其他食物一起摄入，这样可以避免餐后血糖快速升高。

误区二：吃肉会摄入更多的脂肪和胆固醇，不吃肉更有利于身体健康。

许多老人防治慢性病及减肥的方法就是吃素，不敢吃肉，觉得吃肉会摄入过多的脂肪和胆固醇。其实不吃肉不可取，肉菜搭配才更合理。肉是人体优质蛋白质和必需脂肪酸的主要来源。若长期蛋白质摄入不足，可造成贫血、消化不良、免疫力降低、记忆力下降等诸多问题。

为减少吃肉带来的负担，老年人应注意少吃脂肪、胆固醇含量高的肥肉、动物内脏等。另外，从肉的种类上说，鱼肉所含脂肪量较少，其次是鸡肉、鸭肉和鹅肉，猪肉脂肪含量较高。由于不同肉类可以为身体提供不同的营养物质，所以不建议长期食用单一肉类。吃肉时可以搭配一些清淡的蔬菜，做到荤素均衡。

误区三：经常吃不加热或未热透的剩饭剩菜。

食物加工好后各种营养素都会随着存放时间的延长而逐渐损失，时间越长，损失越多。相对维生素和矿物质等微量营养素而言，蛋白质和碳水化合物损失相对少些，但长时间存放的饭菜中，蛋白质可能会发生变质，碳水化合物也可能会发生霉变。随着存放时间的延长，剩饭菜产生亚硝胺的概率也会增加，不利于健康。如果吃时再不热透，还容易滋生细菌等微生物而引发胃肠疾病。因此尽量不要吃剩饭剩菜。

误区四：多吃粗粮好。

不少老年人都认为粗粮好，应该尽量多吃。但事实上由于老年人消化功能下降，过度摄入粗粮很容易引起腹胀等胃肠道不适。此外，粗粮和细粮都是粮食，如果不控制总量，粗粮吃得过多同样会造成能量过剩，血糖超标。

老年人每天摄入的粗粮应当控制在 50 g 左右，每天主食总量不要超过400 g，其中包括摄入粗粮。我们强调吃粗粮要适量，粗细搭配，而不是一味只吃粗粮，放弃细粮。

误区五：吃昂贵的滋补品及保健品，不重视饮食。

随着生活水平的提高，灵芝、人参、鹿茸、燕窝、冬虫夏草等各式各样的滋补品及海外代购的维生素、矿物质、蛋白粉等保健品都走进了我们的家庭，许多老人将其视为延年益寿、青春永驻的珍品，按时按量服用甚至超量服用。不可否认，适当地进补，可以在一定程度上改善身体状况，但因体质、症状不同，需要的补品也各不相同，胡乱补、跟风补等对身体无益甚至有害。一般来说，只要平衡膳食就足以满足身体的营养需求，并不需要额外进补，如需进补，应该征求正规医院医生的建议。

误区六：油、盐不进以防病降压。

许多老年人由于经常看到高油、高盐饮食对身体有害的报道，因此对油、盐非常的忌讳，有人甚至油、盐不进，认为不吃油、盐就可以降血脂、降血压，其实这是一个错误的认知。长期不吃油、盐不仅不能降血压、降血脂，反而会因为营养不均衡及代谢问题对身体造成伤害。油、盐吃多了不行，一点不吃也不行。如果长期不吃盐，就会出现无力、嗜睡、恶心、水肿等，严重者可危及生命。长期不吃食用油也会出现脂溶性维生素缺乏、必需脂肪酸缺乏等一系列问题。《中国居民膳食指南》推荐成年人每天食用油的摄入量在 25～30 g，每天食盐摄入量不超过 6 g，高血压病人每天食盐摄入量应少于 4 g。

二、老年人的营养策略

（一）摄入充足的食物，食物多样化

老年人每天应至少摄入 12 种及以上的食物，不同食物中的营养素和有益成分含量不同，吃多种多样的食物才能利用食物营养素互补的作用，使机体摄入的营养全面。每天的膳食应当包括粗细结合的主食、荤素搭配的菜肴，同时每天还要食用鸡蛋、奶、蔬菜水果、豆制品、坚果等。避免长

时间食用单一食物，提倡食物种类多样化。

（二）饮食宜清淡、少盐

培养清淡饮食，限盐少油，选择用油少的烹调方式，如蒸、煮、炖、焖、熘、焯、拌等，都可以减少用油量。避免摄入过多的脂肪导致肥胖。少用各种含钠高的调料，如鸡精、味精等，避免摄入钠过多而引起高血压。

（三）保证足够的优质蛋白质摄入

吃足量的肉：鱼、虾，禽肉，猪、牛、羊肉等动物性食物都富含优质蛋白质及多种微量元素，对维持老年人的肌肉合成有非常重要的作用。

（四）每天饮用牛奶及奶制品

牛奶及其制品是钙的最好的食物来源，牛奶中钙的吸收利用率也很高，摄入充足的奶类有助于预防骨质疏松和骨折。同时牛奶中含有优质蛋白质，研究表明，牛奶中的乳清蛋白对促进肌肉合成、预防肌肉衰减很有益处。

（五）吃大豆及豆制品

大豆不仅含有丰富的蛋白质，还含有丰富的生物活性物质——大豆异黄酮和大豆皂苷，可抑制体内脂质过氧化，减少骨量丢失，增加冠状动脉和脑血流量，预防和治疗心脑血管疾病和骨质疏松症。

（六）注意选择食物加工方法

老年人胃肠功能减退，咀嚼能力差，应该选择易消化食物，同时饭菜应当烧煮软烂，如软饭、稠粥、细软的面食等均利于吸收利用。不要因牙齿不好而减少或拒绝食用蔬菜、水果和肉类等，可以将食物切小切碎，或者延长烹调时间；肉类可以切成小的肉丁、肉丝或者制作成肉丸食用；鱼虾类可以做成鱼片、鱼丸或者虾滑、鱼滑等。多采用炖、煮、蒸、烩、焖等烹调方法。

（牛文翠）

第七章

慢性病的三级防控

第一节 高血压的防控

高血压的病因尚不十分清楚。长期精神紧张、有高血压家族史、肥胖、饮食中含盐量高和大量吸烟者发病率高。临床上以头晕头痛、耳鸣健忘、失眠多梦、血压升高等为基本特征。长期高血压如控制不良，常出现心、脑、肾等重要脏器的并发症，如脑出血、心肌梗死、肾功能不全等。据统计，70%的脑卒中和50%的心肌梗死与高血压有关。降低高血压病人的血压水平可减少40%～50%的脑卒中发生风险和15%～30%的心肌梗死发生风险。因此，控制高血压是防治心脑血管病的重要手段。

一、高血压的早期发现与确诊

（一）普通人群的高血压筛查

（1）健康成年人每2年至少测量1次血压，最好每年测量1次。

（2）充分利用各种机会测量血压，如可利用单位组织的健康体检测量血压，亦可利用公共场所放置的公益性血压计测量血压。

（3）医疗机构对35岁以上病人实行首诊血压测量制度。

（二）易患人群的高血压筛查

（1）易患人群有以下一项或几项特征。

1）血压高值［收缩压 130～139 mmHg 和（或）舒张压 85～89 mm-Hg］。

2）超重或肥胖。

3）有高血压家族史。

4）长期高盐膳食。

5）长期过量饮酒［每日饮白酒≥100 ml（2 两）］。

6）年龄≥55 岁。

（2）易患人群，一般要求每半年至少测量 1 次血压。

（3）提倡家庭自测血压。

（4）利用各种机会测量血压。

二、对初次血压升高者的处理

初次血压升高指第一次发现血压达到高血压诊断标准［即收缩压≥140 mmHg 和（或）舒张压≥90 mmHg］。如重度升高［即收缩压≥180 mmHg 和（或）舒张压≥110 mmHg］，排除其他干扰因素，并安静休息后，复测血压仍为重度升高，可诊断为高血压。如为轻、中度升高［即收缩压≥140 mmHg 而＜180 mmHg；和（或）舒张压≥90 mmHg 而＜110 mmHg］者，建议 4 周内再复测血压 2 次，均达到高血压诊断标准，则诊断为高血压；复测血压未达到高血压诊断标准者，则增加血压测量次数（每个月至少测 1 次）；对有条件者，进行动态血压监测或家庭血压测量。

上述诊断为高血压的病人，应在非药物治疗基础上，及时去医院就诊。

三、高血压非药物治疗措施

（一）减少钠盐摄入

每人每日食盐摄入应少于 4 g（普通啤酒瓶盖去掉胶皮垫后水平装满可盛 6 g 食盐），少吃腌制、卤制、泡制的食品。

（二）合理饮食，减少膳食脂肪，营养均衡，控制总热量

（1）总脂肪占总热量的比例应低于30%；食油量每日应少于25 g；瘦肉类每日50～100 g；奶类每日250 g。

（2）蛋类每周3～4个，鱼类每周1～3次，少吃糖类和甜食。

（3）新鲜蔬菜每日400～500 g，水果100 g。

（4）适当增加纤维素摄入，多吃富含纤维素的食物如麦麸、玉米、豆类、燕麦、芹菜、胡萝卜、水果等。

（三）规律运动

总体要求：中等强度，每周5～7次，每次持续30分钟左右或累计30分钟。

（1）运动的形式可以根据自己的爱好灵活选择。

（2）慢走、快走、慢跑、游泳、气功、太极拳等项目均可。

（3）运动的强度可通过心率来判断，运动时上限心率为170减去年龄的差。

（4）本要求的对象为没有严重心血管病的病人。

（5）应注意量力而行，循序渐进。

（6）若一次运动时间不足30分钟，可以累计为30分钟。

（四）控制体重

目标：BMI<24。腰围要求：男性应小于90 cm，女性应小于85 cm。

（1）减少富含脂肪的食物的摄入。

（2）减少总热量摄入。

（3）增加新鲜蔬菜和水果的摄入。

（4）保持足够的运动量，至少保证每天摄入能量与消耗能量的平衡。

（5）肥胖者若用非药物治疗方法效果不理想，可考虑辅助应用减肥药物。

（五）戒烟

（1）宣传吸烟的危害，吸烟有害健康，让病人产生戒烟愿望。

（2）采取突然戒烟法，一次性完全戒烟；烟瘾大者逐步减少吸烟量。

（3）戒断症状明显的可去医院戒烟门诊寻求帮助。

（4）避免吸二手烟。

（5）家人及周围同事应对戒烟者给予理解、关心和支持。

（6）采用放松、运动锻炼等方法改变生活方式，辅助防止复吸。

（六）限制饮酒

不饮酒，如饮酒，则少量：饮白酒量应少于 50 ml/d、葡萄酒量应少于 100 ml/d、啤酒量应少于 250 ml/d。

（1）宣传过量饮酒的危害；告诫病人过量饮酒不利于高血压的控制。

（2）不提倡高血压病人饮酒，鼓励其限酒或戒酒。

（3）酗酒者可逐渐减量；酒瘾严重者，可借助药物戒酒。

（七）减轻精神压力，保持平衡心理

保持乐观性格、减轻心理负担、纠正不良情绪、缓解心理压力，使用音乐疗法及气功等。

（八）家庭血压测量

高血压病人应定期在家进行血压测量。进行家庭血压测量不仅可以了解自己日常生活状态下的血压水平，还可以鉴别"白大衣高血压"（在家自测血压正常，在医疗机构由医生测量时则明显升高）和发现"隐蔽性高血压"。

测量血压方法：至少安静休息 5 分钟，病人取坐位，裸露上臂，绑好袖带，袖带应与心脏保持同一水平，每次测量 3 遍，每遍间隔至少 1 分钟。测血压时病人保持安静，不讲话。如实记录血压值。初诊或血压异常及血压不稳定的病人，每日早、晚各测 1 次，每次测量 3 遍；连续测量 7 天，取后 6 天血压的平均值作为治疗决策的参考。如血压正常且稳定，病人可每周自测 1 天，早、晚各 1 次。

四、控制高血压常用药物

当前常用的降压药物主要有以下五类：钙拮抗剂（CCB），如硝苯地平、氨氯地平等；ACEI，如卡托普利、贝那普利、培哚普利等；血管紧张素 II 受体阻滞剂（ARB），如缬沙坦、氯沙坦等；噻嗪类利尿药，如氢氯噻嗪；β 受体阻滞剂（BB），如美托洛尔、比索洛尔、阿替洛尔等。医生根据病人的具体情况选择初始治疗和维持治疗药物。从小剂量开始，逐渐增加剂量。推荐应用长效药，可避免血压波动，使血压在 24 小时内稳定于目标范围。2 级以上（160/90 mmHg 以上）的高血压常需要联合用药。

五、高血压的认识误区

（一）不愿意过早服药

很多年轻病人被诊断为高血压后，不愿意服药，担心要一辈子服降压药，或认为降压药会像抗生素一样产生"抗药性"，用得太早会导致以后用药无效，趁现在症状不重就不用药。这些观点是错误的。降压药不会产生耐药性。血压控制得越早，就能越早地保护血管，预防并发症的发生，降低发病风险，其远期后果也越好。

（二）凭感觉用药，根据症状估计血压情况

有的人认为，只要没有不舒服的感觉，高血压就不需要治疗。这是非常错误的。血压的高低与症状的轻重不一定有关系。大部分高血压病人没有症状，有些人血压明显升高，但仍没有不适的感觉，甚至直到发生了脑出血，才有"感觉"。高血压是用血压计量出来的，高血压病人应定期测量血压，不能"跟着感觉走"来估计血压。

（三）降压治疗，血压正常了就停药

有些病人服药后血压降至正常，就认为高血压已治愈，而自行停药。

这是非常有害的做法。高血压不能治愈，只能控制。停药后，血压会再次升高，血压波动过大，对心、脑、肾等靶器官的损害更严重。

（四）单纯依靠药物，忽视改善生活方式

部分高血压病人认为，得了高血压后只要坚持长期、规律地服药就行了。其实药物治疗必须建立在健康生活方式的基础之上，两者缺一不可。吸烟、过量饮酒、高盐饮食等不良习惯若不控制，会继续损害血管，药物再好也难有良效。正确的做法是除合理用药外，坚持健康的生活方式。

（五）只服药、不看效果

有些人以为只要服药就万事大吉了，不关注自己的血压值，不定期测量血压，这样往往不能保证血压长期平稳正常。降压治疗强调个体化用药，其中重要的一点便是坚持定期测量血压并记录，将服药后的血压记录提供给医生，方便医生调整药物。

（六）自行购药服用

有些人患高血压后，不按医嘱服药，而是按照病友或药店的推荐用药，或者偏信广告中的"好药"；有些人认为价格越贵的药越是"好药"，一味追求那些新药、特效药，自行购药服用，这些做法都是盲目的、有害的，也不安全。

（七）血压降得越快、越低越好

有些人一旦发现自己血压高了，就认为降压应该越快越好、越低越好。其实不然。除非高血压急剧升高导致了危险，如主动脉夹层、高血压危象等情况下须快速降压，一般来讲，降压治疗时必须要掌握住缓慢、平稳的原则，用药后4~12周达到目标值即可。血压下降过快、过低，易发生脑缺血事件，老年人尤其应注意。

（八）过分关注血压数值而精神紧张

部分病人对自己的血压值过分关注，测血压过频，频繁调整降压药，反而影响降压效果。需要知道，人在 24 小时内血压水平是波动的，有峰有谷，不同时间段测量血压，其数值有所不同，而且血压也受气候、心理、身体等因素的影响。对此，不能认为是血压不稳而频繁加减药量。

（九）自己在家中测量的血压不准确

有些人认为自己在家中测量的血压不准确。这种认识是片面的。在医院诊室测量的血压只能体现当下血压的情况，难以全面地反映血压的状况。自己在家中测量时状态放松，不受由医务人员引起的紧张心理的影响，能反映平常状态下的血压值，在不同的时间和状态下，多次测量自己的血压，能够更全面地了解自己的血压情况。

（十）相信"灵丹妙药"可根治高血压

不少广告宣称，某种药物、高科技产品、保健食品或保健仪器能根治高血压，不必再吃降压药，这些都是伪科学宣传。目前，全世界尚没有哪一种药物、仪器能够根治高血压。高血压一经确诊，绝大多数病人需要长期、终生坚持非药物和药物治疗。

六、高血压的中医保健

（一）中医分型与保健

十指降压操

1. 阴虚阳亢证

主要表现：头部涨痛，烦躁易怒，腰膝酸软，面红目赤，胁痛口苦，便秘尿黄，五心烦热，口干口渴，失眠梦遗，舌红少苔，脉细。

保健措施如下。

（1）茶饮：任选下列一种即可。

菊花茶：白菊花、绿茶，开水冲泡饮服。

苦丁桑叶茶：苦丁茶、菊花、桑叶、钩藤适量，开水冲泡饮服。

菊楂决明饮：菊花、生山楂片、决明子适量，开水冲泡饮服。

（2）推荐食物：芹菜、绿豆、绿豆芽、莴苣、西红柿、菊花、海蜇、山楂、荠菜、西瓜、茭白、茄子、柿子、胡萝卜、香蕉、黄瓜、苦瓜、紫菜、芦笋。

（3）穴位按摩：可选用太冲、太溪、三阴交、风池、内关等腧穴。

（4）足浴方：吴茱萸15克、黄柏15克，知母15克，生地15克，牛膝30克，生牡蛎50克。水煎取汁，放入浴盆中，待温时足浴，每日1次，每次10～30分钟，每剂药可用2次。1～2周为一疗程。

2. 气血两虚证

主要表现：头晕时作、少气乏力，动则气短，头部空痛，自汗或盗汗，心悸失眠，舌质淡，脉沉细无力。

保健措施如下。

（1）茶饮：任选下列一种即可。

龙眼红枣茶：龙眼肉、红枣、白糖适量，开水冲泡饮服。

党参红枣茶：党参、红枣、茶叶适量，开水冲泡饮服。亦可将党参、红枣、茶叶加水煎沸3分钟后饮用。

（2）推荐食物：大枣、银耳、芝麻、桑椹等。

（3）穴位按摩：可选用气海、血海、中脘、太阳、合谷等。

（4）足浴方：炒白芍、川芎、当归、黄芪、鸡血藤、艾叶、生地、炒杜仲、牛膝各6克。水煎取汁，放入浴盆中，待温时足浴，每日1次，每次10～30分钟，每剂药可用2次。1～2周为一疗程。

3. 痰湿内阻证

主要表现：头重如裹或头痛，胸脘痞闷，胸痛心悸，纳呆恶心，身重困倦，手足麻木，苔腻，脉滑。

保健措施如下。

（1）茶饮：任选下列一种即可。

降脂益寿茶：荷叶、山楂、丹参、菊花、绿茶适量，开水冲泡饮服。

陈山乌龙茶：陈皮、山楂、乌龙茶适量，开水冲泡饮服。

（2）推荐食物：白萝卜、紫菜、白薯、玉米、花生、洋葱、木耳、山楂、海带、海蜇、大蒜、冬瓜。

（3）穴位按摩：可按压中脘、丰隆、足三里、头维、血海、公孙等腧穴。

（4）足浴方：法半夏、陈皮、大腹皮、茯苓皮各30克。水煎取汁，待温时足浴，每日1次，每次15~30分钟，每剂药可用2次。1~2周为一疗程。

4. 肾精不足证

主要表现：心烦不寐，或伴心悸健忘，耳鸣腰酸，失眠，梦遗，口干口渴，舌淡暗，脉细大无力。

保健措施如下。

（1）茶饮：任选下列一种即可。

杞菊茶：枸杞子、白（杭）菊花、绿茶适量，开水冲泡饮服。

黑芝麻茶：黑芝麻、绿茶适量，开水冲泡饮服。

（2）推荐食物：银耳、枸杞子、黑枣、核桃仁、海参、淡菜、芝麻。

（3）穴位按摩：可选用肾俞、命门、志室、气海、关元、足三里、三阴交。

（4）足浴方：杜仲、桑寄生、木瓜各30克。水煎取汁，放入浴盆中，用毛巾蘸药液热熨腰痛部位，待温时足浴，每日1次，每次15~30分钟，每剂药可用2次。1~2周为一疗程。

（二）情志调摄

情志调摄对于高血压病人控制高血压及其并发症有着重要的作用。高血压病人宜保持精神乐观、心境清净。诗词歌赋、琴棋书画、花鸟虫鱼，均可益人心智、怡神养性，有助于高血压的调治。

（三）运动调治

坚持户外锻炼，户外散步、慢跑、太极拳、气功等舒缓的有氧运动有助于保护高血压病人的心、脑、肾等重要脏器。

（四）起居调摄

在季节交替之时，高血压病人血压容易出现波动，因此，高血压病人应注意根据四季的变化调整起居。春季肝气当令，应早起早睡，多做户外活动；夏季炎热，忌过度贪恋空调，以免汗出当风，感受风寒之邪，亦当避免大汗伤津；秋季适当晚添冬衣，增强机体适应能力；冬季寒冷，宜适当多晒太阳，注重保护阳气。

（万　斌）

第二节　冠心病的防控

冠心病是冠状动脉粥样硬化性心脏病的简称，也称缺血性心脏病，指冠状动脉发生粥样硬化引起管腔狭窄或闭塞，导致心肌缺血缺氧或坏死而引起的心脏病。冠心病是动脉粥样硬化导致器官病变的最常见类型。根据发病特点和治疗原则的不同，冠心病可分为慢性冠脉疾病及急性冠脉综合征两大类。前者包括稳定型心绞痛、缺血性心肌病和隐匿性冠心病等；后者包括不稳定型心绞痛、非 ST 段抬高型心肌梗死和 ST 段抬高型心肌梗死等。冠心病多发于 40 岁以后，男性发病早于女性，近年来在我国，本病的患病率呈逐年上升的趋势，并且患病年龄趋于年轻化。

一、冠心病的早期发现与确诊

（1）健康成年人每 2 年至少检查 1 次心电图，最好每年检查 1 次，尤其冠心病的高危人群应定期复查，包括 40 岁以上的中老年人，以及高血压、血脂异常、糖尿病病人及吸烟、肥胖者。

（2）当心脏的冠状动脉发生病变时，可出现一些症状，准确及时发现这些症状，有助于冠心病的早期诊断。冠状动脉病变常见的典型表现有如下几方面。

1）体力劳动或情绪激动（如愤怒、焦急、过度兴奋等）时出现心前区疼痛，饱食、寒冷、吸烟、心动过速等亦可诱发疼痛。疼痛多发生于劳力或激动的当时，而不是在劳累之后。

2）疼痛常放射至左肩、左臂内侧达无名指和小指，或至颈、咽或下颌部。

3）胸痛常为压迫、发闷或紧缩性，也可有烧灼感。有些病人仅觉胸闷不适而非胸痛。发作时病人往往被迫停止正在进行的活动，直至症状缓解。

4）一般持续数分钟至十余分钟，多为 3 ~ 5 分钟，很少超过半小时。

5）有的病人无胸痛症状，而表现为不明原因的胃痛、腹痛或压痛，有的则表现为心悸、心律不齐。

二、冠心病的诊断

根据典型心绞痛的发作特点，结合年龄、冠心病病史等危险因素，除外其他原因（如冠状动脉心肌桥、心脏神经症、X 综合征、甲状腺功能异常、贫血等）所致的心绞痛可对冠心病进行诊断。常用的辅助检查包括以下几种。

1. 心电图

若心绞痛发作时可见心电图 ST - T 段改变，症状消失后心电图 ST - T 段改变亦逐渐恢复，则可支持冠心病诊断。

2. 平板运动试验

平板运动试验也称心脏负荷检查或者负荷心电图，未捕捉到发作时心电图者可行该检查。该检查系通过运动增加心脏负荷而诱发心肌缺血，从而协助诊断。

3. 冠状动脉 CTA

冠状动脉 CTA 是一种无创检查，可评估冠状动脉管腔狭窄程度及管壁病变性质和分布。

4. 冠状动脉造影

冠状动脉造影属于有创性检查，是评估冠状动脉病变的最可靠方法，可清楚地显示冠状动脉有无狭窄、狭窄的部位及程度，有助于明确诊断和决定进一步治疗。

5. 超声心动图

超声心动图检查可观察心脏结构是否正常，了解心房、心室的运动和功能。

6. 24 小时动态心电图

24 小时动态心电图可观察心率及心律情况，有助于心律失常的诊断。

7. 实验室检测

实验室检测，包括血清心肌坏死标志物、血常规、C 反应蛋白等，适用于持续性剧烈胸闷、胸痛，而口服速效救心丸、硝酸甘油类药物无效者，通过这些检查可以明确有无心肌梗死。

三、冠心病的治疗

（一）发作时的治疗

1. 休息

发作时立即休息，一般病人在停止活动后症状即可缓解。

2. 药物治疗

冠心病病人若经常有胸闷、胸痛症状，应常备硝酸甘油、速效救心丸、麝香保心丸、复方丹参滴丸等药物，夜间休息时药物也要放在可以随手拿到的地方。

心绞痛发作时，应立即舌下含服 0.5 mg（1 片）硝酸甘油，含服后 1～2 分钟即开始起作用，约半小时后作用消失。延迟见效或无效时提示病人为严重的冠心病或并非患冠心病。速效救心丸亦能有效缓解心绞痛症状，可舌下含服 10～15 粒。

（二）缓解期的治疗

1. 生活方式的调整

健康的生活方式能帮助病人远离危险因素（如吸烟、肥胖等），能更好地控制血压、血脂、血糖，改善全身状态。健康的生活方式主要包括保持清淡而均衡的饮食、适当的体力活动，戒断不良嗜好等。

（1）调节饮食。应保持清淡饮食，一次进食不应过饱。避免食用过多猪油、奶油、肥肉等动物脂肪含量高的食物；少食动物内脏、蛋黄及巧克力等含大量胆固醇的食物；少食腌制食品。多吃蔬菜、各种粗粮和豆类。可适量吃坚果，如核桃、杏仁、瓜子、花生、松子、芝麻。

（2）保持适当的体力活动。

1）运动频率：每周 3~5 次或隔日 1 次，每次 30 分钟以上。

2）运动方式：散步、游泳、慢跑、太极拳等。

3）运动时段：冬季上午 10~12 点或者下午 2~4 点，夏季上午 6~9 点或者下午 5 点以后。

4）运动方式：循序渐进，以不感觉疲劳为度，遵循热身、运动、恢复的过程，不能突然剧烈运动。

5）运动心率：运动时心率不能过快，安全的最高心率应为 170 减去年龄。

（3）戒断不良嗜好。少喝咖啡，不饮浓茶，戒烟，忌烈酒，饮低度酒也应限量。

（4）健康的生活方式。

1）避免过度劳累，保证睡眠充足。

2）注意保暖和防寒，冬季寒冷时不要长时间在室外活动。

3）避免屏气和过度用力，避免便秘，出现便秘时要及时使用药物。

（5）控制体重。目标：BMI < 24。腰围：男性应小于 90 cm，女性应小于 85 cm。

2. 药物治疗

治疗冠心病的药物应在医生指导下合理应用。用药期间如有不适症状出现，应立即就诊。常用药物包括以下几类。

（1）β受体拮抗剂：美托洛尔、阿替洛尔、比索洛尔等。

（2）硝酸酯类：硝酸甘油、单硝酸异山梨酯等。

（3）钙离子拮抗剂：维拉帕米、硝苯地平控释剂、氨氯地平片、地尔硫卓等。

（4）抗血小板药：阿司匹林、氯吡格雷等。

（5）他汀类药：瑞舒伐他汀、普伐他汀、辛伐他汀、阿托伐他汀等。

（6）血管紧张素转化酶抑制剂/醛固酮受体拮抗剂：卡托普利、依那普利、贝那普利、雷米普利等。

3. 血管重建治疗

必要时行冠状动脉支架植入术、冠状动脉旁路移植术。

四、冠心病的认识误区

（1）认为只有胸闷、胸痛才是冠心病。其实很多病人发病时症状不典型，尤其是老年人，不明原因突然出现牙痛、胃痛、腹痛等症状时也应警惕冠心病。

（2）胸闷服药就可缓解，不用到医院就医。很多病人经常有气短、胸闷的症状，却认为这是小问题，服用复方丹参滴丸或速效救心丸等药物后胸闷症状就可消失，从而认定所患的不是冠心病，不需要到医院花冤枉钱。实际上，很多胸闷、气短的症状都是由于心脏供血不足而出现的。

（3）认为只要自己规律服用药物，没有心绞痛的发作就可以不用看医生，也不用定期复查。实际上服用药物不能解决所有问题，仍然需要定期复查心电图、血脂、血糖、血压、肝肾功能，必要时复查冠状动脉CT、冠状动脉造影以了解冠状动脉狭窄或闭塞情况。

（4）认为已经放过支架了，血管就可以永远畅通了，饮食、用药、喝酒、抽烟就随意。事实上，放过支架的血管在各种诱因下，依然有加重血管动脉粥样硬化而狭窄堵塞的风险。

五、注意事项

（1）清楚正在服用的所有药物。

（2）每天在同一时间服药。

（3）如果偶尔忘记服药不要一次吃两顿试图补上。

（4）未经医生许可，不要擅自停药或换药。

（5）即使服用非处方药物，也请告诉医生。

（6）出门和旅游时随身带药，尤其要随身携带速效救心丸或者硝酸甘油。

六、冠心病的中医保健

（一）分型论治

1. 心血瘀阻证

主要表现：心胸疼痛，如刺如绞，痛有定处，入夜为甚，甚则心痛彻背，背痛彻心，或痛引肩背，伴有胸闷，日久不愈，可因暴怒、劳累而加重。舌质紫暗，有瘀斑，苔薄，脉弦涩。

（1）穴位按摩：内关、心俞、神门。

（2）足浴方：桃仁 30 g，红花 40 g，当归 30 g，生地黄 20 g，川芎 30 g，赤芍 30 g，牛膝 30 g，桔梗 40 g，柴胡 30 g，枳壳 20 g，甘草 30 g，郁金 30 g，延胡索 30 g，沉香 20 g，丹参 30 g，益母草 30 g，五灵脂 30 g，三七 20 g，乳香 15 g，没药 15 g。每日 1 次。

2. 气滞心胸证

主要表现：心胸满闷，隐痛阵发，痛有定处，时欲太息，情志不遂时容易诱发或加重，或兼有脘腹胀闷，得嗳气或矢气则舒。苔薄或薄腻，脉弦细。

（1）穴位按摩：大陵、劳宫、合谷。

（2）足浴方：柴胡 20 g，川芎 20 g，丹参 30 g，鸡血藤 30 g，红花 30 g，艾叶 30 g，醋延胡索 30 g。每日 1 次。

3. 痰浊闭阻证

主要表现：胸闷重而心痛微，痰多气短，肢体沉重，形体肥胖，遇阴雨天易发作或加重，伴有倦怠乏力，纳呆便溏，咳吐痰涎。舌体胖大且边有齿痕，苔浊腻或白滑，脉滑。

（1）穴位按摩：足太阴脾经（自下而上拍至阴陵泉）、足阳明胃经（足三里自上而下拍）。

（2）足浴方：瓜蒌实 30 g，薤白 40 g，半夏 40 g，桂枝 40 g，干姜 20 g，茯苓 30 g，细辛 20 g，白酒适量。每日 1 次。

4. 寒凝心脉证

主要表现：心痛如绞，心痛彻背，喘不得卧，多因气候骤冷或骤感风寒而发病或加重，伴形寒，甚则手足不温，冷汗自出，胸闷气短，心悸，面色苍白。苔薄白，脉沉紧或沉细。

（1）穴位按摩：内关、合谷、间使。

（2）足浴方：当归 30 g，桂枝 25 g，赤芍 25 g，细辛 20 g，炙甘草 30 g，干姜 20 g，薤白 50 g，丹参 50 g。每日 1 次。

5. 气阴两虚证

主要表现：心胸隐痛，时作时休，心悸气短，动则益甚，伴倦怠乏力，声息低微，面色㿠白，易汗出。舌质淡红，舌体胖且边有齿痕，苔薄白，脉虚细缓或结代。

（1）穴位按摩：三阴交、太溪。

（2）足浴方：党参 15 g，黄芪 25 g，黄精 25 g，麦冬 15 g，丹参 25 g，五味子 15 g。每日一次。

6. 心肾阴虚证

主要表现：心痛憋闷、心悸盗汗，虚烦不寐，腰膝酸软，头晕耳鸣，口干便秘。舌红少津，苔薄或剥，脉细数或促代。

（1）穴位按摩：涌泉、太溪、三阴交。

（2）足浴方：熟地黄 30 g，生地黄 30 g，首乌藤 30 g，石菖蒲 20 g，丹参 20 g，何首乌 30 g。每日 1 次。

7. 心肾阳虚证

主要表现：心悸而痛，胸闷气短，动则更甚，自汗，面色㿠白，神倦形寒，四肢欠温或肿胀。舌质淡胖，边有齿痕，苔白或腻，脉沉细迟。

（1）穴位按摩：气海、关元、脾俞、肾俞。

（2）足浴方：附子 30 g，熟地 40 g，山药 40 g，山萸肉 30 g，杜仲 30 g，肉桂 30 g，枸杞子 30 g，党参 40 g。每日 1 次。

（二）情志调摄

保持精神乐观、心境平和，有助于冠心病的调治。应保持心情平和，勿过喜、过悲、过怒。

（三）运动调治

坚持户外锻炼，如户外散步、慢跑、游泳等，中医健身功法以疏通经络、调和气血、平衡阴阳、扶正祛邪为目的。可练习五禽戏、八段锦、易筋经、太极拳等，五禽戏每日可锻炼四五次，每次 10 分钟，八段锦每日可锻炼一二次，每次 15 分钟。

（四）起居调摄

起居有常，冬季防寒保暖，夏季勿使心液耗伤过多。

（韦　凡）

第三节　糖尿病的防控

糖尿病是一组由多病因引起的以慢性高血糖为特征的代谢性疾病，由胰岛素分泌和（或）利用缺陷所引起。临床以"三多一少"为典型症状，即多尿、多饮、多食和体重减轻。许多糖尿病病人，尤其是早期病人无任何症状，仅于健康检查或因其他疾病就诊化验时发现血糖升高。糖尿病有四种类型：1 型糖尿病、2 型糖尿病、妊娠糖尿病和其他特殊类型糖尿病。其中 1 型糖尿病多数是自身免疫性疾病，以儿童和青少年多见，主要发病机制为胰岛素绝对缺乏，必须依赖胰岛素治疗。2 型糖尿病是临床最常见的糖尿病类型，主要发病机制为胰岛素抵抗、胰岛素的相对缺乏，随疾病发展可并发眼、肾、心脏、神经、血管等病变，病情严重或应激时可发生糖尿病酮症酸中毒、高血糖高渗状态等而威胁生命。妊娠期糖尿病是指妊娠期间首次发生或发现的葡萄糖耐量异常及糖尿病，其病因可能与生殖激素紊乱有关，该病影响孕妇身心健康，甚至导致不良妊娠结局。其他类型糖尿病，如特殊类型糖尿病，包括胰岛 B 细胞功能遗传性缺陷、胰岛素作用遗传性缺陷、胰腺外分泌疾病、内分泌疾病、药物或化学品所致的糖尿病，以及感染、不常见的免疫介导性糖尿病，其他与糖尿病相关的遗传综合征等疾病，其发病机制、临床治疗及预后各异。

一、糖尿病的早期发现与确诊

糖尿病前期定义为空腹血糖受损（IFG）和（或）糖耐量减低（IGT）。人体正常的空腹血糖值是 $3.9 \sim 6.1$ mmol/L，当空腹静脉血糖为 $6.1 \sim 7.0$ mmol/L 且餐后 2 小时血糖 < 7.8 mmol/L 时称为空腹血糖受损；当空腹静脉血糖 > 7.0 mmol/L 且餐后 2 小时血糖在 $7.8 \sim 11.1$ mmol/L 时称为糖耐量异常。

$35.5\% \sim 70.4\%$ 的糖尿病前期可最终发展为 2 型糖尿病，且研究显示，约 36% 的病人在诊断为 2 型糖尿病时已伴有微血管病变。早期筛查和干预不仅可以明显降低高危人群 2 型糖尿病的发病风险，还能够显著降低与 2 型糖尿病相关的死亡率。

（一）高危人群的筛查

1. 2 型糖尿病的高危人群定义为具有下列任何 1 项及以上的成年人。

（1）年龄 ≥40 岁。

（2）有糖尿病前期（IGT、IFG 或二者共存）史。

（3）超重（BMI≥24）或肥胖（BMI≥28）和（或）中心性肥胖（男

性腰围≥90 cm，女性腰围≥85 cm）。

（4）多静坐的生活方式。

（5）有 2 型糖尿病家族史。

（6）有妊娠糖尿病或巨大儿（出生体重≥4 kg）生产史的女性。

（7）高血压［收缩压≥140 mmHg 和（或）舒张压≥90 mmHg］，或正在接受降压治疗。

（8）血脂异常［高密度脂蛋白胆固醇≤0.91 mmol/L 和（或）甘油三酯≥2.22 mmol/L］，或正在接受降脂治疗。

（9）动脉粥样硬化性心血管疾病病人。

（10）有一过性类固醇性糖尿病病史者。

（11）多囊卵巢综合征病人或伴有与胰岛素抵抗相关的临床状态（如黑棘皮征等）。

（12）长期接受抗精神病药物和（或）抗抑郁药物治疗及他汀类药物治疗的病人。

其中，糖尿病前期人群是最重要的 2 型糖尿病高危人群。

2. 筛查方法

空腹血糖检查是简单易行的糖尿病筛查方法，但有漏诊的可能性。条件允许时，建议行 OGTT。

（1）受试者空腹 8～10 小时，于早晨 7：00～9：00 进行试验，将 75 g 无水葡萄糖粉溶于 300 ml 水内，受试者在 5 分钟之内服完糖水。

（2）从服糖水第 1 口开始计时，分别于服糖水前、服糖水后 2 小时在前臂采血测血糖。试验过程中，受试者不喝茶及咖啡，不吸烟，不做剧烈运动，但也无须绝对卧床。

（3）血标本应尽早送检。

（4）试验前 3 天内，受试者每日碳水化合物摄入量不少于 150 g。

（5）试验前 3～7 天停用可能影响 OGTT 的药物，如避孕药、利尿剂或苯妥英钠等。

（二）糖尿病的诊断标准

糖尿病的诊断标准为具有糖尿病症状且随机静脉血浆葡萄糖 ≥ 11.1 mmol/L，或空腹血浆血糖 ≥ 7.0 mmol/L，或 OGTT 2 小时血浆葡萄糖 ≥ 11.1 mmol/L。（注：空腹指至少 8 小时内无任何热量摄入；随机血糖指一天中任意时间测得的血糖，不考虑上次用餐时间及食物摄入量）。

对于无典型糖尿病症状，仅一次血糖值达到诊断标准者，须在另一天复查以确认。

二、糖尿病的治疗

糖尿病的治疗应遵循综合管理的原则，做到"三高共管"，即降糖、降压、降脂同时进行，此外还包括对超重肥胖、高凝状态等心血管多重危险因素的管理。国际糖尿病联盟提出了糖尿病治疗的 5 个要点，分别为糖尿病教育、血糖监测、营养治疗、运动治疗和药物治疗，也就是我们常说的糖尿病治疗的"五驾马车"，简单来讲就是行教育、勤监测、管住嘴、迈开腿、药莫忘。

（一）血糖监测

血糖监测是糖尿病综合治疗中的一个重要组成部分，也是进行糖尿病管理的有效手段。血糖监测的方法包括糖化血红蛋白（HbA1c）监测和糖尿病病人在家中应用便携式血糖仪开展的血糖监测。糖化血红蛋白用于评价长期血糖控制情况，是临床指导调整治疗方案的重要依据之一，可用来评价近 2~3 个月血糖控制情况，在治疗之初建议每 3 个月检测 1 次，一旦达标可每 6 个月检查 1 次。

1. 自我血糖监测方案

常用的监测时间点包括餐前、餐后 2 小时、睡前及夜间（一般为凌晨 2~3 点）等，使用口服降糖药者可每周监测 2~4 次空腹血糖和（或）餐后 2 小时血糖，或在就诊前 1 周内连续监测 3 天，每天监测 7 个时间点血糖——早餐前后、午餐前后、晚餐前后和睡前（应当注意空腹血糖测量要求测血糖前至少 8 小时没有进食热量）。当应用胰岛素的糖尿病病人有低血糖表现时，需随时测血糖，如出现不可解释的空腹高血糖或夜间低血糖则需监测夜间血糖，病人应将各次血糖测量结果记录下来并提供给医生作为诊断和调整用药的依据。

2. 糖尿病病人血糖控制目标

糖尿病病人血糖控制目标的首要原则是个体化，应根据病人年龄、病程、预期寿命、并发症或合并症严重程度等综合考虑。大多数非妊娠成年 2 型糖尿病病人糖化血红蛋白控制目标为 <7%，空腹血糖 4.4 ~ 7.0 mmol/L，餐后血糖 <10.0 mmol/L；有严重低血糖史、糖尿病病程长和有严重并发症和合并症者则应将糖化血红蛋白目标定为 <8.0%；部分老年或病情危重者可进一步放宽标准。

（二）饮食治疗

饮食治疗是糖尿病的基础治疗。热量以达到和维持标准体重为宜，标准体重的估算公式为：标准体重（kg）= 身高（cm）- 105。饮食成分搭配合理，避免高盐、高糖食物，烹调以清淡为主，食物宜富含粗纤维且能提供足够的营养，进食需定时定量。

1. 糖尿病病人饮食结构

（1）碳水化合物占每日热量的 50% ~ 60%，成人每日主食摄入量为 250 ~ 400 g，肥胖者酌情控制在 200 ~ 250 g。

（2）蛋白质占每日热量的 15% ~ 20%，0.8 ~ 1.2 g/kg·d；营养不良、伴消耗性疾病者增至 1.5 ~ 2 g/kg·d；伴有糖尿病肾病而肾功能正常者应限制至 0.8 g/kg·d；肾小球滤过率降低者，需降至 0.6 ~ 0.7 g/kg·d。蛋白质应至少有 1/2 为动物蛋白质，以保证必需氨基酸的供给。

（3）脂肪占每日热量的 25% ~ 30%，饱和脂肪酸摄入量小于总能量的 10%，胆固醇摄入量 <300 mg/d（一个蛋黄含量）。

（4）食盐摄入量每日应限制在 6 g 以下，并限制摄入含盐量高的食物，如味精、酱油、调味酱等。

（5）戒烟限酒。饮酒每周不超过 3 次，每次白酒不超过 25 ml，葡萄酒不超过 115 ml，啤酒不超过 285 ml。

（6）膳食纤维摄入量为 25～30 g/d，因富含膳食纤维的食品可延缓人体对食物的吸收，降低餐后血糖高峰，有利于改善糖、脂代谢紊乱，并增加饱腹感。

2. 糖尿病饮食估算略估法

（1）主食：根据体力活动量来确定，每日至少三餐。休息状态下 200～250 g/d（即每天 4～5 两）、轻体力劳动者 250～300 g/d（每天 5～6 两）、中体力劳动者 300～400 g/d（每天 6～8 两）、重体力劳动者 >400 g/d（每天 8 两以上）。建议主食以荞麦面粉、玉米面粉、未精加工的面粉、豆类为主。

（2）副食：新鲜蔬菜 500 g 以上、牛奶 250 ml、鸡蛋 1 个、瘦肉 100 g、豆制品 50～100 g、烹调油 2～3 汤匙（1 汤匙 =10 g）、盐 6 g。建议蔬菜以洋葱、莲藕、豆腐、胡萝卜、黄瓜、冬瓜、南瓜、苦瓜及绿叶菜等为主。

（三）运动治疗

由于糖尿病的特殊性，病人在进行自我运动疗法时，应根据自己的病情轻重及体质强弱，选择适当的运动方式，并掌握适当的运动强度。

（1）步行运动：此种方法最为简便有效和可行，步行的速度应根据病情和运动后的自我感觉调节。快速步行运动的步速为 100～120 步/分，中速步行运动的步速为 80～100 步/分，慢速步行运动的步速为 60～80 步/分，每日总步行里程一般不宜超过 5 km。

（2）跑步运动：跑步与步行不同，其速度比步行快，运动量也比步行大，是一种理想的有氧运动方法。中老年病人或体质较弱者，可选择慢速、较长距离的跑步运动；青壮年病人或体质较好者，可选择中等速度的跑步运动；糖尿病病人一般不宜做快速跑步运动。

（3）太极拳：太极拳特别适合作为糖尿病病人进行自我疗养的运动方式。糖尿病病人锻炼时以简化太极拳（即 24 式太极拳）为宜，每日可练 1～2 遍。

（4）经络导引：经络导引是通过特定的几个动作来达到疏通经络气血

的养生功法，常见的有八段锦、易筋经、五禽戏等功法，糖尿病病人可以有选择地进行导引锻炼。

若运动中或运动后出现呼吸困难、胸内压迫感、头晕头痛、面色苍白、双手发抖、大汗淋漓、心悸心慌等，应立即停止运动。血糖 > 14 mmol/L、近期频繁发作低血糖或血糖波动较大、有糖尿病急性并发症和严重心、脑、眼、肾等慢性并发症者，暂不适宜运动。

（四）药物治疗

常用的降糖药物主要有以下几类。

（1）促胰岛素分泌剂。促胰岛素分泌剂可刺激胰岛 β 细胞分泌胰岛素，降低空腹血糖和餐后血糖。常用促胰岛素分泌剂包括磺脲类如格列美脲、格列齐特、格列喹酮、格列吡嗪等，以及格列奈类，如瑞格列奈、那格列奈等。

（2）双胍类。目前广泛应用的双胍类降糖药物是二甲双胍，二甲双胍可降低空腹血糖和餐后血糖。可单用或联合其他药物，与胰岛素联合应用可减少胰岛素用量和减小血糖波动。

（3）噻唑烷二酮类。常用噻唑烷二酮类降糖药如罗格列酮、吡格列酮等，为胰岛素增敏剂，可应用于肥胖、胰岛素抵抗明显者。

（4）α-葡萄糖苷酶抑制剂。α-葡萄糖苷酶抑制剂可延迟碳水化合物的吸收，降低餐后高血糖。常用药为阿卡波糖、伏格列波糖等。α-葡萄糖苷酶抑制剂适用于以碳水化合物为主要食物成分，或空腹血糖正常或不太高而餐后血糖明显升高者。

（5）DPP - Ⅳ 抑制剂。如西格列汀、沙格列汀等。

（6）钠 - 葡萄糖共转运蛋白 2（SGLT - 2）抑制剂。如达格列净、恩格列净等。

（7）胰岛素。

上述药物中，促胰岛素分泌剂和胰岛素容易引起低血糖，应用时需特别注意。

附：低血糖

对非糖尿病病人来说，低血糖的诊断标准为血糖 < 2.8 mmol/L，而接受药物治疗的糖尿病病人只要血糖水平 ≤ 3.9 mmol/L 就属低血糖范畴。

低血糖的临床表现为交感神经兴奋（如心悸、出汗、饥饿感等）和中枢神经症状（如神志改变、认知障碍、抽搐甚至昏迷）。老年病人发生低血糖时常可表现为行为异常或其他非典型症状。有些病人屡发低血糖后，可出现无先兆症状的低血糖昏迷。

处理：怀疑低血糖时应立即测定血糖水平，以明确诊断；无法测定血糖时暂按低血糖处理。①对于意识清楚者，予口服 15~20 g 糖类食品（葡萄糖为佳，也可为一块糖块、一杯果汁、一杯糖水）。每 15 分钟监测血糖 1 次，如血糖仍 ≤ 3.9 mmol/L，再次给予葡萄糖口服或静脉注射；如血糖在 3.9 mmol/L 以上，但距离下一次就餐时间在 1 小时以上，给予含淀粉或蛋白质食物；②对于意识障碍者，给予 50% 葡萄糖液 20~40 ml 静脉注射，或立即送医院救治。

预防对策：①定时定量进餐；②如运动量增加，运动前应增加额外的碳水化合物；③避免酗酒和空腹饮酒；④随身备用碳水化合物类食品，如饼干、点心；⑤严重低血糖或反复发生低血糖，应在医生指导下及时调整治疗方案。

三、糖尿病的认识误区

（1）得糖尿病是因为糖吃多了。糖尿病（尤其是 2 型糖尿病）的发病机制复杂，不仅仅是吃糖多了那么简单，而是遗传、环境、生活方式等多因素共同起作用的结果。

（2）糖尿病病人不能吃水果。有些水果中的果胶等物质具有降血糖的作用，果糖的代谢也无需胰岛素参与，因此，适当吃水果对血糖不会有明显影响。但糖尿病病人吃水果需注意以下几点：①控制摄入量，每天不超过 250 g；②适当减少主食摄入量；③选择含糖量较低的水果，如柑橘、草莓、苹果、山楂、猕猴桃等；④吃水果时间以上午 10 点和下午 4 点左右为宜。

（3）无糖食品不影响血糖。无糖食品指不含葡萄糖或蔗糖的食物，而以其他甜味剂作为替代。然而无糖饼干、无糖面包等依然是粮食做的，含有碳水化合物，其消化吸收后仍可在体内转化为葡萄糖，引起血糖升高。因此，这类食品仍不能食用过多。

（4）糖尿病治疗只是降血糖：糖尿病是以血糖异常升高为重要诊断指标的疾病，但治疗上绝不是仅仅降糖就可以。糖尿病病人动脉硬化的进展较快，易并发各种神经及血管病变，如冠心病、糖尿病肾病、糖尿病视网膜病变、糖尿病周围神经病变、糖尿病足等。所以，为预防并发症的发生和发展，糖尿病治疗绝不能单纯降血糖。

四、糖尿病的中医保健

（一）膳食疗法

1. 阴虚燥热证

主要表现：烦渴多饮，咽干舌燥，多食善饥，溲赤便秘，舌红少津，苔黄，脉滑数或弦数。

保健措施如下。

（1）茶饮：任选下列一种即可。

乌梅生津茶：乌梅、麦冬，泡水当茶饮。

石斛芩叶茶：石斛（干、鲜均可）、黄芩叶，开水沏泡，代茶饮。

（2）推荐食物：主食以荞麦面粉为主，副食以冬瓜、南瓜、苦瓜、莲藕及绿叶菜等为主。

2. 气阴两虚证

主要表现：气短乏力，自汗，口干舌燥，多饮多尿，五心烦热，大便秘结，舌淡或红暗、边有齿痕，舌苔薄白少津或少苔，脉细弱。

（1）茶饮。

益气生津茶：西洋参、石斛，开水沏泡，代茶饮。

（2）推荐食物：主食以黄豆、玉米面粉为主。副食以洋葱、莲藕、豆腐、胡萝卜、黄瓜等为主。

3. 肝肾亏虚证

主要表现：尿频量多，混浊如脂膏，或尿甜，腰膝酸软，乏力，头晕耳鸣，双目干涩，口干唇燥，皮肤干燥，瘙痒。舌红苔少，脉细数。

（1）茶饮。

枸杞明目茶：枸杞子、桑叶、菊花，开水沏泡，代茶饮。

（2）推荐食物：主食以未精加工的面粉及全麦、豆类等为主。副食以山药、魔芋、南瓜、芋艿、芹菜、胡萝卜、油菜、洋葱等为主。

（二）情志调摄

糖尿病病人多阴虚阳亢，性情易激易怒，故糖尿病病人应努力做到胸襟开阔，保持情志舒畅，以利于气血流通、阴阳调和。

（三）运动调治

每日进行适度的体育活动，可做中医养生保健操。

（1）固气转睛：拇指内扣掌心，其余四指握拳，扣住拇指，置于两胁，双脚五指抓地，同时环转眼球，顺时针、逆时针各 20 遍。

（2）横推胰区：双手掌由外向内推腹部胰脏体表投影区，一推一拉交替操作 20 遍。

（3）揉腹部：以神阙为中心揉腹，顺时针、逆时针各 20 遍。

（4）按揉腰背：双手握拳，以食指的掌指关节点揉脾俞、胃俞、三焦俞、肾俞，每穴各半分钟。

（5）推擦腰骶：双掌由脾俞自上而下推至八髎 10 遍。

（6）通调脾肾：揉脾经血海、地机、三阴交及肾经太溪，双手拇指沿胫骨内侧缘由阴陵泉推至太溪 5 遍。

（7）拳叩胃经：双手握空拳自上而下叩击小腿外侧胃经循行部位 5 遍，以酸胀为度。

（8）推擦涌泉：用手掌擦涌泉，以透热为度。

（四）中医适宜技术保健

1. 艾灸

灸足三里：将艾条一端点燃，对准足三里（外膝眼向下 4 横指），距 0.5～1 寸，进行熏灸，每侧 10～15 分钟。适用于 2 型糖尿病乏力、抵抗力降低、下肢无力者。

灸关元：将艾条一端点燃，对准关元（下腹部肚脐下 3 寸），距 0.5～1 寸，进行熏灸，每次 10～15 分钟。适用于 2 型糖尿病畏寒肢冷，或男子阳痿，抵抗力降低者。

注意事项：防止烫伤。糖尿病病人不适宜化脓灸。

2. 按摩

按摩背腰部：手掌匀力推揉脊柱两侧，或用按摩棒、老头乐敲打后颈到腰骶，重点按揉胰俞（第八胸椎棘突下旁开 1.5 寸）、胃俞（第十二胸椎棘突下旁开 1.5 寸）、肾俞（第二腰椎棘突下旁开 1.5 寸）和局部阿是穴（痛点）。本法适合于 2 型糖尿病乏力、腰背酸痛者。

按摩腹部：双手掌互擦至掌热，左手掌压右手掌紧贴神阙穴（肚脐），从右上腹部向左上腹部，再从左上腹部向左下腹部，用力推揉。本法适合于 2 型糖尿病腹满、大便不畅者。

按摩肢体：以手指揉、点按足三里（外膝眼向下 4 横指）、三阴交（内踝上 3 寸）2 分钟，以酸胀为度。手擦涌泉（前脚掌心），以透热为度。本法适合于 2 型糖尿病头晕、乏力、眠差，或下肢麻痛者。

3. 耳穴

耳穴按压治疗糖尿病常选用的穴位：主穴为胰、胆、肝、肾、缘中、屏间、交感、下屏尖；配穴为三焦、渴点、饥点。根据主证及辨证分型，每次选穴 5～6 个。选定耳穴寻得敏感点后，将王不留行籽置于相应耳穴处，用胶布固定，用食、拇指捻压至酸沉麻痛，每日自行按压 3 次。每次贴一侧耳，两耳交替。

4. 足浴

推荐方药物组成：当归 10 g、赤芍 20 g、川芎 10 g、桂枝 15 g、红花

10 g、鸡血藤 30 g、豨莶草 15 g、伸筋草 30 g。

适应证：糖尿病周围神经病变及下肢血管病变。

用法用量：上述中草药加水 3000 ml 煎煮，现配现用，水温 38～42 ℃（注意水温不宜太高，以防烫伤），药剂以浸没两足内、外踝关节上 2 寸为准，隔日 1 次，每次 30 分钟。10 次为一疗程，总计 5 个疗程。

（张慧蕊　曹雅楠）

第四节　脑卒中的防控

脑卒中，中医称为"中风病"，是指由于急性脑循环障碍所致的局限或全面性脑功能缺损综合征。脑卒中可分为缺血性卒中和出血性卒中两大类，前者指脑梗死，后者包括脑出血和蛛网膜下腔出血。大量临床研究和实践证明，脑卒中可防可治。积极控制脑卒中危险因素，开展脑卒中规范治疗及康复训练，可有效降低脑卒中的发病率、复发率、致残率及死亡率，对改善病人的生活质量、减轻家庭和社会的经济负担具有重要意义。

一、脑卒中的一级预防

预防脑卒中，就是要积极控制脑卒中的危险因素。卒中的危险因素分为可干预与不可干预两种。不可干预的因素包括年龄、性别、种族、遗传因素等。可干预的因素包括：高血压、血脂异常、糖尿病、心房颤动、无症状颈动脉狭窄和不当生活方式等。

（一）及时筛查危险因素

明确是否患有高血压、糖尿病或心房颤动，对已患上述疾病者积极进行规范治疗，具体详见本书高血压、糖尿病、冠心病的相关防控章节。

（二）干预血脂异常

40岁以上男性和绝经期后女性应每年进行血脂检查，血脂异常伴高血压、糖尿病、心血管病为脑卒中高危或极高危状态，此类病人不论基线低密度脂蛋白（LDL－C）水平如何，均提倡其改变生活方式和接受他汀类药物治疗，将LDL－C降至1.8 mmol/L（70 mg/dl）以下或使LDL－C水平比基线下降30%~40%。

（三）干预无症状颈动脉狭窄

建议无症状颈动脉狭窄病人每日服用阿司匹林和他汀类药物，脑卒中高危病人（狭窄>70%），在有条件的医院可以考虑行颈动脉内膜剥脱术（CEA）治疗。对无症状颈动脉狭窄>50%的病人，建议在有条件的医院定期进行超声随访，评估疾病的进展。

（四）改善生活方式

1. 饮酒

饮酒应适度，男性每日所饮酒的酒精含量不应超过25 g，女性减半，不饮酒者不提倡用少量饮酒的方法预防心脑血管疾病。

2. 吸烟

吸烟者应戒烟，动员全社会参与控烟，在社区人群中采用综合性控烟措施对吸烟者进行干预，包括心理辅导、尼古丁替代疗法、口服戒烟药物等，不吸烟者应避免被动吸烟。

3. 运动

健康成人每周应至少有3~4次、每次至少持续40分钟的中等或中等以上强度的有氧运动（如快走、慢跑、骑自行车或其他有氧代谢运动等）；中老年人和高血压病人进行体力活动前，应考虑进行心脏应激检查，全方位考量病人的运动限度，制定个体化运动方案

4. 肥胖

超重和肥胖者可通过健康的生活方式、良好的饮食习惯、增加身体活

动等措施减轻体重。

5. 膳食营养

每日的饮食种类应多样化，使能量和营养的摄入趋于合理。采用包括水果、蔬菜和低脂奶制品以及总脂肪和饱和脂肪含量较低的均衡食谱。建议降低钠摄入量、增加钾摄入量，盐摄入量 <6 g/d，钾摄入量应为 4.7 g/d 左右。

（五）防治高同型半胱氨酸血症

高血压伴有高同型半胱氨酸血症的病人，在治疗高血压的同时加用叶酸可能会降低首次脑卒中发生的风险。通过食用蔬菜、水果、豆类、肉类、鱼类和加工过的强化谷类可以满足推荐的每日叶酸（400 μg/d）、维生素 B_6（1.7 mg/d）和维生素 B_{12}（2.4 μg/d）摄入量，有助于降低脑卒中的发生风险。

（六）筛查、治疗睡眠呼吸暂停

对有睡眠呼吸紊乱的高风险人群进行筛查；对有严重睡眠呼吸暂停的病人进行持续气道正压通气等治疗。

（七）治疗偏头痛

先兆性偏头痛者发生脑卒中特别是缺血性脑卒中的风险明显增加，且女性高于男性。有证据显示，吸烟、使用口服避孕药可使年龄 <45 岁的女性偏头痛病人发生脑卒中的风险进一步增加。为降低偏头痛病人发生脑卒中风险，应建议吸烟的偏头痛病人戒烟，并建议偏头痛病人避免长期使用口服避孕药。

二、脑卒中的早期识别

若病人突然出现以下任一症状时应考虑脑卒中的可能。

（1）一侧肢体（伴或不伴面部）无力或麻木。

（2）一侧面部麻木或口角歪斜。

（3）说话不清或理解语言困难。

（4）双眼向一侧凝视。

（5）一侧或双眼视力丧失或模糊。

（6）眩晕伴呕吐。

（7）既往少见的严重头痛、呕吐。

（8）意识障碍或抽搐。

当出现上述症状时，应立即就诊，切勿拖延，争取在发病 3 小时内到达医院。

三、脑卒中的治疗及二级预防

（一）缺血性脑卒中

1. 一般治疗

包括吸氧与呼吸支持，心脏监测与心脏病变处理，控制血压、血糖，营养支持等。

2. 特异性治疗

包括改善脑循环的多种措施，如溶栓、抗血小板、抗凝、扩容等，还包括应用神经保护剂，如依达拉奉、胞磷胆碱钠、吡拉西坦等。

特别需要指出的是，溶栓治疗是目前最重要的恢复血流措施，但其具有严格的时间要求，即治疗时间窗，需在发病后 3 小时内、最晚 6 小时内进行，且需根据发病部位、疾病严重程度、出血倾向等因素，由神经内科专科医生评估是否开展溶栓治疗。

3. 缺血性脑卒中的二级预防

研究显示，我国缺血性脑卒中年复发率高达 17.7%，有效的二级预防是降低复发率和死亡率的重要手段。

（1）控制脑血管病的危险因素。

（2）抗血小板聚集。对于非心源性栓塞性缺血性脑卒中病人，建议口服阿司匹林肠溶片或氯吡格雷片。如发生脑出血、上消化道出血等出血性疾病时应停药，或在医生指导下应用。

（3）抗凝。伴有心房颤动（包括阵发性）的病人，需经医生评估是否口服抗凝药。

（4）调脂、稳定斑块。对于非心源性缺血性脑卒中病人，给予口服他汀类药物治疗。

（5）对于颈动脉、椎动脉、颅内动脉狭窄者，需由专科医生评估是否需要行支架置入术或外科手术。

（二）出血性脑卒中

1. 脑出血

多数脑出血病人以内科保守治疗为主，对于出血量大、病情危重，且有手术适应证者，则进行外科手术治疗。研究显示，脑出血复发的概率为2.1%~3.7%，与复发密切相关的危险因素包括高血压、脑叶出血、高龄、饮酒、接受抗凝治疗等。其中高血压为最重要的可控危险因素，控制目标为血压<140/90 mmHg。

2. 蛛网膜下腔出血

蛛网膜下腔出血分为外伤性与非外伤性两大类。非外伤性蛛网膜下腔出血又称为自发性蛛网膜下腔出血，是一种常见且致死率极高的疾病，病因主要是动脉瘤破裂，约占全部病例的85%。对于蛛网膜下腔出血应行介入手术或开颅手术治疗。

四、脑卒中的中医保健

（一）中医分型及保健

1. 风痰瘀血，痹阻脉络证

主要表现：半身不遂，口舌歪斜，舌强语謇或不语，偏身麻木，头晕目眩，舌质暗淡，舌苔薄白或白腻，脉弦滑。

保健措施如下。

（1）茶饮：荷叶、山楂、丹参、菊花、绿茶适量，开水冲泡饮服。

（2）推荐食物：白萝卜、紫菜、白薯、玉米、花生、洋葱、木耳、山楂、海带、海蜇、大蒜、冬瓜。

（3）穴位按摩：可选用四神聪、足三里、丰隆、水道、内关等腧穴。

（4）足浴方：法半夏、陈皮、大腹皮、茯苓皮各30 g，桃仁、红花、鸡血藤各15 g。水煎取汁，放入浴盆中，待温时足浴，每日1次，每次10～30分钟，每剂药可用2次。1～2周为1疗程。

2. 肝阳暴亢，风火上扰证

主要表现：半身不遂，偏身麻木，舌强语謇或不语，或口舌歪斜，眩晕头痛，面红目赤，口苦咽干，心烦易怒，尿赤便干，舌质红或红绛，脉弦有力。

保健措施如下。

（1）茶饮：任选下列一种即可。

苦丁桑叶茶：苦丁茶、菊花、桑叶、钩藤适量，开水冲泡饮服。

菊楂决明饮：菊花、生山楂片、决明子适量。开水冲泡饮服。

（2）推荐食物：芹菜、绿豆、莴苣、菊花、山楂、荠菜、西瓜、茭白、茄子、胡萝卜、黄瓜、苦瓜、紫菜、芦笋。

（3）穴位按摩：可选用百会、头维、太冲、太溪、三阴交、风池等腧穴。

（4）足浴方：磁石、石决明、当归、桑枝、枳壳、乌药、蔓荆子、白蒺藜、白芍、炒杜仲、牛膝各10 g，独活15 g。水煎取汁，放入浴盆中，待温时足浴，每日1次，每次10～30分钟，每剂药可用2次。1～2周为一疗程。

3. 痰热腑实，风痰上扰证

主要表现：半身不遂，口舌歪斜，言语謇涩或不语，偏身麻木，腹胀便干、便秘，头晕目眩，咳痰或痰多。舌质暗红或暗淡，苔黄或黄腻，脉弦滑，偏瘫侧脉常弦滑而大。

保健措施如下。

（1）茶饮：荷叶、山楂、火麻仁适量，开水冲泡饮服。

（2）推荐食物：白萝卜、山药、土豆、木耳、山楂、海带、丝瓜及豆类。

（3）穴位按摩：可选用中脘、足三里、天枢等腧穴，顺时针按揉腹部。

（4）足浴方：大黄、生地、当归、番泻叶各 15 g。水煎取汁，放入浴盆中，待温时足浴，每日 1 次，每次 10～30 分钟，每剂药可用 2 次。1～2 周为一疗程。

4. 气虚血瘀，经脉失养证

主要表现：半身不遂，口舌歪斜，口角流涎，言语謇涩或不语，偏身麻木，面色㿠白，气短乏力，心悸，自汗，便溏，手足肿胀。舌质暗淡，舌苔薄白或白腻，脉沉细、细缓或细弦。

保健措施如下。

（1）茶饮：党参、黄芪、红枣、龙眼适量，水煮开饮服。

（2）推荐食物：大枣、银耳、芝麻、桑椹、龙眼肉、茯苓、莲子肉、百合。

（3）穴位按摩：可选用气海、关元、足三里、三阴交等腧穴。

（4）足浴方：杜仲、桑寄生、木瓜、白芍、路路通各 15 g。水煎取汁，放入浴盆中，待温时足浴，每日 1 次，每次 10～30 分钟，每剂药可用 2 次。1～2 周为一疗程。

（二）情志调摄

脑卒中病人的情志调摄关键在于培养乐观情绪，保持神志安定。可以通过欣赏音乐、习字作画等方法进行心理调摄，以益人心智、怡神养性。

（三）运动调治

适量的体育锻炼可以畅通气血，强健脾胃，增强体质，延缓衰老，并可调节情志，对消除孤独、忧郁、多疑、烦躁易怒等情绪有积极作用。运动锻炼要遵循因人制宜、适时适量、循序渐进、持之以恒的原则，运动中应注意防止受凉感冒，避免运动损伤，防止运动过度。适合的运动项目有太极拳、慢跑、散步、游泳等，也可选择中医"叩齿""导引""咽津"等养生方法。

（四）起居调摄

脑卒中病人应做到起居规律，睡眠充足。中医提倡顺应一年四季气候消长的规律和特点来调节机体，及时增减衣物，合理安排作息时间，居住环境以安静清洁，空气流通，阳光充足，温度、湿度适宜，生活起居方便为好。注意劳逸结合，保持良好的卫生习惯，临睡前宜用热水泡脚。

五、脑卒中的应急措施

当发现有人突发脑卒中时，第一步抢救处理是非常重要的环节，处理是否得当、及时，直接影响着病人的预后。采取正确的应急措施，对减少脑卒中合并症、维持生命体征、防止病情加重、争取时间，进一步救治十分重要。正确的做法如下。

（1）保持镇静，迅速拨打急救电话120或999寻求帮助，必要时不要放下电话，遵循医生指导进行处理。

（2）将病人抬至床上。注意不要将病人拉起或扶起，以免加重病情；最好2～3人同时搬抬，一人抬肩，一人抬托腰臀部，一人抬腿。头部略抬高。

（3）保持呼吸道通畅。有呕吐或昏迷者，将其头偏向一侧，便于口腔黏液或呕吐物流出；将病人的衣领解开；取出病人的假牙；如病人气急，咽喉部有痰液者，可将橡胶管一头插入病人咽喉部，从另一头用力吸出阻塞物。

（4）病人有抽搐时，可用两根竹筷缠上软布塞入病人上下臼齿之间，防止舌被咬伤。

（5）转运途中避免头部震动。病人担架的褥垫以厚软为宜，头部要专人保护，以减少行车中的摇晃和震动。

（6）在没有明确诊断之前，切勿擅自做主给病人服用各种药物。

（7）如果病人是清醒的，应注意要安慰病人，缓解其紧张情绪。宜保持镇静，切勿慌乱，更不要悲哭，避免给病人增加心理压力。

六、康复治疗

（一）急性期康复治疗

脑卒中急性期通常是指发病 14 天内。康复治疗应在神经内科常规治疗的基础上，在病人病情稳定后尽早进行。此期康复治疗的目的是通过肢体的被动活动和主动参与，促进偏瘫侧肢体肌张力的恢复和主动活动的出现。看护者尤其应注意病人正确体位摆放患肢，对吞咽障碍者应给予正确喂食，对卧床者给予定时翻身拍背，促进痰液排出，以预防可能出现的压疮、关节肿胀疼痛、下肢深静脉血栓形成、吸入性肺炎等。

（二）恢复期治疗

脑卒中恢复期是指发病 2 周至 6 个月内。此期康复训练主要是通过相关的运动疗法、作业疗法、言语治疗、心理治疗及针刺、针刀等传统康复治疗，纠正偏瘫肢体异常运动模式（上肢屈肌痉挛模式和下肢伸肌痉挛模式），改善主动运动和运动控制能力，改善感觉障碍，改善言语及吞咽功能，并与日常生活活动相结合，促进病人掌握日常生活活动技能，提高生活质量。

（三）后遗症期治疗

脑卒中发病 6 个月后，各种功能障碍的改善速度放缓，改善程度减小，此时进入后遗症期。此期应加强残存和已有的功能，即代偿性功能训练，通过包括矫形器、步行器和轮椅等的应用，以及环境改造和必要的职业技能训练，帮助病人适应日常生活的需要，同时注意防止其异常肌张力和挛缩的进一步加重。注意多与病人交流，对其进行必要的心理疏导，激发其主动参与的意识。

（孟永红　张晓静）

第八章

医疗护理员职业素养

一、医疗护理员的定义及工作内容

根据《中华人民共和国执业分类大典（2015年版）》，医疗护理员是医疗辅助服务人员之一，主要从事辅助护理等工作。在医疗机构内，医疗护理员（包括医院聘用的医疗护理员和病人自聘护工）在医务人员指导下，对服务对象提供生活照护、辅助活动等服务，如协助进餐、排泄、清洁等；在社会和家庭中提供生活照护等服务。

二、职业能力特征

身体健康，人格健全，有爱心、耐心和责任心；具有一定的学习、理解、分析、判断和计算能力；具有较强的语言表达与沟通能力；空间感和形体知觉能力较强；视觉、听觉正常；四肢灵活，动作协调。

三、职业道德

职业道德是对每个从业人员在职业活动中的行为要求，也是这个行业对社会所承担的道德责任和义务。作为一名优秀的护理员，具备良好的职业道德、娴熟的业务技能、广博的科学知识和健康的体魄，才能为增进人民健康、提高护理质量、促进护理事业的发展做出自己的贡献。

（一）护理道德

护理道德是护理员应遵守的职业道德，也是每个护理员都必须遵守的规范。护理道德规范内容如下。

（1）态度上平等待人、热情、亲切，技术上力求精湛。

（2）工作上认真负责，语言上文明礼貌。

（3）举止上端庄可信。

（4）作风上廉洁奉公、遵纪守法、保守医密。

（5）维护良好的医疗环境，使之优美、舒适、安全。

（二）礼仪素养

礼仪是在人际交往中约定俗成的行为规范与准则，而礼貌、礼节、仪表等则是礼仪的具体表现形式。护理服务的对象是人，而且是有各种生理和心理疾患的人，护理员的言谈举止、一颦一笑都会对服务对象的心理和健康产生很大的影响，护理员端庄的仪表、得体的举止、和蔼可亲的态度、恰当的言谈等良好的礼仪行为可以对服务对象的身心健康起到举足轻重的作用。

1. 着装整洁，端庄大方

（1）护理员工作时应着工作装，衣帽整洁，穿着舒适，以便于操作。衣服要经常清洗、晾晒。工作时要穿袜子，并穿软底、平跟或坡跟鞋，不可穿高跟鞋和易发出响声的硬底鞋。

（2）留短发时头发长度以在颈部之上为宜；长发者工作时应将头发梳成发辫，并将其盘在头上，也可用工作帽或发网遮盖头发。

（3）经常修剪指甲，不留长指甲和染彩色指甲。

（4）工作时可以淡妆上岗，但不可浓妆艳抹，不可佩戴戒指。

2. 举止端庄、得体

举止是指人的动作、表情，是一个人的才华和修养的外在表现。恰当的举止，能够帮助一个人赢得人们的称赞、好感。

（1）站立的姿态要端正、挺拔。正确的站姿有以下几点要求。

1）头正，双目平视，嘴唇微闭，下颌微收，表情平和自然；双腿直立，稍微分开，躯干挺直，挺胸、收腹；双肩放松、自然下垂，双手自然垂于身体两侧或放在小腹前交叉。

2）站立疲劳时可适当更换体位，但身体不能东倒西歪。

3）站立时不要探脖、塌腰、耸肩，不能双腿弯曲或不停地抖动。

（2）走路步态要轻快、稳健。正确的走路姿势有以下几点要求。

1）双目向前平视，微收下颌，表情自然，双肩平稳，双手前后自然摆动。

2）为服务对象端水、食物时，要注意屈肘将物品端在胸前，以便节省自己的体力。

3）遇到紧急情况需要快步行走时，要注意安全。

4）走路时要注意避免不良姿势，如内八字、外八字形态或歪肩晃膀、扭腰摆臀、左顾右盼、上下颤动、脚蹭地面等。

（3）坐姿要端正。正确的坐姿有以下几点要求。

1）上身挺直，双腿轻微靠拢，两臂自然弯曲放在腿上或椅子扶手上。

2）入座时要轻稳，走到座位前，转身看着座位轻稳地坐下。

3）女性若穿裙装，入座时应用手将裙下摆稍稍收拢，不要坐下后再起身整理衣服。

4）坐下后不可前倾后仰、歪歪扭扭，双腿不可过于叉开或长长地伸开，也不可将双手放于臀下或不停地抖动双腿，以免不良的姿势引发服务对象的不快。

（4）讲究卫生。

1）护理员要注意个人卫生，定时淋浴、理发、洗头、更衣，若在照料服务对象过程中不慎弄脏身体、衣裤，应及时清洗、更换。

2）在工作时不要当着服务对象的面抠鼻子、挖耳朵、剪指甲。

3）在工作中咳嗽、打喷嚏或流涕时，应使用纸巾遮掩口鼻，将头转向一侧，注意咳嗽礼仪。

4）严禁串房间，不得随意坐卧老人床铺。

（三）专业素养

1. 态度要真诚和蔼

态度可从表情和行为中表现出来。表情是体态语言中最能直接表达内心感受的一种沟通方式。人们的喜怒哀乐很容易从表情中判断出来，护理员在工作中要特别注意加强心理素质的培养，认识到自己职业工作的意义，经常调整自己的情绪，即使遇到不顺心的事，也要控制好自己的情绪，以和平时一样的态度工作。若遇到令人发笑的事，也要掩嘴而笑，防止笑而忘形。在服务对象面前始终保持平和、真诚的心态，使自己真正成为服务对象可信赖的人。

2. 礼貌待人

护理员对待服务对象及其亲属和同事都要有礼貌，语言文明、规范。

（1）与服务对象说话语言要亲切、温和，声调、语速要适当。

（2）根据服务对象的喜好或地域的习惯采用不同的尊称，也可征求服务对象的意见，使用服务对象喜欢的称呼，如叔叔、大爷、阿姨，也可使用职称来称呼长者，如张老师、李教授等。

（3）科学准确地倾听和满足服务对象的要求，对服务对象提出的看法和要求要仔细耐心地倾听。若由于服务对象说话口齿不清或有地方方言而听不太懂时，应礼貌地请服务对象再重复一遍，以便确定他的真实需要。对于服务对象表达出来的需求，应尽量满足，不要轻易否定。对于听力不好或语言交流有困难的服务对象，需借助手势、眼神、纸笔等，弄清他的意愿。

（4）行走时如若遇到服务对象要让对方先走，对行动不便者要主动扶助，并帮助服务对象提携用物。

（5）为服务对象做事时要事先向其做好解释，得到同意后方可进行，并在操作的过程中经常询问服务对象的感受与需求，如"饭菜热不热""还想再喝点水吗?"操作完成后，将环境、物品收拾整洁、规范。

（6）在交谈时注意多使用如"请""谢谢"等礼貌语言。

（7）若遇到亲属询问服务对象身体、生活等情况，要详细、耐心地解答，对于自己不了解的事项，可指引来访者到相关部门咨询。

（四）职业素养

1. 专业知识要求

当一个服务对象来到护理员的面前，他的第一需要就是希望护理员为他解决生活问题，看似简单的吃喝拉撒、睡觉穿衣、翻身摆位、清洁卫生等活动对一些老年人来说都非常困难。需要照护的对象多是衰老与疾病并存的，他们身体的老化使疾病加重，而疾病的恶化又加剧了老化的进程，因此，在其自身慢性病的基础上又合并了诸多并发症，而且不易控制，这时协助医护人员为老人换药、服药、吸氧、鼻饲、会阴护理、皮肤护理等也是护理员每天要做的工作，因此，护理员需要学习和了解护理相关专业知识。

2. 心理学知识要求

面对衰老，无可奈何；面对疾病，一筹莫展；面对死亡，再亲密的家人也无法陪伴同行。因此，无论是服务对象还是其家属都承受着巨大的心理压力。护理员应学习一些心理学相关知识，掌握沟通技巧，从而为服务对象和其家属提供基础的心理护理和必要的心理支持。

3. 职业认同感培养

护理员需具备正确的职业道德观和社会责任感，工作中理解服务对象，以服务对象需求为本，注重服务的人性化和科学化。

4. 具备良好的心理素质和情绪调节能力

当遇到服务对象不理解、不配合等情况时，护理员要能保持自身情绪稳定，会自我调节，能妥善应对各种突发状况。

5. 具备沟通技巧与协作精神

老年人感觉功能退化，记忆力减退，思维、行为反应速度变慢，语言表达和理解能力降低，加之常伴有多种慢性疾病或儿女长期不在身边，容易出现抑郁、焦虑等心理问题。面对不同病情、不同文化程度、不同职业的服务对象，护理员需要掌握与其沟通的技巧，耐心地与他们交流，进行有针对性的心理健康教育。同时，护理员要有协作精神，正确处理照护过程中的各种关系，为服务对象提供和谐的休养环境。

6. 具备敏锐的洞察力和精准的判断力

老年人机体代偿功能较差，病情变化快，对疾病反应能力下降，有些老年人甚至很难用准确的语言描述自己的病痛，且其疾病的症状表现与一般成年人相比多存在差异，因此护理员要具备敏锐的洞察力和精准的判断力，能及时发现服务对象身体、心理方面的变化，为服务对象争取最佳的治疗时间，提高照护的服务质量。

四、护理员守则

（1）遵纪守法、自律奉献。护理员要树立严格的法制观念，认真学习和遵守国家的法律、法令，严格要求自己，把自己的才能奉献到为服务对象服务的光荣事业中去。

（2）自觉遵守医疗机构或养老机构的各项规章制度，服从安排。

（3）尊老爱幼，以人为本。尊重服务对象，爱护服务对象，注意保护他们的隐私。

（4）服务第一、爱岗敬业。护理员要热爱自己的工作，全心全意为服务对象服务，急服务对象之所急，想服务对象之所想，服务对象的需要就是对护理员的工作要求。

（5）明确服务对象及工作职责，加强职业道德修养，认真做好服务对象的生活护理和清洁卫生工作。

（6）有高度的工作责任心，努力学习、钻研业务，防止发生差错，不断提高技术水平。

（7）统一着装，挂牌上岗，遵守仪容仪表管理规范，树立护理员的良好形象。

（赵洪武）